社會學與現代社會

劉阿榮◆主編　王崇名等◆著

Sociology

通識叢書總序

　　在萬物之中，人類是極為獨特的一種存在，這是很多思想家一致的看法。這種看法並不是單純地出於人類中心的主觀角度，而是有許多客觀事實做為根據的。例如亞里斯多德認為，人之異於其他動物在於具有理性；孟子主張，人之所以為人在於具有四端之心。亦有其他說法指出，人之獨特處在於人有自覺心、人有反省力、人有創造力、人有超越的需求。凡此種種，皆屬客觀事實，而這些獨特的條件使人類社會得以創造出知識、科學、技術、藝術、道德、宗教等等文化現象。

　　在四十六億年的地球史上，從原初渾沌未分的物質作用環境，發展到人類這種生物的出現，極其難得。而人類能發展出繽紛燦爛的文化，更是難得可貴。人類的遠祖或許可以追溯到五百萬年前的東非猿人，但人類創造出文化，只有不到一萬年的歷史。有了文化，不僅使人類脫離野蠻、蒙昧，使人類享有豐富的生命內涵，也讓無聲無臭、無知無覺的宇宙擁有一位參贊天地化育的夥伴。對於這難得可貴的文化，人類不僅要傳承既有的成果，更要暢通創造的本源，而這就是教育的任務了。因此，簡單的說，教育的基本目的不僅在於傳承知識與技術，更在於提升人的品質與能力，使人能夠持續追求理想、開創價值。

　　由此看來，教育的重要性自然是不言可喻。但是，教育發展

i

的實際情況仍然受到教育資源多寡和社會發展程度的影響。事實上，無論中西，直到西元前六世紀，教育還是少數貴族的專利。即使到了二十世紀初期，世界上能夠接受學校教育的人口比例還是很低的。這種情況一直到了二十世紀後半葉，才大幅改變。在此階段，許多國家都在快速發展，因應各方需求，教育的發展也頗為蓬勃，其中尤以大學教育為甚。就台灣二○○五年的狀況來說，大學數量高達一百六十餘所，大學錄取率接近九成。

在以社會需求為主導的潮流下，當代大學教育明顯朝向工具化的目標前進；大學科系的設立以實用性為主，課程的規劃則以專門性為主。這種趨向固然能解決一時的需求，但是似乎忘了教育的本來目的，不只是為了滿足社會需求，亦在提升人的品質。縱使我們由實用的目標來看，過度專門化的課程使得學生知識和視野狹窄，也未必有利於社會的長期需求和個人的未來發展。在這種背景之下，美國在一九七○年代出現大量論述，主張加強大學的通識教育。台灣則在一九八○年代興起熱烈的討論，教育部甚至於一九八四年通令全國大學必須開設通識課程。自此，通識教育在台灣成為一個全國性的教育議題，也成為大學教育的一個重要領域。

關於通識教育的理念，談的人很多。例如哈佛大學通識教育的原始規劃人羅斯福斯基教授主張，通識教育在於使學生達到五項標準：第一、要有最起碼的溝通與說服力，即思慮清楚、文辭達意。第二、對宇宙、社會、人類要有基本的知識，培養獨立思考判斷能力。第三、在生活品質、閱歷上有較寬廣的視野。第四、遇到進退兩難時，要在道德選擇上有足夠的明辨力。第五、在主修科目上能掌握問題的理論、方法和數據，未來可在較深基礎上觸類旁通。中央研究院前院長吳大猷則表示，通識教育培養

出來的人，要有廣闊的「知識」，要有哲學、文學、藝術的「修養」，還要有客觀分析的「習慣」和審辨的「能力」。

當代學者對於通識教育的期望很高，有人強調視野、格局、器識的培養，也有人強調天人物我的交融合諧。不過，對於在課堂上授課的教師而言，這些目標實在很難企及。因此，有些人寧可專就知識層面來談通識教育，在此，範圍雖較確定，亦有如下之目標：第一、基礎之通，如語言表達和資訊運用的基礎能力。第二、橫向之通，如在自然學科、社會學科和人文學科等領域皆有所涉獵。第三、縱貫之通，如學會某種看問題之角度或掌握一門學問之方法。這些目標較易在課堂授課中達成，但其成敗亦有賴於優良的師資以及優良的教材。

回顧廿年來，在教育部的政策支持和熱心人士的鼓吹之下，通識教育成為一個熱門的教育議題。然而，就具體落實的層面而言，通識教育仍有一些必須正視的問題。其中最常被提及的問題是，部分大學生不重視通識課程，甚至視之為「營養學分」。要改善此一問題，不能只是訴求理念上的宣導，根本的對治之道其實就是要把通識課程教好，提高課程本身的「可尊敬性」。落實優質教學是教育的基礎，更是通識教育成功的關鍵。

台灣現有大學校院多非綜合大學，各校在某些通識領域固然有優良師資，但就課程設計的完整性而言，師資陣容在廣度和深度上多感不足。我在過去幾年，因主持教育部的教學改進計畫，有機會邀集全國各個學校的專家學者組成教學團隊，分別就文學、歷史、哲學、藝術、社會學、政治學、法律等領域，設計出十多門通識課程，並撰寫教材。威仕曼文化事業股份有限公司發願將其全套出版，以供教師和學生參考。這些教材撰寫者皆一時之選，願意在此計畫中共襄盛舉，殊為難得，對國內通識教育的

提升必有助益。值此系列叢書出版之際，除感謝威仕曼文化公司外，更要再度感謝各領域的召集人與教授們。

朱建民　謹識

社會學與現代社會

主編序

　　社會學（sociology）是研究社會的科學。簡言之，研究的對象是「社會」；研究的方法是「科學」。首先，社會是由個人、家庭、團體……所構成的，它隨著時空環境而變遷，因此研究的議題也必須與時俱進。其次，由於社會結構、社會現象的複雜性，社會學的研究除了思辨透析，也須藉助科學實證，社會學一詞自法國學者孔德（A. Comte）於一八三九年創用之後，相當重視科學實證的研究，近一、兩百年來，社會學者運用科學方法分析社會現象，取得了豐碩的成果。眾所周知，社會學已成為近代社會科學（social science）重要的一環。

　　不同的社會學家所採用的方法、所關注的焦點，也各異其趣。法國學者涂爾幹（E. Durkheim）認為社會現象是社會事實（social facts）；德國學者韋伯（Max Weber）則將社會學視為一種對社會行動（social action）的理解科學；當代也有將社會學的研究視為社會的想像。總之，不論是社會事實、社會行動、社會想像……都離不開社會組織結構、社會關係、社會互動等等議題。我們生活於現代的真實社會或虛擬世界，經常須藉助社會學的理論、觀點、方法，來理解或處理生活中的各項問題。

　　教育部為提升大學校院通識教育，特別推展「通識教育巡迴講座」，分為各學門巡迴到全省北部、中部、南部、東部許多大學

校院講授、觀摩。巡迴講座的「社會學門」委由本人規劃及執行。接受任務之際,我考慮了三個主要重點:第一、大學校院通識教育的本質與需求。第二、社會學的理論與內涵。第三、各講次的講座人選與時間配合。要兼顧這些理想和現實,首先考慮的是依照學生與社會的需要去規劃課程,然後邀請這些領域的專家學者撰稿及授課。幸運的是,我們規劃的課程及聘請的講座人選,受到各個巡迴講授學校師生的歡迎,大家的辛勞總算沒有白費。

全部課程結束後,各講次修訂講稿內容,並集結成冊,終於有本書的呈現。由於本書是以編撰的方式,由各講次教師在基本的共通架構上編寫,因此各章有其共通性,也表現其自由性。本書取名《社會學與現代社會》,主要係全書內涵從社會學的理論出發,並扣緊現代(尤其台灣)社會的各項重要議題。因此,舉凡社會學的各種理論;社會變遷;社會階層與流動;性別、空間與社會形構;消費文化;醫療與社會;多元文化、族群關係與國家認同;網路與資訊社會;兩岸公民社會的啟蒙與社會發展的比較;全球化與國家治理……均包含其中。充分顯現本書的現代性與廣泛性,作為通識教育的基本教材相當適切;如欲對社會學有基本瞭解的讀者,透過本書也能獲得很好的啟發。

特別要說明的是,本書為兼顧教科書的「知識全面性」與學術論著的專業性,在各章節中,有作者的原創性,也有引述相關著作的各項學理或陳述,並依慣例註明出處,一方面對參考文獻的作者表達謝意;另一方面也提供讀者對相關問題有興趣時,可進一步參閱探索。

感謝參與本課程規劃、撰寫、講授的專家學者,沒有他(她)們的協助,本書是無法編撰完成的;而配合開授此一課程的學

校，其相關主管、通識中心主任、執行教師，熱心協助令人感動；同學們參與上課討論、回饋與分享，留下深刻印象；本學門的助理劉淑卿小姐，在各項聯繫與繁瑣的行政工作上，做了良好的準備與協調，使整個學期的課程圓滿完成，也一併致謝。由於時間和各種條件的限制，本書仍有許多可以改善的地方，期待未來能更充實、更精緻的呈現。

劉阿榮　謹識

於元智大學人文社會學院

二〇〇五年六月

目　錄

ix

xi

目　錄

社會學與現代社會

第一章　社會學的基本意涵及理論發展

元智大學社會系教授兼人文社會學院院長

劉阿榮

作者簡介

　　劉阿榮，男性，一九五三年出生於台灣省桃園縣。台灣大學社會科學博士。曾任省立高中教師，國立中央大學講師、副教授、教授，並曾兼任通識教育中心主任及客家社會文化研究所所長等職。擔任教育部第一梯次提升基礎教育計畫「松竹楊梅（中央、交大、陽明、清華）多元智能學習圈」之總計畫主持人；第二梯次「中大語文提升與永續發展學程」之總計畫主持人。

　　現任元智大學社會系教授兼人文社會學院院長。曾出版《意識型態與社會變遷》、《台灣永續發展之歷史結構分析──國家與社會的觀點》、《思想解放與公民社會》等書及論文七十餘篇。

教學目標

一、使學習者對社會學的意涵、發展與理論觀點有基本的概念。

二、瞭解當前各種社會現象，尤其目前台灣社會的特性，並思考社會學對各種現象的解釋與實踐方法。

三、介紹本課程的規劃、各章的主題內涵及講授者的背景，使學習者有全盤的先行理解。

社會學與現代社會

摘要

　　社會學是研究人類社會的一門科學。人類社會中的社會事實、社會結構、社會關係、社會互動都是社會學者關心的課題。本章的重點包括：

第一、社會學的意涵（社會學是什麼？）。

第二、社會學的發展（草創期、古典時期、美國、我國、台灣及中國大陸）。

第三、社會學的主要理論觀點（功能論、衝突論、交換論及互動論）。

第四、社會學的研究主題：不同時代、不同地區的社會學研究有所差異。

第五、社會學與現代社會（本書各章的安排）等等。

3

人類社會起源甚早，而對社會現象與社會問題的觀察也有相當長久的歷史，但較有系統的以科學方法去分析社會現象，則是近一百多年的事。法國學者孔德（Auguste Comte）初創「社會學」（sociology）之時，在於適應十九世紀以來日趨複雜的社會現象，他想藉由科學實證的方法，研究社會現象，以期發現社會的法則，進而解釋、預測、甚至控制社會發展所衍生的種種問題。

　　時至今日我們雖然對於社會上林林總總的事，有了更多的瞭解，但仍不能對於社會生活的基本規律，社會文化如何影響我們的行為與價值觀，有更深刻的理解或詮釋。例如：當我們參加「喪禮」時，為何不宜穿著光鮮亮麗的服飾？SARS疫情流行時，為什麼要被限制某些活動或聚會？如果應「居家隔離」，卻不遵守規定而到處行走，將受到指責和處罰……這些「社會規範」，剛開始出現時，有許多人可能不能瞭解或不適應？久而久之就形成一種具有強制性影響力（參加喪禮的服飾是「習俗」所制約；居家隔離的禁制，是「法令」所約束），社會上的個人行為，受到整個社會的組織、結構、制度之影響；另一方面，這些組織、結構、制度，又是人們生活於其中所孕育、形塑、創造出來的。因此，隨著時、空環境與人們生活、觀念的變遷，整個社會制度、社會組織、社會關係互動也會隨之改變。

第一節　社會學是什麼

　　我們對日常周遭的社會環境大致已相當熟悉，但要從學理上去分析、去瞭解，就需藉助社會學的一些學理或概念，例如：法

國社會學家涂爾幹（Emile Durkheim）認為：社會現象是社會事實（social facts）所擁有的特徵和決定因素，這種社會事實可能產生於人們的社會互動中，也可能記錄在社會風俗及律法裡，當社會事實深深的鑲嵌在個人的行為和心理中，社會事實就發生了作用。另外，德國社會學家韋伯（Max Weber）則將社會學視為一種對社會行動（social action）的理解性科學，他主要興趣在瞭解個人在互動過程中的主觀意義。因為人的行動可能是有意義或有目的的理性行為，這些理性行為可能是價值取向的，但人的行動也可能基於傳統規範或由情感的動機發生的（蔡文輝，1979：38-47）。另一位德國社會學者齊美爾（Georg Simmel）則認為社會學的主題是「社會化」的過程，他說：「社會一方面是社會化的個人的整體，是社會形成的，構成整個歷史現實的人力資源。」（林榮遠譯，2002：7）社會是一些關係的總和，通過這些關係、形式，人進行社會化。而且齊美爾認為：研究社會交往的形式是社會學的主要任務。

　　社會學成為獨立學科雖然是起於十九世紀的歐洲大陸，但迅速發展且造成更廣泛的影響，實與美國社會學界之開展有關。一八九三年芝加哥大學首先正式成立了美國第一個社會學系，其後一直到一九三〇年代都以芝加哥大學學派為重鎮，一九四〇、五〇年代漸漸轉移到哈佛、哥倫比亞大學成為新重鎮，一九七〇年代則西岸的加州大學柏克萊分校異軍突起，而後，全美之社會學日益蓬勃。

　　「社會學」成為百家爭鳴之勢，不同理論、新說競起。至一九八〇年代以降，歐洲及美國社會學出現了「巨視」與「微觀」的整合，把「行動」和「結構」聯繫起來；把「主觀性」和「客觀性」聯繫起來的新綜合（Alexander, 1987）。

5

第一章　社會學的基本意涵及理論發展

當大家日漸重視社會學之際，首先需闡明、界定的是：「社會學是什麼？」美國社會學者孫末楠（William G. Sumner）認為：「社會學是研究社會的科學」，他指出了兩個重點：第一、社會學的研究對象是「社會」。第二、研究方法是「科學」。另一位美國社會學家米爾斯（C. Wright Mills）把社會學定義為：一門研究人類社會和社會環境內人類行為的學科。米爾斯認為，社會學家的視野，應該超越個人的心理學和獨立的事件，而注意那些可預測的廣大模式和社會生活中的例行事件（林義男譯，1999：9）。

從以上幾位學者對社會學的基本見解：社會事實、社會行動、社會化過程、社會環境內人類行為……的研究，可以發現要對社會學做一個比較精確和被大家接受的定義並不容易。或許，吾人從「社會學」的西方文字字源來分析，比較容易掌握其梗概：

> 社會學這個名詞在英文中是Sociology，在法文中是Sociologie。西文中的這個名詞實際是由兩部分組成的，前半部份來源於拉丁文"Socius"，意思是「社會中的個人」；後半部份來源於希臘文"Logos"，意思是「論述」或「學說」。合在一起，意思就是關於社會的理論或學說。因此，孔德創立「社會學」這個名詞相當於我們現在的所謂「社會科學」（social science）的統稱（北大社會學教研室，1994：4）。

從簡明的意義來說：「社會學是研究人類社會的一門科學」，而人類社會雖由「個人」所組成，但社會學研究的並不以「社會中的個人」為限，「個人」通常是「心理學」研究的重心，社會

學所研究的主題是個人如何組成社會的過程，換言之，社會學研究的主題是眾多個人所組成的社會組織和社會結構，以及組織和結構的互動過程，這互動過程，就靜態而言，就是社會關係（social relationship），就動態而言，就是社會互動（social interaction）。所以，社會關係與社會互動構成社會學研究的主要內容。

在社會關係中，它包括靜態的各種模式，例如家庭結構、團體組織、科層體制；也包括動態的過程，例如合作、競爭、衝突、變遷等。例如在家庭結構中，含有合作和衝突，在組織科層體系中，含有競爭、合作和衝突等（詹火生，1993：2-3）。

除了上述社會關係中的靜態模式／動態過程是社會學研究的重要內涵之外，也有將「社會學」的研究分為「理論研究」與「應用（或實用）研究」兩種。前者偏重於分析社會現象，探討社會事實，提出各種詮釋的觀點或理論架構；後者則運用社會學的理論、方法，藉以改良社會所發生的各種問題。因此，社會學的理論與應用對於現代社會都是十分重要的。另外，也有把社會學稱為蘇菲（Sophia）與佛諾那斯（Phronesis）的世界，這兩個字皆源自希臘文，分別代表「知識」與「實踐」（王崇名，2004）。

晚近學者對社會學的概念視為一門「探索人類社會起源、發展、組織，和各種功能的研究和科學」。社會學家研究人類社會和社會行為，把焦點放在團體、制度，和社會組織（王淑女等譯，2002：13）。而最廣泛、最周全的，當推楊懋春教授綜合各家意見，對社會學意涵所做的敘述：

> 社會學是使用科學方法，持守科學態度，以研究人類社會；主要論及社會之構成要素，其起源、發展、成熟與變遷；論述諸社會現象，如社會制度、社會系統、社會

活動、社會關係、社會運作程序、社會團體等；並想在
諸社會事象中尋求或建立普遍性公律、原則、原理等的
科學（楊懋春，1979）。

第二節　社會學的發展

　　「社會學」一詞，自孔德創用迄今一百多年間，不斷的發展與
充實，而且不同理論派別也蔚然並存。孫本文在大陸時期（一九
四六年）曾撰《近代社會學發展史》一書，將社會學發展分為三
期：草創時期、勃興時期、建設時期（孫本文，1986）。詹火生、
張苙雲、林瑞穗編（1988：2-18）對社會學的歷史發展有簡要的
敘述，分為：第一、社會學的起源〔簡單介紹了聖西門（Sint-
Simon）及孔德〕。第二、古典社會學者〔敘述了斯賓塞（Herbert
Spencer）、馬克思（Karl Marx）、涂爾幹、韋伯四大家〕。第三、
美國社會學的發展。第四、中國社會學的發展（分為西元一九四
八年以前中國社會學的發展，以及遷台後社會學在台灣的發展）。
另外，王振寰、瞿海源主編（2002：21-25）的《社會學與台灣社
會》一書（增訂版三刷）曾對「社會學在台灣的發展」分為三個
時期（第一個時期是一九五〇年代到一九七〇年代初期；第二個
時期是一九七〇年代中期到一九九〇年代初期；第三個時期是一
九九〇年代之後），該書也對「社會學在中國大陸的發展」有所敘
述。而美國學者考舍（Lewis A. Coser）曾著《社會學思想家》一
書，介紹了歐美十六位極具代表性的社會學大師，也是近百餘年
來社會學發展史的重要素材。唐納（Jonathan H. Turner）著《社

會學理論的結構》（*The Structure of Sociological Theory*）則將各家社會學歸納為幾種主要理論並加以評析，本文參考上述中外學者之著作，將社會學的發展略述如下：

社會學的草創期

孫本文對於「社會學」草創期的先驅思想家有非常精闢的論述：社會學成為專門學問，雖始於孔德，但在孔氏以前，許多哲人智士所發表，有關社會現象的零星片段的知識，實與社會學的成立有密切關係。

十八世紀之末，十九世紀之初，一方面受政治革命的影響，一方面受工業革命的激盪，社會上頓呈劇烈的變遷，於是社會政治經濟的研究，漸漸引起學者注意，而社會學的創建，即於此時立其基礎。此為社會研究由哲學而進於科學的時期。當時的學者，大率對於社會各方面的現象，都加以研究，故這一批學者，不能稱為純粹的經濟學家，或政治學家，或社會學家。他們有時為經濟學家或政治學家，有時為社會學家與經濟學家，有時為社會學家與政治學家，有時為多方面的社會科學家。例如聖西門、戈德文（W. Godwin）均同時注意於經濟與社會問題的討論，而其主張用物質科學的方法，研究社會結構與社會因果關係，就成了社會學家。馬爾薩斯（Thomas Malthus）注意人口問題，研究生活資料與人口數量的關係，就同時成為經濟學家與社會學家。即使後來，到了孔德時代，仍不脫此種特色，不過他在社會學方面的貢獻尤大，所以即以社會學家著名。

因此我們可以說：「在孔德以前，對於社會現象的研究，漸

漸由無定而至於有定，由哲學的討論而至於科學的探究，但仍舊僅有片段的部分的理論，而無系統的組織的知識，及至孔德氏出，而後社會學始成形骸。」（孫本文，1986：7）

孔德以為，宇宙現象可分為五類：即天體現象、物理現象、化學現象、生理現象與社會現象。這五類現象在整個宇宙中是統一的、互相依賴的，而且就其發生方面說，是有先後關係的。而每一類現象是經過一種同樣演進的過程。孔氏要採用實證的或科學的方法來做一種一致綜合的研究，以期明瞭整個宇宙的現象，這就是他實證哲學的大意。

孔德認為：宇宙現象中前四種——天文、物理、化學、生理，已有專究的學問，獨第五種——社會現象尚缺乏研究，現在就需要一種科學來補此缺憾，這科學他稱為「社會物理學」（social physics），這就是「社會學」的初名。孔氏於一八三九年「實證哲學」的第四冊中始創「社會學」一詞。

據孔氏之意，實證哲學有兩種目的：一種為普通目的，即研究一般實證科學，二為特殊目的，即專究社會物理學。他以為，這二者不能分離；缺乏社會物理學為基礎，實證哲學是不完全的；缺乏其他科學為基礎，社會物理學也是無從研究。這是他創立社會學，及社會學與實證哲學的關係的說明。

孔德以為，人智的發展經過三個時期，最初是神學（theological）的，其次為玄學（meta-physical）的，再次為實證的（positive）或科學的。每一時期各自成為一種思想形式，此種思想形式，成為各時代社會團結的基本原則。孔德進一步又將社會學分為「社會靜學」（social statics）與「社會動學」（social dynamics）兩部分，前者研究社會秩序的原理，後者研究社會變遷與社會進步的原理（侯鈞生主編，2004：19-30）。

古典社會學時期

孔德草創「社會學」之後，在歐洲法、德、英各個政治、經濟、社會變化劇烈的國家，也出現了許多著名的社會學家，一般稱之為「古典的社會學家」，其中最著名的為：斯賓塞、馬克思、涂爾幹、韋伯（許多書也將孔德列入古典社會學者）。

一、斯賓塞

斯賓塞是與孔德大約同時期的英國學者，他是繼孔德之後使社會學建立更穩固基礎的。對於中國的社會學而言，更具劃時代的意義是：斯氏一八七三年所出版《社會學研究》（*The Study of Sociology*）一書，由我國嚴復於一八九八年起譯為中文，一九○三年出版，名為《群學肄言》，為社會學傳入中國之始。

他在《社會學原理》（*Principles of Sociology*）中，提出人類社會是一種具體而永久的實體——是一種演進的群體。除了組成各分子單位的個性外，尚具有共同的群體特性，亦就是有具備一種「社會的科學」的可能。為了證明社會也是一種可作為科學研究的現象，他發表了著名的「社會與有機體類似」的學說，認為社會有四點很像一個有機體：第一、這兩者的成長都是使整體增大。第二、在每一方面，成長總是使機構增加複雜性。第三、有機體和社會的各部分都是互相依賴的。第四、社會的生命與有機體的生命一樣，都比內部任何單位或部分的生命要長得多。

此外，斯賓塞認為：隨著社會的變遷，有兩種主要的不同社

會類型：

其一、軍事的社會（militant societies）——其主要特徵在於武力的結合。各部門間的協調並非自動的，而是以武力配合的。在此種社會裡，人民對政府的合作是一種被強迫性的合作（compulsory cooperation）。

其二、工業的社會（industrial societies）——社會間各單位的合作是一種自願的合作（voluntary cooperation），社會中心組織的權威並不集中在政府或某一單位裡，而分散於各部門中（蔡文輝，1995：65）。

二、馬克思

馬克思的思想有淵源於德國的唯物論、法國的社會主義、英國的經濟學說，所以相當複雜。而且依其思想流變及援引者之主觀認知，大致上還可分為：壯年馬克思、老年馬克思和青年馬克思之說。每一時期觀念都略有不同，但總括其要點，大致仍一貫性的主張唯物史觀、階級鬥爭、剩餘價值等。他在一八五九年所著《政治經濟學批判》一書的序言中，有一段概括性的說明：

> 在人們從事社會的生產中，人群進入特定的、必需的、不受其意志左右的關係裡，這種關係可稱為生產關係。它與其物質的生產力一定的發展階段相稱。這些生產關係的總體造成了社會的經濟結構，也即實質的基礎。在此基礎之上矗立著法律的與政治的上層建築，並且有與實質基礎相配稱的特定的社會意識型態之存在。物質生活的生產方式絕然地決定著社會的、政治的與精神的生

命過程。並不是人群的意識決定其存在，而是其社會的
存在決定其意識。

　　社會存在著階級對立，迄今存在過的一切社會的歷史都是階
級鬥爭的歷史，自由民與奴隸，貴族與貧民，地主與農奴，行東
與幫工，簡言之：壓迫者與被壓迫者，始終是處於互相對抗的地
位，進行著不斷的，有時是隱藏，有時是公開的鬥爭。這種階級
對立的現象，到了近代尤其尖銳，成為資產者與無產者的對立。
資產者有現存的「國家」、「法制」⋯⋯來維護其特權；無產者則
由共產黨來領導與資產階級相對抗。

　　馬克思（及恩格斯）對於現存的國家、政權、法律、宗教⋯
⋯一切都有他們特殊的解釋，這些解釋都是從「階級」的觀點出
發（劉阿榮，1997：179）：

1. 「國家」──「國家不是別的，而是一階級壓迫另一階級的
   機器。」
2. 「政權」（政治）──「政權不過是管理整個資產階級共同
   事務的委員。」
3. 「法律」──「你們的法律只是你們（資產）階級的意志之
   條件文化，而這個意志的內容則為你們階級生存物質條件
   所決定。」
4. 「宗教」──「宗教是被困苦所壓倒者的歎聲。⋯⋯它是人
   民的鴉片煙。」
5. 「道德」──「近代的道德、宗教、在無產階級看來，是資
   產階級的成見，其後面，隱藏著資產階級的利益。」

三、涂爾幹

　　如果說孔德、斯賓塞是從哲學、生物學的領域轉入社會學的研究，而開創了一片社會學的新天地，則涂爾幹可以說更接近社會的觀點，而以社會事實來建立他的社會理論。所謂「社會事實」是約束個人行為的外來力量。例如：當人們違反社會的規範時，此種控制或束縛個人行為的力量就發生作用。因此社會事實不是個人的心理狀態，而是附在個人身上的一種外來力量。它可能產生在人們的社會互動裡，也可能記錄在社會風俗習慣及法律裡。涂爾幹說：「要瞭解一個社會事實的決定因素，我們必從早已存在的社會事實裡探究它，而非由個人的體質特徵上去求瞭解。」

　　涂爾幹的社會學思想十分廣泛，其中最著名的如，「社會分工論」、「自殺論」及有關道德與宗教方面的著作。他認為傳統社會的連帶關係，是以「雷同」為基礎，而形成的社會關係乃是一種「機械連帶」（mechanical solidarity）。由此觀之，社會關係並非個人意志所能左右，它完全是社會本身的產物。傳統社會的機械連帶，其所產生的共同道德生活，必然導致一種懲罰性質的社會規範之出現。相反地，工業社會的有機連帶，其所形成的共同道德生活，又會促成另一種偏向於賠償性質的法律。

　　涂爾幹在其名著《自殺論》（Suicide）一書對於「脫序（anomic）問題」（或譯迷亂、失序）有深刻的描述。當時一般流行的心理學及醫學之觀點總認為：一個人在自殺時，其知覺與心理學狀況是處於不穩定、不平衡的「病態」，可是涂爾幹卻從外在的社會情境來看，自殺行為的社會意義──如果給予一個特別的「社會情境」，則原先具有心理異常者更有可能自殺；反之，如果

14

避免或減弱其情境，則也可能減少其自殺的可能性。這種特定情境是社會的、而非心理的，換言之，形成自殺的先存異兆是個人的心理因素所決定，但採取自殺的行為卻是來自當事人所處的社會情境。顯然，涂爾幹更著重於社會情境的。在研究自殺類型時，他曾歸納為自利式自殺、利他式自殺、脫序式自殺。尤其第三種脫序式自殺，可以說是他最有興趣的。因為他認為近代政治危機、經濟問題、社會變遷等引發的脫序問題，對自殺率的升高有明顯的現象。

此外，涂爾幹對於宗教的涵義、本質、起源及功能也有闡述，他所著《宗教生活的基本形式》（1912），可視為「宗教社會學」的先驅作品。

四、韋伯

就社會科學研究的方向與影響而言，韋伯對近代社會科學如社會學、政治學、經濟學，乃至宗教等等之關懷與影響是相當重要的，例如價值中立（value free）、官僚體制（bureaucracy）、理念型（ideal type）、基督新教倫理與資本主義精神……至今仍是社會科學研究的基本方法與主要內容。

韋伯在處理社會科學的研究方法中，特別重視「價值中立」的原則，他認為：對象乃一「沒有價值性」的東西，它本身不具任何意義。對象之所以有意義，係人主體所賦予的，因此，科學的研究並不是以價值判斷本身為主體，而是以人主體之價值判斷為研究分析的對象。由是，人主體與對象乃由價值關係予以銜接。換句話說，價值是人主觀意念的意義，也是由人之行為取向（或動機）所產生的結果，故價值不能予以單一義地決定，絕對價

值只是虛妄。社會科學（經驗科學）不是以研究絕對價值爲根本，而是以研究人主體對價值判斷之對象爲主要目標，亦即以人主體之價值取向態度爲根本。這種方法學態度，因爲牽涉到價值取向問題與世界觀認識問題，所以他不僅否定了價值的單一義，還積極提出「價值自由」（價值中立）的論點。韋伯把學術研究的價值中立，做了明確的區分，他認爲一個學者在報刊上、公共集會上，儘可以表達自己的意見，但作爲一個學者，「教授不應當要求給予他以教授身分夾帶政治或改革家司令杖的權利」。換言之，教授及學者不應假藉學術之名，做其他的目的，這在社會科學的研究上，是十分重要的，它可以避免因研究者主觀的「價值判斷」，而扭曲了研究的方向和結果。

韋伯在社會科學研究上的另一貢獻，是以「理念型」的概念作爲研究工具和架構。他認爲「理念型」是比較研究法的基礎，用以探討個案裡的類似點和差異點。理念型並不一定要和具體事實吻合，因爲它的構造是以普遍性的邏輯爲準則，而非特殊的特徵或個案。因而，理念型提供研究者一些假設，用以尋求並連接事件間的相關性。

韋伯在論及這些理念型時，特別提出三類在政治上的支配類型：

1. 法理型支配（legal domination），是基於法理、官僚制的管理技術。
2. 傳統型支配（traditional domination），是基於管理幹部對統治者的私人依附。
3. 卡理斯瑪支配（charismatic domination）的統治法則，奠基於一群視「卡理斯瑪」爲超凡神聖之人而赤誠效命的僕

從。

韋伯以「理念支配」去分析近代歐洲資本主義的發展，具有
相當大的影響力。他用「基督新教的倫理」及「資本主義的精
神」、「理性主義」等理念，去說明宗教改革後新教的倫理如何促
進工業化與社會的變遷。官僚制度或譯「科層體制」，是韋伯研究
西方社會變遷另一個重要的論題。雖然，韋伯主要是描述現代官
僚制度裡的特質及其實用功能，但是他亦再三強調人類社會的將
來必是一種官僚制度化的社會，因為官僚制度最有效率、最理性
化。西方和非西方社會的工業化必導致官僚制度化。

美國社會學的發展

美國社會在十九世紀末、二十世紀初，經歷了急遽而深遠的
變遷。在美國北方，正以空前未有的速度進行工業化。一方面，
越來越多的鄉下居民移入正在發展中的工業城市；另一方面，東
歐與南歐的移民，也來美國尋找在他們祖國所沒有的經濟機會，
這些新移民大多集中在衰敗而擁擠的貧民區裡，由於他們所帶來
的文化遺業經常與美國人的主流價值和規範相互衝突，因此種族
間與民族間的衝突非常普遍。許多觀察家憂慮，這麼多的社會疾
病應該如何才能妥善地加以醫治與補救，而社會的科學研究正好
提供了一些可能的答案，因此「社會學」在美國也出現了快速發
展的情勢。

華德（Lester F. Ward）是早期的領導人物，應用社會學知識
於美國問題的研究。華德是熱誠的改革者，深受孔德的影響，相

信社會在改善工業社會能扮演一個重要的角色。因此，他駁斥斯賓塞的自由放任觀念，認為讓社會自由發展是可怕的錯誤，社會需要引導，而社會學的科學研究正可以提供此一引導，因此華德提出「社會導進」（social telesis）的觀點，以推進社會朝更好的方向前進。

一八九三年美國芝加哥大學成立第一個社會學系。一九二〇年至四〇年代許多美國社會學界的領導人物皆是所謂芝加哥學派的成員，如派克（Robert E. Park）、顧里（Charles Horton Cooley）、米德（George Herbert Mead）及湯姆斯（W. I. Thomas）等人皆曾執教於芝加哥大學。芝加哥學者在社區研究方面成就卓著，特別著重都市鄰里與種族區域，曾深入探索芝加哥周圍城市的社會問題，對貧民窟生活、犯罪、賣淫與吸毒等問題皆曾仔細地考察，這是美國社會學開始蓬勃發展的時期。

第二次世界大戰後，美國社會學者的興趣又繼續擴展。有的學者恢復傳統社會學對社會普遍理論的關注，最負盛名的是哈佛學者帕森斯（Talcott Parsons），他從事「結構功能理論」的建構，專注於整個社會結構與體系之研究與分析，再加上墨頓（Robert K. Merton）、戴維斯（Kingsley Davis）、默爾（Wibert E. Moore）等人的努力，使結構功能成為美國的顯學（其要義容後述）。

與「結構功能論」持相反意見的為「社會衝突論」（theory of social conflict），此派可溯及馬克思的「階級鬥爭論」，而二十世紀中葉德國社會學家達倫多夫（Ralf Dahrendorf）更是代表性人物。至於美國學者考舍也是「衝突論」的健將。他認為社會體系內每一部門都會發生關係或聯繫，其中一定會有緊張、失衡、利益衝突等現象。不同社會部門的操作、運行方式與過程並不一

致，因爲各部門對社會體系的整合與適應是不一致的。他指出衝突在某些情況下對社會是有益的，社會整體內各部門間的失調必導致各式各樣的衝突，此等衝突引起社會的重組，增強其適應彈性，以解決社會變遷等問題。

美國社會學的另一個特色是運用數學、統計等計量研究，特別是應用理數工具與計算機分析資料，密西根大學是這方面的翹楚，而各大學及研究機構大量使用「量化研究方法」是美國當代社會學的主流；相較於當代歐洲社會學著重思辯、理解、詮譯「社會的構成」〔如英國之吉登斯（Anthony Giddens）〕；或強調社會的「溝通行動」〔如德國之哈伯瑪斯（Jurgen Habermas）〕；或以實踐、習性、場域來分析當代社會〔如法國之布迪厄（Pierre Bourdieu）〕……更可看出當前社會學在美國及在歐洲的不同主流趨勢。有關美國及歐洲社會學的主要流派及晚近趨勢，將於本講（章）第四節陳述之。

中國社會學的發展（一九四九年以前）

中國歷來對「人群」的觀察已極深刻，荀子謂：「人力不若牛，走不若馬，而牛馬爲用，何也？曰：人能群，彼不能群也。」人們平常也說：「君子群而不黨，小人黨而不群」，這種「群性」的析辨由來已久，因此，當西方的「社會學」傳入中國，嚴復將其譯爲「群學」即是此意。有些學者將清末、民初到一九四九年之間，中國社會學的發展分爲三個時期：1.譯介期，2.傳教士時期，3.蓬勃及分裂期（詹火生、張苙雲、林瑞穗，1988：15-16）。本文將一九四九年兩岸分離後的社會學發展，另述於下一項，而

將一九四九年以前的社會學發展略陳如下：

一、譯介期

　　一般人將中國社會學溯源於一八九七年嚴復翻譯斯賓塞的《社會學研究》的兩章（譯名爲群學肄言），而中文「社會學」一詞最早出現於一八九六年譚嗣同著的「仁學」內，第一本社會學譯著則是章太炎譯日人岸本龍武太的社會學，於一九〇二年出版。所以早期中國社會學研究以留學海外的知識份子爲主，時間在一九〇〇年左右，此段時間社會學的活動漸萌芽，以翻譯日本及歐美社會學古典名著爲主，其中以嚴復的翻譯著作最爲著名。

二、傳教士期

　　一九一一年至年一九二一年是所謂的「傳教士期」，此時期許多美國傳教士兼社會學家開始在中國傳授社會學，做社會學調查。最著名的人物卜濟時（J. B. Burgess），他與甘博（S. D. Gamble）等人仿美國春田調查的成例調查北京社會狀況，於一九二一年發表〈北京——一個社會調查〉（"Peking, A Social Survey", 1921），內容分歷史、地理、政府、人口、衛生、經濟、娛樂、娼妓、貧窮、救濟、宗教等，這個研究對中國社會學的發展而言，開啓了往後實證性格的先河。此時期學院中開設社會學課程與成立社會學系日增，但多數是基督教會學校開辦，授課者亦多爲外籍教授，國人自授社會學始於北京大學的康心孚教授。據社會學家孫本文估計，當一九三〇年中國社會學社成立時，已有十一個社會學系，與歷史學合設者二校，與政治學合設者二校，與人類

學合設者一校，共計十六校。

三、蓬勃期

西元一九三一年至一九三九年，中國社會學蓬勃發展可從兩個方面觀察：第一是課程，教師、學生、書籍的大增，第二是社會調查的蓬勃。前者如一些在國外受社會學訓練的中國社學家開始返國，以西方社會學研究方法對中國社會做實際的調查與研究，社會學活動於是得以本土化，此時期的中國社會學可說是蓬勃發展，無論在課程、教員、學生、書籍、調查研究等方面皆有增加。根據統計從西元一九三二年至一九四八年間翻譯書籍有三十五種，著作有一百三十八種。著名的中譯書有索羅肯（P. A. Sorokin）的社會變動論與當代社會學說、鮑格達（E. S. Bogardus）的社會思想史、渥班（W. F. Ogburn）的社會變遷、涂爾幹的社會分工論等。重要著作有孫本文的社會學原理、陳達的人口問題、許仁廉的人口研究及柯象峰的中國貧窮問題等。

另一方面，此時期調查研究也是成果豐碩，出版的調查報告有李景漢的「定縣社會概況調查」（1933），喬啓明的「江寧縣淳化鎮鄉村社會之研究」（1934），言心哲的「農村家庭調查」（1935），陳達的「南洋華僑與閩粵社會」（1937），費孝通的「祿村農田」（1943），陳序經的「蛋民之研究」（1947）。另外還有一些介乎「社會學」與「人類學」的田野調查，例如李霖燦、張琨、和才等人對雲南西北麗江的納西旗（麼些族）社會文化調查等均極著名。

特別值得注意的是，早期中國「社會學」的發展，與當時的外國傳教士、中國留學生回國講學有關，而這些傳教士或留學

生，有的是「社會學」專業，也有的是「人類學」、「民族學」專業，而且各大學開設的也包括人類學、民族學、社會學課程，採用的社會調查與田野調查方法也是相互為用，所以這一階段的社會學發展史，也可視為民族學、人類學發展史，因而大陸學者王建民（1997）在其《中國民族學史・上卷（1903-1949年）》一書有極為詳細的介紹，非常值得參閱。

社會學在台灣的發展

　　一八九四年中、日甲午戰爭中國戰敗，翌年「馬關條約」中國將台灣地區割讓予日本，一九四五年日本戰敗投降，台灣重歸中國版圖，一九四九年中國國民黨領導的政府在大陸失利而播遷來台，成為兩岸分裂分治的狀況。

　　據龍冠海教授所述：初期國民黨政府基於反對共產主義，而將「社會學」與「社會主義」聯結在一起，對社會學研究之機構或單位未加重視，甚至設立「社會系」亦有疑懼。一時大學裡尚無社會系，皆寄身於其他學系或非學術機構內。直到一九五五年第一個社會學系才在當時尚稱省立法商學院的中興大學法商學院成立，由於該系是由行政專科學校社會行政科合併台灣省行政專修班而形成，系名雖是社會學系，但實際上是以培育社會行政與社會工作之專業人員為重點，正統社會學之研究與人才培育只是附屬工作。一九五六年東海大學增設社會學系時亦因無社會學教師而有名無實，直到一九五八年該系聘請張鏡予先生為系主任，一九六○年台灣大學社會學系與農業推廣系分別成立，台灣社會學教育才逐漸進入軌道。之後輔仁大學、東吳大學也相繼設立

「社會系」。而師資方面陳紹馨先生為台灣本地社會學者之外，大都是一九四九年隨政府遷台的教授，如龍冠海、楊懋春、張鏡予等。這個時期社會學研究，相當程度的把台灣社會當做「中國文化研究的實驗室」（楊懋春之言），但也有部分對本省鄉村或社區進行社會調查研究。

　　王振寰、瞿海源（2002：21-24）將「社會學在台灣的發展」分為三個時期，第一個時期便是指一九五〇年代到一九七〇年代初期，亦即社會學系初設期。第二個時期是一九七〇年代中期到一九九〇年代初期，國內社會系開始增設研究所，並開始區分社會學組與社會工作組，分組招生。在研究所方面，台灣大學於一九七四年成立社會學研究所碩士班，並設立應用社會學組；而東海大學社會系則於同年分組招生，一九七八年成立研究所，兩年之後成立社會工作組，而後獨立出來成立學系和研究所。其後在一九八〇年代東吳、政大的社會學系分組而研究所也相繼設立，而文化大學的青少年福利研究所和清華大學社會人類學研究所也在這時期成立。

　　如果以學術社群的知識背景與學術關懷來看，此一時期社會學者大抵是在台灣成長，也在台灣受社會學教育之後留學歐美而後陸續回國任教。他們在歐美受到完整的社會學訓練，回國之後的教學和研究，對後來的社會學教育產生極大的影響。在這段期間直到一九八〇年代中期，最主要的學術運動可稱之為「社會學中國化」運動。這是由於學者們在歐美受過制式訓練，但是回到台灣之後強烈的感覺到，他們瞭解西方社會遠勝於對本身社會的瞭解，社會科學界只忙於吸收新知，卻忘了將自己的社會文化背景反映在研究活動中，「而使中國的社會及行為科學缺乏個性，終於淪為西方社會科學的附庸」。因此他們企圖以社會科學的方法

來研究中國社會，要使中國文化的特色融入社會科學的研究，擺脫西化的色彩。這段期間，許多西方社會學理論和研究取向被大量引介到台灣來。

　　社會學在台灣的發展，至一九九〇年代可稱為第三個時期。一九九〇年代台灣政治社會面臨巨大的「威權轉型」與「本土化運動」，一方面過去國民黨「獨占型」政黨轉變為「競爭型」政黨，一元化或「有限多元社會」轉化為「多元社會」。另一方面，「本土化」取代過去「中國化」成為新的社會趨勢。與社會學有關的大學及研究所，隨著大學新增而不斷增設，系所名稱也更多元化，如社會福利、社會政策、社會發展、資訊社會等。例如中正大學社會福利系和研究所；暨南大學的社會政策與社會工作研究所；世新大學的社會心理系、社會發展研究所；元智大學的社會系及資訊社會學研究所；南華管理學院的教育社會學系；中興大學社會學研所等。在社會學博士班方面，東海社會系於一九八一年成立了國內第一個博士班，其後，台大、政大等校社會系亦有博士班成立。而中央研究院也經過多年籌設，正式成立「社會學研究所」。在學術社團方面，也由「中國社會學社」朝向「台灣社會學社」的本土化轉變。研究範疇也由社會學理論擴展到各領域的社會學或社會政策，如環境社會學、資訊社會學、兩性社會學、城市與生態社會學、族群與政治社會學、客家社會文化研究等，並且關注於全球化與在地化、國際移民等各項議題。

社會學在中國大陸的發展（一九四九年以後）

　　一九四九年大陸易幟之前「社會學」研究已有若干基礎，大

陸淪陷後社會學家分三個途徑發展。一是隨國民政府遷台，成為台灣第一代社會學者，如龍冠海、楊懋春、張鏡予；二是往海外發展，如楊慶堃（C. K. Yang），許烺光、張鴻均等，為海外華人社會學家的第一代；三是繼續留在大陸工作，如吳文藻、費孝通、孫本文、潘光旦等。但中共政權建立（一九四九年）以後，認為社會學帶有西方資本主義的學術色彩，資本主義社會有諸多矛盾與弊病，所以需要「社會學」去解決，而新中國邁向社會主義，「將從根本上消除階級對立這一造成社會基本矛盾的根源，故新中國不會存在社會問題，當然也就不需要社會學」（宋蜀華、滿都爾圖主編，2004：184）。

　　或許因為中共意識型態認為馬克思主義是科學的社會主義，比西方社會學更優越，研究馬克思主義可以取代「社會學」的理論與實踐，因此，中共政權成立之後，原來的社會學便被禁止在大學教授，而在一九五七年各大學的社會學系被全面關閉，從此社會學在大陸中斷，直到一九七九年才逐漸恢復。事實上，此一階段（一九五○至一九八○年）中國大陸把「社會學」研究，一部分納入馬克思主義研究；另一部分將研究人群關係的社會學轉為研究民族關係（尤其是少數民族）的「民族學」。因此，吳文藻的兩大弟子：費孝通與林耀華，分別留學英國及美國，回中國後進行了社會學、人類學、民族學的調查，一九五○年代起，社會學被停止開授，他們及許多老一代的學者，卻各自領導了中國「民族學」研究的後繼梯隊，培養了中央民族大學（中央民族學院）的第二、三、四代人才。近年來中國「民族學」研究又逐漸採用西方人類學及社會學的研究方法與途徑，重新振興（王建民、張海洋、胡鴻保，1997：430-466）。

　　從一九五七年到一九七九年的三十餘年間，正式的「社會學」

25

研究在大陸是中斷的，直到一九七九年「四人幫」垮台，中共改革開放，於是，中國社會科學院首先正式恢復社會學研究，次年「中國社會學研究會」成立，由費孝通擔任會長，之後天津南開、廣東中山、北京大學和上海復旦大學首先恢復社會系，而中國社會科學院和上海分院也都恢復社會學並開始招收研究生，各地大學和社會科學院也在後來陸續成立社會系和研究所。此一階段社會學的人才逐漸從海外延攬，或送大批留學生赴歐美各國留學，這些被稱為「海歸派」的留學生大量的引介了當代歐美社會學的理論，而且中國大陸許多大學也與世界著名的大學和研究機構建立密切的合作交流關係。目前大陸社會學研究，一方面以中國的人口、貧窮、犯罪、城鄉流動、鄉鎮企業等現實問題為焦點；另一方面，對於西方社會學「中國化」的反省與思考，也類似台灣過去的經驗。未來如何從兩岸社會學的研究中尋求共同與差異，是一項值得關切的課題。

第三節　社會學的主要理論觀點

　　西方社會學經歷了一百多年的探究與發展，目前已發展出各種理論觀點。例如一九八〇年代盛行的社會學理論主要以功能學派觀點、衝突學派觀點、交換論觀點以及互動論觀點為四大主要學派。另外還有一些突出的學派如俗民方法學（ethnomethodology或譯「民生論」）、依賴理論（dependency）、世界體系理論（world system theory）、批判理論（critical theory）、系統理論（systems theory）、結構主義（structuralism）、國家社會理論等等。唐納在

《社會學理論的結構》（*Structure of Sociological Theory*）一書第四版分別以五篇二十餘章介紹了功能論、衝突論、交換論、互動論、結構論等五大學派的各家代表人物（包括美國及歐洲）十分值得參考。而且，近二、三十年來歐、美社會學理論也有若干新的發展趨向，本文限於篇幅，僅就幾種主要的理論觀點及晚近發展情形略述如下：

功能論觀點

功能論（the functionalist perspective）的興起，主要是根源於十九世紀初期的機體主義，此派學說受到孔德以及稍後的斯賓塞和涂爾幹的機體主義影響；而人類學功能論者如馬凌諾夫斯基（B. Malinowski）和瑞克里布朗（A. R. Radcliffe-Brown）；社會學者韋伯的學說，均影響現代的功能觀點。

功能論者有許多不同的代表人物，其學說也不盡相同，但帕森斯及墨頓、戴維斯、斯美舍（N. J. Smelser）、列維（M. Levy）等人最著名。一般而言功能論者認為：功能是指有關體系內結構與過程生存的後果（consequence）。社會各部門是相互關連的，此種相互關連的特質乃組成功能體系（functional systems），因此功能體系的概念通常包括下面四個基本命題：

第一、每一體系內的各部門在功能上是相互關連的，某一部門的操作運行需要其他部門的合作相配，當某一部門發生不正常問題時，其他部門可以填補修正。

第二、每一體系內的組成單位通常是有助於該體系的持續操作運行。

第三、既然大多數的體系對其他體系都有所影響，則它們應可被視為是整個有機體的次級體系（sub-systems）。

第四、體系是穩定和諧的，不易有所變遷。

功能學理論最主要核心認定社會基本上是整合（integration）的，而且永遠是朝向均衡的狀態運行操作。整合係指各部門之間相互影響的結果促成某種程度和諧性，用以維持體系之生存。

帕森斯相信任何行動體系都可以由下列四個功能類型來分析：1.體系的控制模式之維護。2.體系之內在整合。3.獲取目的之價值取向。4.對外在環境的適應性。因此，在帕森斯的行動體系內，文化體系的主要功能是模式的維護；社會體系是為行動單位的整合；人格體系是為獲取目的；而有機行為體系則是為適應外在的環境。此四種功能亦即著名的AGIL：A即指適應（adaptation）；G指目的之獲取（goal attainment）；I指整合（integration）；L指模式之維護（pattern maintenance）（蔡文輝，1979：74-87）。

墨頓是繼帕森斯之後而起的「經驗功能主義」者，他不贊同包容全部的「巨型理論」，而強調「中程理論」，因為中程理論不僅可以經驗檢證，還保有抽象的原理。墨頓認為功能分析是社會學解釋中一個很有發展潛力的方向，它依賴於理論、方法和資料的結合，但認為以往的功能主義者多偏重於理論解釋，忽視了功能分析的方法問題，功能主義既是解釋社會現象的有效理論，也是收集資料的有用方法。因此，墨頓從他的中層理論觀點出發，強調功能分析在資料蒐集和理論解釋中的實效性。

總之，功能主義理論是現代西方社會學中的第一個有廣泛影響的理論流派。它興盛於二十世紀五〇、六〇年代，一度被看做是社會學的唯一理論典範。但六〇年代末以後，它也受到了激烈

的批評。此後各種新的理論觀點紛紛出現，在某種程度上說，後起的這些理論都是對功能主義理論的補充發展。當然，任何其他理論都不能取代功能主義。八〇年代中期以來，隨著「新功能主義」的出現，功能主義理論又得到了復甦（侯鈞生主編，2004：156、163）。

衝突論觀點

一九五〇、六〇年代，當功能學派的理論架構盛極一時的時候，各種批判的論調也備受矚目。社會學中的功能論，被認為過分低估了社會實體的衝突本質。由於功能論認為社會是整合與均衡，然而那些俯拾皆是、普遍存在的不穩定、無秩序及衝突的現象，便極易被視為是偏差的、不正常的與病態的。實際上社會存在著許多衝突，例如權力的集中與不均，使一些個人或團體剝奪了他人，並成為社會系統中緊張與衝突的內在根源；此外，社會中資源稀少性，必然導致為資源爭奪而爭鬥；最後，由於社會系統中，不同的利益團體追求不同的目標，於是經常爆發衝突。衝突觀點的著眼點在於利益，利益不僅使人類關係有支配與被支配之分，並且可據以劃分社會中的人。衝突論者把社會看作是一個爭權奪利的舞臺，在這個舞臺上，精英份子為了維持其利益而壓迫那些弱勢者。

衝突論（the conflict perspective）的淵源可追溯到早期的馬克思的階級鬥爭論和齊美爾的形式社會學理論。但一九五〇、六〇年代衝突學派的社會學理論大致可以分為二類：1.德國社會學家達倫多夫（Ralf Dahrendorf）所代表的辯證衝突論（dialectical conflict theory）是此派的主流。2.考舍的衝突功能論（functional conflict theory）則是代表衝突論的另一支。

　　達倫多夫提出三個主要問題做為衝突理論研究的主題：

　　第一、相互衝突的團體是如何出現在社會結構裡？

　　第二、相互衝突的團體所應用的競爭方式有幾種？

　　第三、團體間的衝突如何影響社會變遷？

　　達倫多夫強調社會學不應忽視這些衝突的研究，社會學的任務在於尋求衝突的社會原因，因此「衝突理論」應是與「整合理論」同樣重要的。衝突並非是單純心理現象，更非是偶然的現象。社會學家應加以科學性的分析研究。學者將達倫多夫的理論總結成下列幾個要點：

　　第一、每一個社會無時無地都經歷變遷，因此社會變遷是無情與不可避免的。

　　第二、每一個社會裡都有紛歧衝突因素，因此社會衝突是無法避免的。

　　第三、社會裡的每一個單位都直接間接地促成了社會的分化與變遷。

　　第四、強制性的權力關係是社會的基礎，社會份子的關係事實上即是支配與受支配的權力分配關係（蔡文輝，1979：124-132）。

　　考舍一方面批評達倫多夫過分強調衝突的社會本質，另一方面也批評、修正功能論的觀點，因此被稱為衝突功能論。大多數現代衝突論者雖然仍繼續強調階級衝突在資本主義國家的重要性，但是他們也注意到現代社會中的其他衝突。衝突論者認為，到處都有衝突，如國際間的衝突、種族間與民族間的衝突、男女間的衝突、年輕人老年人間的衝突、宗教團體間的衝突，以及不

同政治意識型態的衝突等等。

衝突論者認為，人們最想要的東西（如財富、權力、社會聲望）總是供不應求。因此，個人和團體，必然要經過競爭，才能得到這些東西。當每一個人或團體，為了得到社會的稀有酬賞而互相競爭時，衝突也就不可避免了。這些衝突並不一定指暴力而言，舉凡爭論、支配、嘲笑、比賽、示威、戰爭和革命等均屬之。

衝突論者主張，在競爭稀有資源時，很少出現不分勝負的結果，有些團體總是設法比別人得到更多的財富、權力和聲望，進而可以支配社會秩序。這時，統治團體就建立起社會制度，藉以保護與鞏固其特權地位。雖然那些附屬的團體不願順服，但是它們通常因缺乏資源而無法從事有效的反抗。同時，居於支配地位的文化價值，也鼓吹「現存的秩序就是自然而正當」的觀念，亦可減少反抗。但由於支配者與附屬者的關係通常都暗藏懷疑與憤恨，所以不斷地醞釀社會變遷所需要的條件。然而。除非附屬者獲得或有辦法動員資源，否則真正的變遷還是不會發生（林義男譯，1999：21-23）。

社會交換論觀點

社會交換理論（social exchange theory）是第二次大戰後，西方社會學界逐漸興盛、流行的一種社會學理論。這一理論認為：分析、理解人際間大多數行為之最佳方法是將行為當作一種有形或無形的商品和服務來交換。這些商品和服務既包括食品、住房等有形之物，也包括社會認同、同情、憐憫之類的無形之物。人

們的選擇往往是將其能夠分享的物品進行交換，而人們又是在權衡了行動過程之利弊得失，並選擇最有吸引力的東西之後才進行的，也就是說人們在交換這種互動過程中是「理性」的。

社會交換理論主要有三個重要的特徵或組成部分：第一、它直接借用了古典經濟學理論的交換概念，並將其擴展到更大範圍的社會活動當中。第二、它是行為主義心理學和行為經濟學的混合體。第三、它把社會交換作為各種社會關係的表達。

社會交換論的代表人物有何門史（George C. Homans）、布腦（Peter Blau）及愛默森（Richard M. Emerson）等人，其中何門史著眼於個人層次上對個人行為的解釋，一般稱之為「行為主義交換論」；布腦的理論側重於探索從人際互動的交換過程，到支配社區與社會複雜結構的交換過程，可稱之為「社會結構交換論」；愛默森把網絡分析技術應用於交換理論，一般稱為「社會交換網絡分析論」（侯鈞生主編，2004：190）。

「交換論」是從個人研究開始著手，進而推論到團體、社會，以及文化等的穩定性及其變遷。社會交換論學者相信，團體的基本功能在於其份子達到他們的交換目的，因此如果能瞭解團體內的個人，則自然能瞭解整個團體。團體並不能超個人而存在，團體乃是個人的總和，但是我們也不要誤解社會交換學派對個人的研究是把個人看成一個單獨存在的有機體而已，所謂交換行為到底還是需要二個或二個以上的個人互動往來的。換句話說，交換是雙方面的互動行為，社會交換理論的中心問題是「那些人在交換些什麼？」必須瞭解的是，用以交換的對象並非必定看得見、摸得著的實際物品或具體東西；聲望、精神安慰，以及社會地位等，都可用以交換。

交換行為既是自我中心和利己的，那麼在交換的過程中，個

人自然會考慮到利潤（profits）的問題。因此，如果交換的雙方不能彼此都得到滿意的結果及利潤，那麼就沒有交換的必要，社會互動也就不會發生。社會交換理論認定社會互動是個人與個人間在交換過程中對利潤和成本的計算與運用。哈佛大學何門史提出交換論的六個主要命題，其中「成功命題」認為：「在一個人所做過的所有行為裡，若其中某一特定行為時常換得酬賞，則該行為會重複出現。」而「價值命題」認為：「如果某種行動所帶來的成果對一個人愈有價值，則他愈可能去做同樣的行動。」另一學者布勞則以社會生活中的交換與權力（exchange and power）來說明實際社會生活中，人們如何一起工作、遊戲、相愛、交易、打鬥……這些關係組合，產生了社會秩序、社會衝突乃至權力的關係等。而權力關係未必是平等交換，往往優勢的一方未給予等值酬賞回報劣勢一方，就出現支配與被支配的權力關係現象。愛默森則以各種交換關係網絡圖，來解析社會的交換關係（蔡文輝，1979：151-175）。

符號互動論觀點

　　芝加哥大學社會系的湯姆斯和派克是「互動社會學」理論的先驅，而哲學系的米德講授社會心理學課程，他是互動論的重要代表人物，他認為「符號」（symbols，或譯形象）是社會生活的根基，因為別人不能直接觸及我們的思想及感覺，必須先轉換成符號（如文字、手勢、臉部表情、非言語上的表達），然後才由他人加以解釋，所以一個人只有使用符號才能思考。這種符號溝通的主要過程，米德稱之為「符號（形象）互動」（symbolic interaction）。其後，加州柏克萊大學的布魯默（Herbert Blumer）及出生於加拿大，後移居芝加哥的社會人類學家戈夫曼（Ervin Goffman）也是符號互動論的健將。

互動論的基本研究單位是互動中的個人，而非個人內在的人格，也非社會結構，其重點在於研究互動的性質和過程。社會只不過是由一群互動中的個人所組成。個人的互動行為不斷地在修改和調整，因此社會乃不斷地變遷。一般動物對外界的刺激通常是直接身體本能上的反應，而人類則會先加以瞭解和分析，而後再設法做出反應。例如在人與人的互動過程中，個人總是先將對方的想法和看法，包括語言、非語言的符號或形象加以吸收和解釋，然後再反應。換言之，人們解讀和定義生活周遭他人的符號、姿勢、語言，然後再根據這些訊息、符號修正自己的行為。這些活動是符號互動論者最基本的關懷，他們將社會生活視為一種過程。他們對於描述社會互動的類型有高度興趣：舉凡互動的團體如何解釋所發生的事？符號的使用和個人社會化的發展過程，都是關注的焦點。

在觀察社會生活時，互動論者注重人們在日常環境中如何與他人互動及人們如何瞭解社會關係的意義，因此他們的重點放在人際層面之人類行為。互動者還認為：社會制度和過程並沒有生命，經濟、政治、家庭生活以及穩定或變遷的趨勢等等，都只是人們彼此互動的產物，所以瞭解這種日常互動的性質，是社會學所應探討的重點。

總之，在西方各派的社會學理論中，符號互動論純然是由美國學者所創建，這種理論從詹姆斯對自我的「主體我」與「客體我」之區分，到顧里的「鏡中之我」；米德以系統的對「心靈、自我與社會」分析，雖然在其發展過程中也確實受到了西歐學者

的思想影響，但總體來說，它深深地印有美國哲學──實用主義的鮮明特色。因此，與其他的社會學理論如功能論、衝突論、交換論等相比，它重視的並不是理論的宏大、高深與抽象，而是人類社會生活的自身，社會成員日常活動的自身，也正是這樣的特色，使它在理論層次上無法具有像其他理論那樣有其宏觀的性質，而名副其實成為「微觀社會學」理論的代表（侯鈞生主編，2004：234）。

其他社會學理論綜述

除了上述四派被視為「主流社會理論」之外，還有若干突出的學派觀點略為綜述如下：

一、社會學現象學派

社會學現象學派（Phenomenological Sociology）代表人物是生長於奧國維也納，二次大戰時移居美國的舒茲（Alfred Schutz）。他受到韋伯與哲學現象學胡賽爾（E. Husserl）的影響。舒茲認為：人類透由心靈對實在世界進行社會建構（social construction of reality），也正就是在這個建構格局之下，人類從事其整個活動體系。換句話說，透由意識活動，人類建構了社會世界（social world），而這個社會世界回過頭來限制了人類的創造性活動。在當代這一社會生活世界裡，人與人之間的關係，已經不再是現行行動者的互動關係。相反地，它是指人與人之類型或結構，但是在當代世界裡，人們甚少有直接的經驗可言。這種主體

經驗所得一般類型的相當穩定性知識，就能夠做爲科學性研究，而有助於瞭解人們在社會生活中的一般行動之過程。他還強調我們生活世界的文化內涵，它既是過去生活的積累，也是當代時間內，個人行動的主要影響。社會科學家可以在生活世界中觀察和理解社會互動模式的人所使用的方式，觀察和理解社會行動者的社會互動模式及其結果並且在此基礎上構想與其觀察的行動相對應的類型行動過程模式。繼舒茲之後，柏格（P. Berger）和勒克曼（T. Luckman）寫作《實在的社會建構》一書將現象學社會學的關注對象，擴展到社會結構與制度之上（陳秉璋，1985：379-408；侯鈞生主編，2004：236-255）。

二、俗民方法學派

　　俗民方法學派（Ethnomethodology）或譯「民俗方法學派」（陳秉璋，1985）、「民生論」（蔡文輝，1979：227-231）、常人方法學、人種學方法論等等（侯鈞生主編，2004：257）。此派代表人物爲加芬克爾（Harold Garfinkel），他曾是帕森斯及舒茲的學生，其思想受到現象學和語言學的影響。他一九五五年任教於加州大學洛杉磯分校（UCLA）至一九八八年退休。他批評傳統（主流）社會學理論太強調客觀科學方法研究，把人們日常生活描述得太理性化、抽象化，而與現實生活狀況脫節，例如一個小販沿街叫賣，從科學興趣來看，他是「在履行社會所賦予他的角色職務」，但從實際的情形來看，他只是爲了養家活口而已。俗民方法學把日常生活當作使這些活動成爲理性的，和對一切實踐目標而言都成立的社會成員加以分析，亦即當作平凡的日常活動的組織而加以闡釋的方法加以分析。一九六七年《俗民方法學研究》

一書出版後，俗民方法學朝三個發展路向：1.俗民方法學的制度化實踐活動研究。2.談話分析。3.工作研究。俗民方法學後期的發展較爲複雜，一方面，俗民方法學自身出現與語言學、社會語言學、文化人類學及某些自然主義流派相互滲透的趨勢；另一方面，當代社會學家開始不斷從俗民方法學研究中汲取靈感與啓發，使俗民方法學再度成爲西方社會學理論界關注的焦點（侯鈞生主編，2004：256-282）。

三、發展社會學理論

「發展社會學」原本非社會學理論所探討的重點，而是討論二次大戰後，一九五○至八○年代，各國快速發展（邁向現代化）與低度發展的種種內、外情境。有強調「現代化」（modernization）與「發展」（development）的「現代化理論」，主張西方資本主義國家的工業化、結構分化、民主化等發展模式是值得第三世界所遵循的模式。依賴理論（dependency）則認爲：第三世界國家低度發展（underdevelopment）的原因，是受到外在情境所制約，亦即邊陲國家受到核心國家的「不平等交換」和「剝削」，長期處於「依賴情境」而愈形貧窮。華勒斯坦（Immanuel Worldstein）則從整個資本主義發展所形成的「世界體系」（world system）去分析，由於長期的歷史因素所造成，國際政治經濟呈現核心（core）、邊陲（peripheral）、半邊陲（semi-peripheral）的三個層級體系，邊陲國家要抓住機會、力爭上游，晉升到半邊陲，再向核心國家邁進，實現富強。

四、西方馬克思主義及國家社會理論

　　基本上這是非常籠統但有密切相關的理論系譜。一九二〇年
代，中歐及西歐思想界不滿於以蘇聯爲正統的「官方馬克思主義」
對馬克思學說的片面性擷取，和過分強調辯證唯物論，加上早年
馬克思遺稿《巴黎手稿》的刊行，使西歐、中歐學者注意到馬克
思在哲學、文化及人文方面的意見，這些思想家如匈牙利的盧卡
奇（G. Lukacs）、義大利的葛蘭西（A. Gramsci）、德國的寇士
（K. Korsch），以及「法蘭克福學派」（The Frankfurt School）的批
判理論（critical theory）思想家如霍克海默（Horkheimer）、阿多
諾（T. Adorno）、班雅明（W. Benjamin）、馬庫色（H. Marcuse）
等。他們一方面批判西方資本主義；另一方面也批評蘇俄爲首的
官方馬克思主義，因此法蘭克福學派以「批判理論」著稱。而
且，盧卡奇的《歷史與階級意識》強調「社會的整體性」（social
totality）；葛蘭西《獄中札記》提出資本主義「國家」以意識型
態的「霸權」（hegemony）支配「社會」；馬庫色的《單向度的
人》，批評資本主義國家的統治階級，壓抑了社會發展的機制。一
九六〇年代末，學生運動退潮，而「西方馬克思主義」有所轉
化，除原有的上述思潮外，更擴及到捷克、波蘭、美國、法國的
一些思想家，被統稱爲「新馬克思主義」（姜新立，1991；洪鎌
德，2004）。而且這些思想家往往也探討「國家」（the state）與
「市民社會」（civil society）的關係，使一九七〇、八〇年代國家
與社會的理論受到重視。甚至，結構主義、後結構主義的社會學
理論，與西方馬克思、新馬克思、後現代馬克思主義也有相關淵
源。

第四節　歐美社會學理論的新趨勢

　　十九世紀肇端於歐洲的「古典社會學」理論，至十九世紀
末、二十世紀初傳入新興的美國社會，到二十世紀中葉，在美國
大放異彩，各派學說盛行，或相互援引，或批評、修正，引領了
時代潮流趨勢。而在歐洲深厚的歷史文化傳統與高度工業文明交
織下，社會學理論也不斷推陳出新。一九八〇年代，不僅資本主
義／社會主義的對立有所變化；民主／共產兩大壁壘分明逐漸緩
和，而社會學理論也因應國際政治經濟的變遷，與人類社會文化
的新思潮，而有所改變，有些學者稱之爲「社會學理論的新發展」
（侯鈞生主編，2004：283）；茅瑞利斯（Nicos P. Mouzelis）則以
《重返社會學理論》概括之（林秀麗等譯，2003：389-424）。

　　雖然各種用詞不同，但都聚焦於當前盛行的社會學綜合理論
家或具有代表性的學者、學派，其中最著名的如美國「新功能主
義」的亞歷山大（Jeffrey C. Alexander）；英國結構化理論與現代
性、中間路線的吉登斯；法國布迪厄以習性（habitus，或譯習
癖、慣習）、實踐（practices）、場域（fields）三位一體來調和客
觀主義與主觀主義；德國哈伯瑪斯以三種認知興趣（cognitive
interests）亦即：經驗──分析的（自然科學）技術興趣；歷史─
─解釋的（精神科學）實踐興趣；批判取向的（社會科學）解放
興趣，來闡明人類理性的基礎知識類型。並以「溝通行動」（com-
municative action）來建立一個具有普遍性的基礎形式，在這樣的
溝通過程中，不存在任何支配成分，使社會關係在相互理解、相

互認知的基礎上建立行為規範，而彼此間皆是自由與獨立的，如此，開啓了社會存在的可能。

　　另一德國學者盧曼（Niklas Luhmann）也以「一般社會系統理論」（general theory of social systems）來分析社會系統與其他系統（機械系統、有機系統、精神系統）及外部環境之間的關係，並試圖重新定義社會整合或社會共識，因此也被稱為「系統功能主義」（侯鈞生主編，2004：301-308）。此外，美國學者柯爾曼（James Coleman）運用經濟學中的合理性觀點，對社會行動與秩序做出新的解釋，是當前「社會學理性選擇理論」的傑出代表，他的「法人行動」（corporate action）則為社會學研究開創一個新方向，把注意力轉向作為行動者的自然人和法人團體，以及他們所做的各種選擇。

　　另一美國學者柯林斯（Randall Collins）試圖將微觀社會學與宏觀社會學透過情境主義（situationalism）的互動關係網絡，用「互動儀式鏈理論」，來擴大交換理論的應用，彌補理性選擇論的不足（侯鈞生主編，2004：373-418）。

　　綜括以上各家學說，對於當前歐美社會學理論的新趨勢，可以從三個方面去分析，學者指出：1.二十世紀八〇年代開始在美國出現的微觀──宏觀的整合。2.在歐洲出現的能動性──結構的整合。3.九〇年代開始進一步形成了理論綜合的發展趨勢。這一趨勢所涉及的就是將兩種或更多的不同理論進行綜合的廣泛努力（侯鈞生主編，2004：14）。

微觀──宏觀的整合

　　古典社會學理論大都注重微觀──宏觀相結合，到了二十世紀三〇年代，以顧里、米德爲代表的早期芝加哥學派，注重「微觀」層次的個人及個人之間的互動；三〇年代後期，帕森斯發展出結構功能主義，從「宏觀」層次上，對社會結構或系統進行闡述，使得微觀與宏觀出現分裂。此種分裂至六〇、七〇年代，美國社會學家開始關注，到了八〇年代，朝向整合的研究開始全面展開，並且成爲二十世紀末葉，美國社會學理論界所關注的中心問題。

　　瑞澤（George Ritzer）從一九七〇年代末和八〇年代初，就開始尋求一種整合的社會學典範，此一典範旨在從主觀形式和客觀形式中將微觀層次與宏觀層次相整合，如此之整合方式，對社會的分析就可以從四個主要層次進行，即：1.宏觀的主觀性。2.宏觀的客觀性。3.微觀的主觀性。4.微觀的客觀性。

　　由下**圖1-1**可看出瑞澤以「微觀──宏觀」的連續體，來說明不同的社會實體現象：

圖1-1　瑞澤「微觀──宏觀」的連續體說明不同的社會實體現象

資料來源：Ritzer(1981: 25).

第一章　社會學的基本意涵及理論發展

圖1-1最左邊是從「微觀」的個人思想與行動，向右邊則與他人互動，再右是團體、組織、社會，最右邊則是世界體系。而愈右邊則愈從「宏觀」的角度去探討社會實體。如果進一步將「主觀」、「客觀」的概念綜合進去，就組成「宏觀——主觀」、「宏觀——客觀」、「微觀——主觀」、「微觀——客觀」四種層次面向的社會實體（如圖1-2），並以各種範例為代表。

　　其次，「新功能主義」的亞歷山大，從「秩序」與「行動」的問題出發，提出「多維度社會學」（multidimensional sociology），將個人與集體、唯物主義與唯心主義相整合。由此，他發展出了四個主要分析層次，即：1.集體的唯心主義。2.集體的唯物主義。3.個人的唯心主義。4.個人的唯物主義。柯爾曼理性選擇優化的基礎上進一步將微觀與宏觀的關係發展得更為精緻。柯林斯以「互動儀式鏈」的學說將微觀與宏觀社會學理論加以連結。這些都是具體的例子（侯鈞生主編，2004：12、293、381、416）。

42

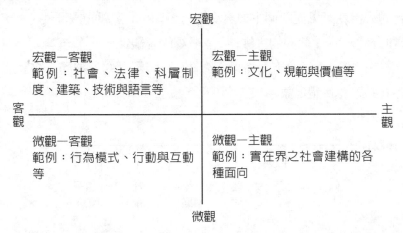

圖1-2　瑞澤綜合「宏觀、微觀、主觀、客觀」的四種層面

資料來源：Ritzer(1981: 26)，並略加簡化。

能動性──結構的整合

　　當美國社會學家著眼於微觀──宏觀的整合之際,歐洲的社會學家則著眼於能動性──結構的整合,並認為這是歐洲社會學理論所關心的根本問題。一九八〇年代以來,歐洲社會學理論為這一整合所做的努力主要表現在四位學者的工作上(侯鈞生主編,2004:13-14):

　　第一、英國的兩社會學家安東尼・吉登斯和瑪格麗特・阿切爾在關於能動性和結構的問題上,立場是對立的。吉登斯提出了結構化理論,其理論的關鍵之處在於他將能動性和結構看成是「二元性」的。亦即這二者不能彼此分開:能動性與結構相關連,而結構則與能動性相牽連。在吉登斯看來,結構不單單是有如涂爾幹所認為的限制作用,而且還有使動作用。瑪格麗特・阿切爾則拒絕吉登斯的二元性主張,提出「二元論」主張,認為能動性和結構能夠而且應該是分開的,為了區分二者,我們要有能力去分析它們彼此之間的關係。

　　第二、法國學者布迪厄在他的理論中以「習性」和「場域」的關係,來討論關於能動性和結構的主題。習性是一種內化的精神結構或認知結構,人們通過慣習來與社會世界打交道。慣習既能產生社會又能由社會而產生。場域是各種客觀位置中的一種關係網絡,場域的結構限制著能動者,無論是個人還是集體,總之,布迪厄關心的是「關係」和「場域」的作用,雖然場域是關係的條件,但是關係卻建構場域。這樣,「關係」和「場域」之間就表現出了一種辯證關係。

第三、德國，社會思想家哈伯瑪斯則是在「生活世界殖民化」的題目下，討論關於能動性和結構這一主題的。生活世界是一個人們互動與交往的微觀世界，系統植根於這一世界，來源於這一世界，但是系統最終卻發展出自己的結構特徵。當這些結構產生出獨立性和權力，這些結構就會對生活世界施加愈來愈多的控制。在現代世界，系統已經「殖民」於生活世界，亦即對它施展出控制力量（侯鈞生主編，2004：12-14）。

理論的綜合

一九八〇年代美國社會學「微觀──宏觀」的整合；歐洲「能動性與結構」的整合。到了一九九〇年代迄今朝向全面的理論整合趨勢，這種理論整合表現在兩個範疇：一是社會學內部的理論綜合，二是社會學之外的不同學門「科際整合」。本來這種科際整合自十九、二十世紀以來，一直進行著，而晚近更普遍、更增加了許多新的理論提出：

一、社會學內部的理論綜合

這種綜合的研究表現在多個方面。萊維恩（D. Levine）於一九九一年提出將齊美爾的思想與帕森斯的理論相結合。以亞歷山大為代表的新功能主義，力圖通過從廣泛的理論中，如馬克思、涂爾幹的理論，符號互動論、交換論、現象學、實用主義和俗民方法論等，吸取新的思想來克服傳統結構功能論的局限。符號互動論從現象學社會學、女權理論、交換論中借取各種觀念。交換

論則從符號互動論和網絡理論中吸取靈感。後馬克思主義則力圖將主流社會學的思想整合到馬克思的理論中。

二、社會學之外的思想融入

最近還有試圖將社會學之外的思想融入社會學中的努力。「生物社會學」便是將生物學引入社會學的一種努力;「理性選擇理論」則是建立在經濟學基礎之上;「系統理論」曾植根於自然科學,這些都是理論向外綜合的實例(侯鈞生主編,2004:11-15)。

第五節　社會學的研究主題

從前述社會學的歷史發展與主要觀點來看,社會學的主題與範疇也隨著時空背景而有差異。例如一九六〇年代,美國著名的社會學者殷克勒斯(Alex Inkeles)撰寫的《社會學是什麼?》(*What is Sociology?*)一書,列舉美國主要社會學導論的教科書,歸納「社會學研究主題的總綱要」包括以下各項:

甲、社會學分析

　　文化和社會

　　社會學的觀點(sociological perspective)

　　社會科學中的科學方法

乙、社會生活的基本單位

　　社會行動和社會關係

個人的人格

團體（包括民族和階級）

社區：都市和鄉村

結合和組織

人口

社會

丙、基本的社會制度

家庭和親屬的制度

經濟制度

政治和法律的制度

宗教制度

教育和科學的制度

娛樂和福利的制度

審美和表現的（aesthetic and expressive）制度

丁、基本的社會過程

分化和階層化

合作、順應（accommodation）、同化（assimilation）

社會衝突（包括革命和戰爭）

溝通（包括意見的形成、表達和改變）

社會化（socialization）和教化（indoctrination）

社會評價（social evaluation）（價值的研究）

社會控制

社會偏差（犯罪、自殺等）

社會整合（social integration）

社會變遷（social change）

上述主題範疇，正反映了當時美國社會所關心的議題，也是其他國家社會學追隨研究探討的對象。一九八〇年代，台灣的社會學教科書大體也探討了這些主題，例如詹火生、張苙雲、林瑞穗所編的《社會學》上、下冊共有十八章，其各章內容是：

第一章　社會學發展

第二章　社會學研究方法

第三章　文化

第四章　社會化

第五章　社會互動與社會結構

第六章　性別角色

第七章　社會群體

第八章　正式組織

第九章　偏差行為與社會控制

第十章　社會階層化與社會流動

第十一章　權力、政治和經濟

第十二章　家庭

第十三章　宗教

第十四章　教育與教育機會均等

第十五章　人口

第十六章　社區與都市生活

第十七章　集體行為與社會運動

第十八章　社會變遷

大約在同一時期（一九八六年出版），香港學者張德勝著作《社會學原理》一書，相當程度的反映了當地的社會學概況與關心議題。張教授生長於香港，留學於美國紐約州立大學水牛城分校之社會學博士，畢業後任教於香港中文大學社會系。其《社會學

原理》一書共分九篇、三十章：

49

　　張德勝的《社會學原理》具有相當強的原創性與涵蓋性，而且把社會學的各部門如文化、社會化、階層化、組織、變遷均包括於其中。另一方面，中國大陸自一九七九年「改革開放」之後，社會學也列入大學的教程，以一九八七年北京大學社會系出版的《社會學教程》為例，共分為十六章：

第一章　社會學的學科性質與任務

第二章　社會及其發展的基礎

第三章　社會化與個性

第四章　社會交往

第五章　群體與組織

第六章　社會階級與社會分層

第七章　社會制度

　　北大的《社會學教程》除了用詞與台灣不太一樣（例如我們稱「社會保險」，他們稱「社會保障」），最大的特色是他們把社會問題、社會保障、中國社會現代化……等議題納入，正顯示了一九八〇年代大陸「改革開放」及「現代化」追求的目標。

　　由本節所列舉美國、台灣、香港、中國大陸不同地區的部分社會學著作可以看出，社會學議題及範疇，確實呈現了時空背景的差異和特色。至於進入二十一世紀的社會學，受「全球化」與「在地化」的潮流影響更為明顯，以台灣編著或翻譯的社會學教科書為例，把國際和本土的社會現象、社會議題都盡量融入。以下從社會學的新視野，說明社會學與現代社會，兼述本書（課程）的內容安排。

第六節　社會學的新視野：本書內容安排

　　當代社會學的研究，主要在體現目前社會的各種現象、事實，並以社會行動來處理、解決各種社會問題。因此，二十世紀

末、二十一世紀初，許多社會學的著作就有新世紀的風貌。王淑女、侯崇文、林桂碧、夏春祥、周愫嫻合譯，Judson R. Landis著的《社會學的概念與特色》新版本（1995年英文版，2002年中譯版）對於社會不平等的種族、族群、性別、年齡均有討論；對於家庭的改變（包括結婚和離婚的調查報告）及未來的家庭；教育的改變；人口和生態（人類生態學和都市）……這些當下較盛行的議題均有討論。至於王振寰與瞿海源主編的《社會學與台灣社會》更是集合各方面專長的學者撰稿，尤其貼近台灣社會的脈動。例如談「文化」會提到「消費文化的興起及其邏輯」，介紹「社會化」會以本土實例：台灣學生的政治社會化；社會階層化也有一節「台灣社會階層化研究」；族群問題更以「複雜世界與族群衝突」，台灣族群問題為探討的主題。談「家庭」會提到「家庭分工」、家庭決策、家庭暴力、離婚與再婚；「宗教」則討論了「新興宗教」及分析「台灣宗教現象」；健康與醫療；都市化、社區與城鄉關係；全球化的社會變遷等等。

由上述美國學者的著作，以及台灣本土的社會學書籍做一考察，吾人可以發現三個主要特色：

第一、社會學與現代化社會密切不可分。五、六○年代的社會學與跨世紀（二十、二十一世紀）的社會學內涵，是有顯著的差異，而其主要區別即在於更貼近當前的社會現象或思潮，如生態學和都市、全球化……都是晚進的學術熱潮。

第二、社會學與本土（在地）化相結合。因為各種學術都有其社會環境與時空背景為指涉，過去直接從國外移植的學理或案例，迄今固然仍存在於學術較後進的國家或地區，但為了使學理與學習者生活更貼近、更有直接感受，各種本土化的論述就愈來愈受重視。例如台灣社會階層化、台灣新興宗教……之分析均

是。

　　第三、社會學與其他學科的關係愈密切。自一九六○、七○年代美國「行為科學」影響整個社會科學研究以來，「科際整合」的趨勢方興未艾，而一九九○年代以來，社會學理論的內部整合與外部融入，在本章第四節中已述及，值此跨世紀及全球化的社會文化複雜程度更高，種族紛爭、文明衝突已成新的世界隱憂。因此，社會學論著中探討族群關係、經濟與工作、健康與醫療、權力與政治體系……是很普遍的現象，而這些已非「純社會學」所能涵蓋，它涉及人類學、經濟學、生理學、政治學……各科之跨領域整合知識。

　　有鑑於此，本書之安排，也儘量體現出「社會學的新視野」：掌握時代脈動及核心議題。我們在各章中，邀請了該領域有相當研究心得的學者撰稿，希望提供讀者更寬廣的視野、更新穎的知識，並且貼近台灣的社會脈動。然而，受限於篇幅，也受限於相關議題的取捨，本書所呈現的各章重點，就請讀者加以參考、吸收、擴大，運用到日常的生活與實踐中。

一、什麼是社會學？請從各種不同角度說明之。

二、古典社會學發展時期有那些最具代表性的思想家？其重要主
　　張為何？

三、略述社會學在美國、我國（含台灣地區）、中國大陸的發展情
　　形。

四、社會學有各派的理論，請略述其主要代表人物及基本觀點。

五、晚近歐美社會學的發展趨勢為何？請略述之。

參考文獻

Alexander, J. C. (1987). *Twenty Lectures: Sociological Theory Since World War II*. New York: Columbia University Press.

Coser, L. A. (1977). *Masters of Sociological Thought: Ideas in Historical and Social Context, 2ⁿᵈ Edition*. New York: Harcourt Brace Joranvich, Inc.

Ritzer, G. (1981). *Toward an Integrated Sociological Paradigm*. Boston: Allyn and Bacon, Inc.

Cuff, E. C., Sharrock, W. W., & Francis, D. W. 合著，林秀麗、林庭瑤、洪惠芬譯（2003）。《社會學理論的觀點》。台北：韋伯文化。

Donald Light Jr., & Keller, S. 著，林義男譯（1999）。《社會學》。台北：巨流圖書公司。

Landis, J. R.著，王淑女等譯（2002）。《社會學的概念與特色》。台北：洪葉文化。

Simmel, G. 著，林榮遠譯（2002）。《社會學：關於社會化形式的研究》。北京：華夏出版社。

Turner, J. H.著，吳曲輝譯（1992）。《社會學理論的結構》。台北：桂冠圖書。

王建民（1997）。《中國民族學史・上卷（1903-1949）》。昆明：雲南教育出版社。

王建民、張海洋、胡鴻保（1997）。《中國民族學史・下卷（1950-1997）》。昆明：雲南教育出版社。

王振寰、瞿海源（2002）。《社會學與台灣社會》。台北：巨流圖書公

司。

王崇名（2004）。《社會學概論：蘇菲與佛諾那斯的生活世界》。台北：三民書局。

北京大學社會系教研室編（1994）。《社會學教程》。北京：北京大學。

宋蜀華、滿都爾圖主編（2004）。《中國民族學五十年（1949-1999)》。北京：人民出版社。

侯鈞生主編（2004）。《西方社會學理論教程》。天津：南開大學。

姜新立（1991）。《新馬克思主義與當代理論》。台北：結構群。

洪鎌德（2004）。《西方馬克思主義》。台北：揚智文化。

孫本文（1986）。《近代社會學發展史》。台北：商務印書館。

陳秉璋（1985）。《社會學理論》。台北：三民書局。

楊懋春（1979）。《社會學》。台北：商務印書館。

詹火生（1993）。《認識社會學》。台北：正中書局。

詹火生、張苙雲、林瑞穗（1988）。《社會學》。台北：空大出版社。

劉阿榮（1997）。《三民主義社會變遷理念之建構及其發展》。台北：國立編譯館。

蔡文輝（1979）。《社會學理論》。台北：三民書局。

蔡文輝（1995）。《社會變遷》。台北：三民書局。

55

第二章 反思與實踐作為社會學的想像力

東海大學通識教育中心副教授

王崇名

作者簡介

　　王崇名，東海大學社會學博士。曾任中山醫學大學通識教育中心副教授、東海大學東亞社會經濟研究中心博士後研究。現任東海大學通識教育中心副教授、思與言人文社會雜誌常務編輯。專書有《法律與社會——西方法律文明與未明的韋伯》、《社會學概論：蘇菲與佛諾那斯的生活世界》，尚著有〈歐洲福利國家的整體史理解〉等論文十餘篇。

教學目標

一、喚醒學生自我認識的欲求，承認與認真對待自己的生活世界。

二、使學生產生反思性與實踐感，增進社會學的想像力。

摘要

　　本文主要藉由德國詮釋學的傳統，以及後現代哲學對於主體的承認，來重新詮釋社會學想像力的意義，並藉此讓學生產生反思性與實踐感。文中介紹了傅柯、加達默爾、海德格與韋伯的社會理論思想，同時舉了一個實際的教學經驗與學生分享。本文認為社會學的想像力絕非憑空想像，或為賦新詞強說愁，而是必須問「我是誰？」有強烈自我認識的欲求，然後專注於自己生活世界的解釋，以產生對於社會的理解。

59

坊間許多社會學的入門書都長得很像，好像是社會系的大一社會學教科書的縮水版，讀起來的感覺好像在解剖自己，但是將自己支解殆盡時，卻是一臉茫然，還是不瞭解社會學，也把自己給搞糊塗了，或是讓自己變成一片片的碎塊。事實上不論是社會系或是選修通識課程社會學的學生，學期結束了，只記得修過社會學，其餘都忘了，社會學的知識依然深藏在作為社會解剖學的課本裡，那些學過社會學的人還是繼續按照生活常識過日子，憑著個人經驗活下去。社會學最後僅僅成為成績單上，一個關於通識課程的紀錄，沒有生命的戳記。

　　當然坊間也有幾本好書像是《見樹又見林：社會學作為一種生活、實踐與承諾》，就是一本很好的入門書，特別適合作為通識教育的社會學課本。但是，這本書是美國人寫的，大致上還是依照社會學系的大一社會學教科書的章節來寫，也是一種縮水版，同時所寫的社會經驗都是美國的經驗。不過，這本書很強調社會學作為一種知識的實踐特性，特別是一種承諾，這是該書最與眾不同之處，連社會系的大一社會學用書也不見得會如此重視。但是什麼是實踐與承諾？實踐不僅僅是「應用」，其中最重要的，就是重視「想要理解社會學的人」的反思性，也就是理解社會學的人，就活在所要理解的對象之內，可以說是對於自身的理解，是一種強烈渴望達到自我認識的過程，這是一種承諾。

　　實踐與承諾是一體兩面，彼此牽連。沒有承諾的實踐或是沒有實踐的承諾，都將失去實踐與承諾本身的意涵，兩者必須同一。同時實踐與承諾作為理解社會學的基本精神，一定是根源於自我認識的欲求，一種理解自己所處的生活世界的渴望，甚至是一種權利的宣稱。如果課本所處理的例子與我們的生活世界離得很遠，即便讀熟課本，實踐與承諾的效果也十分有限。也就是說

要理解社會學，一定要從對於自我認識的欲求開始，對於自身的存在必定要產生許多疑惑與問題，一位試圖學習社會學的人，甚至是研究社會學的社會學家，絕對不可能離開自身而去追求一種與自身無關的「客觀」社會學。自我認識的欲求，是一種權利的宣稱與承認，對於自我生命的理解有一種急迫感的焦慮，同時這種焦慮又被承認而成為一種權利的存在，每個人都有理解自身的權利。我們有理解一切甚至懷疑一切的權利，這是一種誠實面對自己的態度，道德在這裡幾乎無法起任何的作用，唯一的道德就是誠實。

再說明白一點，社會學的理解是從自我認識開始，所要解釋的問題，一定與自身有很大的關連。要學習社會學，絕對不是在覆誦別人的問題，即便是大師的問題也不見得是我們的問題。但是這不是鼓勵大家自成一家之言，不必重視學術傳承，恰恰相反，學術傳承是必須被堅持的，但是對於學術傳承的議題解釋與再發展，絕對不可能完全跟著大師原有的思緒進行，而是以自己的生活經驗來理解。

過去總以為這是一種謬誤的開始，必須將自己的生活經驗徹底剷除，而去詮釋一種屬於作者或者是大師本身的真意。事實上這是不可能做到的夢境，只有造物者才有那種能耐。自我認識的欲求將自己的生活經驗，與學術傳承的議題交錯起來，並不是再製造謬誤，反而是在進行一種共通感的視野融合。例如，恰恰到今年滿一百年週年的《新教倫理與資本主義精神》，還是經典，還是很多人在閱讀、在理解，所理解的目的絕對不在於要讓韋伯的原意重現，事實上連韋伯也不見得可以講清楚。讀這本書的目的絕對是用自己的生命經驗在理解，也就是用自己的成見來解釋韋伯的想法，不見得可以將韋伯的原意重現，但是順著韋伯的思

緒，不斷用自己的生命經驗來解釋的過程，自己認識的圖像越來越清晰，而與韋伯的生命也隱隱地結合在一起，共同理解西方文明的特質，這時我們自己就與所有曾經讀過這本書並曾經發表過論文的人彼此之間產生爭論與附和。即便有迥異的見解，一種共通感是可能產生的。

社會學的知識絕非像自然界如此客體化於我們之外，與我們的關係時而相遠時而相近，與我們自身的關連很淺。但是社會學所理解的社會，往往就是當下我們所處的生活世界，全球化的漩渦加速旋轉之後，即使遙不可及的地方，也不見得不是我們自身的一部分。社會學不僅僅是在支解社會，像庸俗的自然科學主義一般地拆解我們的世界。要進入社會學的世界要有一種強烈的欲求，那種對於理解自身，「朝聞道，夕死可也」的精神。冷眼旁觀我們的社會，而試圖從中悟些道理，那是神話，每一位社會學大師的社會學研究，都是徹底展現一種對於自身認識的強烈欲望，馬克思、韋伯、齊美爾都是如此，傅柯（Michel Foucault）更是如此。

第一節　死於愛滋病，爲自我認識的欲求而死的傅柯

傅柯一輩子爲同性戀所苦惱，最後以法國法蘭西斯學院院士之尊死於愛滋病，死後雖然謠言滿天飛，說他是在死之前，知道自己感染同性戀絕症（當時並未有愛滋病一詞，流傳爲同性戀絕症），自知不久於世，特別跑到舊金山同志社群泡澡，試圖將他的絕症傳染給他人，作爲怨世的報復。但是經由米勒（James E.

Miller）的證實，結果真的是謠言一場。米勒為此特別為傅柯立傳，中譯名為《傅柯的生死愛欲》（*The Passion of Michel Foucault*），這本書徹底展現傅柯一輩子對於自我認識的強烈欲求，傅柯的遺著《性經驗史》更是展現他對於性的自我認識的強力欲求。傅柯的作品深深影響著二十世紀中葉與迄今二十一世紀仍在發展的社會理論，叔本華（Arthur Schopenhauer）的「生命意志」與尼采（Nietzsche）「重估一切價值」藉由傅柯的實踐在社會學產生了深邃而難於估量的影響。社會學的理解如果離開了自我認識的強烈欲求，那麼，社會學的知識就像圖書館堆積如山的書，一本本沈重而無味地壓在我們身上。

如果一本社會學的入門書，擺在書架上，有人會買，也會看，它應該是怎樣的一本書？我想它應該不是一般坊間的教科書，沒有生命意志，沒有重估一切價值的勇氣，沒有強烈自我認識的欲求，沒有視野融合的整體理解，僅有一堆核心概念，一些事實上也不需要太多解釋就可以想像的死知識。過去社會學試圖謹守所謂的「價值中立」，那種誤解韋伯原有意義而被庸俗的實證主義社會學所自欺欺人的說法，說是社會學的第一課就是要摒除個人的主觀與成見。這樣的說法到現在還被歌頌與作為戒律而被強制遵守，如果韋伯、尼采與傅柯再世，見了，會說那是一種笑話或是神話。社會的秩序怎能再未被經由主觀認識之前就可能預設一種可以做為絕對客觀的態度呢？那只有神可以做得到，無非堅持這樣立場的人都自詡為神。更讓人訝異的事，德國詮釋學傳統——精神科學，從狄爾泰（Wilhelm Dilthey）、胡賽爾、海德格（Martin Heidegger）到加達默爾（Gadamer），以及法國直覺主義與存在主義的傳統，或是英美的語言分析哲學或是實用主義的語用學，都已經不敢追求那種被庸俗實證主義所堅信的「價值中

63

立」，爲何台灣的社會學卻是未曾稍有領受，這些哲學是一百年前的事。曾經有位台灣知名的社會學家，這樣告訴我，那是哲學不是社會學。我不知該說什麼？這位社會學家所呈現的無知，正是台灣社會學的特色——閉門造車。

　　我自己所期待的社會學，一本作爲通識教育的社會學，是一種美學的整體感。好比我們在看一幅畫或是聆聽交響樂曲，似乎不必先學會樂曲分析才可以欣賞畫或音樂，我們是用一種整體的想像在感受音樂，用藝術的想像力在理解藝術。支解藝術作品的結果，藝術不成爲藝術，僅僅成爲一條條的線與光或是一顆顆的音符，我想那不是藝術。對於藝術作品進行零件性地拆解，最後是否可以眞正理解藝術作品所呈現的美感，我想任何一位創作者都無法接受這樣的作法，甚至會認爲這是在污辱他的作品。今日可以對於生命進行複製，要複製一幅藝術作品也不會太難，可以直接掃瞄列印，也可以模擬。但是複製品即使幾可亂眞，作者所展現的整體生命意志，是無法展現在這些贗品之上。曾經在羅浮宮瀏覽過的人，都將爲眞跡那種細膩的筆觸所感動，或是在現場聆聽過卡拉揚所指揮的交響樂曲，也將被卡拉揚的專注與細膩所感動。畫冊或音樂卡帶所呈現的藝術畫面與音樂，卻是無法被原創者的專注所感動。那種感動不僅僅是被作者所感動，這種感動更是欣賞者本身基於自我認識的欲求，而與作者所創造的作品產生一種視野融合的境域。事實上沒有自我認識的欲求，作者的作品往往只有作者本身可以理解，可是基於自我認識的欲求所產生的理解，也不見得與作者的理解會相同。但是，如果每位欣賞者的生活世界是相近的，也就是自我認識的欲求是相近的，也是可以對於一個藝術品產生普遍性的共通感。

　　社會學的入門生，不需要急著上社會學解剖課程，而是要培

養出一種強烈的自我認識的欲求。支解社會學是那些自稱爲社會學家的工作，作爲一本通識教育的社會學不必進行庖丁解牛的工作，而是要把那種理解社會的整體美感呈現出來。社會學的入門生，特別是修習通識教育社會學的人，不必忍受那種支解自身的痛苦，一種支解自身許久之後而忘記自我存在，還自詡那就是一種客觀成就的異化的痛苦。這種痛苦可以被持續進行，是因爲那些痛苦的忍受者，還像貴族一般生活在不愁吃穿的大學裡，那種安逸讓他們的痛苦成爲一種異化的志業，甚至還廣爲宣傳，也要他的學生們這麼學習社會學，但是卻不敢勇敢地告訴他們的學生，你沒有吃穿不盡的大學讓你享受這種自虐的痛苦。

　　這是一種挑戰的宣稱，不僅是自我挑戰，也是挑戰那種庸俗無知的看法——通識教育的社會學是「低級的」社會學，而社會系的社會學才是高級的社會學。這樣的想法正充滿在台灣的社會學界，當然也有少數的例外。但是，作爲通識教育的社會學教科書，如果要達到我所挑戰的目的，反抗實證主義的社會學，應該如何展現？通識教育的社會學若是眞有低級化的現象，那是將解剖的怪現象，誤置於通識課程的結果。要除去通識教育社會學的低級化現象，就是要完成通識教育社會學的特殊性——以一種視野融合的美學來展現社會學。

　　有很多人都跟我提過他們修過社會學，但是也都表示不知道老師在講什麼，社會學未曾在他們的腦袋裡稍作停留，這是實證主義社會學將社會學當成屍體解剖後的悲慘結果。事實上在社會系讀了許多年的學生也往往搞不清楚「什麼是社會學」，社會學片面成爲實證的知識，失去了實踐的意義，失去了熱情，便是如此的下場。社會學作爲解釋與理解社會的知識，最大的特色就是理解的人是活在他所要理解的世界，也可以這麼說，理解社會學就

65

是在理解自身。既然是理解自身，將自身進行零件性的拆解，最終只剩下沒有生命的知識，僅有記誦。

在通識教育中心教社會學是很大的挑戰，我永遠記得東海大學社會學研究高承恕教授的一席話，「他不敢隨意開設通識課程，他覺得自己還不夠資格。」一位授課時充滿熱情的社會學家所呈現的謹慎，正是重視通識教育的社會學，不應僅僅是一種實證知識的傳授，還要用一種生命的美感來陳述。清華大學社會學研究所所長李丁讚教授曾經這樣鼓勵我，「在社會系教社會學，是向自己人傳教。」我很喜歡這樣的講法，在通識教育教社會學應該具有西方基督徒的實踐精神，這種實踐不僅是對社會學的信仰，更是透過授課的實踐達到自我認識的目的，也藉此體會了社會學的存在。在通識教育教社會學，不僅僅是在講社會學的知識，更是要將作為一位社會家在社會行走的體驗，用一種美感感染給學生理解，就好比一位歌手，不必將歌曲本身分析給聽眾理解，聽眾要聽的是歌手用他的生命去詮釋歌曲的整體感。一位自稱是社會學家的人若是無法對非社會系或社會學社群以外的人，侃侃而談，敘述他的社會學經驗，同時呈現出一種社會學的美感，那他的社會學僅僅是片面的知識，沒有任何反思性的實踐意涵，那只是半邊社會學。

要對非社會系的學生講解社會學，對於社會學本身沒有徹底的理解，幾年後，要不是照本宣科就是每堂課都叫學生作報告，早就啞口無言，連講課的動力都沒了，如同教室裡的再也沒有任何字跡的黑板，如此的冰冷而多餘。十餘年在通識教育教社會學的經驗讓我對於社會學別有一番體會，事實上在通識教育教社會學，對他人傳教，讓我更有機會真正理解社會學，學生的臉孔是最真實的反應，你講得好不好，那一連茫然便告訴一切。所幸，

這幾年來，那種茫然以對的景緻不多，總是訝異與讚嘆中結束。

作為一位社會家在生活世界的行走，一定是帶著社會學的知識在解釋我自己與別人的生活，在課堂上原先我也不敢過份詮釋自己的生活體驗，總是認為課堂就是要保持客觀，只能講授那種課本裡的知識，幾次下來我簡直就要窒息，快要在課堂上昏倒。直到傅柯，我讀完他的《性經驗史》，再也無所懼，庸俗的實證主義對我的束縛完全退去，甚至可以討厭它，讀完加達默爾的《真理與方法》，我更是公然地討厭它。一位社會學家專注地解釋他的生活經驗，是可以引起學生對於自我認識的興趣，做為社會學家的知識便可以藉由那種興趣將學生推向視野融合，體會那種社會感，那種共通感。社會學家在課堂講授是可以像一位歌手，以自己的生命熱情去詮釋一首歌的情感，讓那種專注的演唱，感染給學生，讓學生理解那首歌的意境。

67

傅柯作為一位死於愛滋病的偉大學者，他的偉大正在於他勇敢面對自己的生命，誠實以對，沒有虛假，只有專注，結果《詞與物：人文科學的考古學》，重劃了社會思想史的時間疆域，超越了傳統的時間切割；《性經驗史》更是一本藉由自身認識探詢，而造就西方性經驗的整體理解。傅柯若不真實面對自己的生命，認真對待自己的生活，這些偉大的作品，將不見於世。

社會學的教育總教導學生要深藏自己的感覺，說那種感覺不是知識，只有誠實的米爾斯在《社會學的想像力》，可以這樣清楚地告訴學生，不要害怕面對自己的生活世界。過去社會學被過分形式合理化，看看那些英美世界所寫的社會學教科書，章節就是那些，即便是吉登斯的社會學也是如此，那些標準的章節讓社會學的學習標準化了，容易學習，卻也失去社會學的想像力，即使每本書都會提及社會學的想像力，也都努力貼近生活世界，但是

就是感受不到作者對於他的生活世界的感受，他們是如此害怕自己的感覺被讀者察覺。

　　為什麼要讀社會學？我的外祖母已經九十五歲了，他不懂得社會學，也在社會行走（practice）許久。而我是一位四十歲的男人，為何可以宣稱我是社會學家，我懂得社會學知識，而我的外祖母就是被界定為不懂。我懂社會學難道就比我的外祖母，更容易在社會行走嗎？在十九世紀以前，社會學作為一門知識，尚未正式出現，社會並未因此而分崩離析，社會也這樣活下來了。事實上社會學作為一門知識以後，社會也不見得變得比較理想。我們要學社會學知識的理由，到底是什麼？

　　現代人做任何事幾乎都要知識，想要旅遊就得買本雜誌來看看，買車也是如此，理財也是如此，談戀愛也要看看戀愛小說與性愛大全，每天都要看新聞讀報紙瞭解選舉的情況。在我們的日常生活裡，幾乎沒有知識就不能呼吸，沒有知識就無法行走。當然有些知識是常識，是一些生活的經驗，談不上是學術理所追求的知識。但是知識與常識在現代社會裡，卻是如此混淆不清，有些知識表現的如同常識一般，有些常識卻振振有詞如同知識。去年台灣鐵路局工會選擇中秋節進行的罷工，那晚我與幾位親戚朋友一起烤肉，同時也看著新聞，各台的新聞報導竟是台鐵罷工的報導，那晚大家都侃侃而談對於台鐵評論一番，各自表述。我是唯一的社會學家，我沒有發言，也沒有人期待聽我的看法，但是我是其中最有資格發言的人。社會學作為一門知識，在台灣似乎還是前景未明，事實上我的親戚朋友，都不清楚什麼是社會學，他們也不想瞭解，他們相信自己的生活經驗。但是，如果在一場聚會之中我們談論的是疾病的問題，那麼我的岳父是為醫生，大家就不敢輕忽他的看法，顯然醫療是一門知識，而社會學在他們

的眼中，還不是他們所認為的知識，或許他們還不知道這種知識的存在。

當我考上社會系的那一年，有一事令我印象很深，我的堂弟問我：「你讀什麼系？」我說社會系，他不發一語，一臉茫然，過幾秒鐘他突然說：「哦，你將來可以在小學教社會科」。我聽了，也是一臉茫然。記得剛開始讀社會系的時候，大一社會學的老師（不是東海的老師），整學期都在抄黑板，最後大家發現他抄的都是他的講義，全抄了一字不漏，後來大夥也都不抄了。結果讀了一年，大家都不知道什麼是社會學。事實上，我讀到博士班的時候，才可以感覺什麼是社會學，不過還是說不出來。沒有自我認識的欲求，即使讀遍社會學的經典，還是無法理解社會學的。社會學不是讀出來，更不是背出來，而是實踐出來的。所謂的實踐不是應用而已，而是基於強烈自我認識的欲求，來解釋自身與社會的關連，在不斷的解釋過程會逐漸地理解自身，同時也會感受到社會的共通感，進而理解社會，產生社會學的知識。

現代是一個知識爆炸的時代，沒有實踐精神的知識根本就是垃圾，網路世界的形成，垃圾知識垂手可得，學生的報告隨隨便便就可以在網路上下載完成，也可以在網路上購買「代工報告」。學生在大學上課宣稱是求知，但是沒有實踐精神的求知，許多學生所表現的樣子就是窮於應付，最後求知必成夢魘，最後害怕求知。看看期中、期末考學生的樣子便是如此。但是，這不表示現在的台灣社會是完全不可取，沒有任何的進步，完全充斥著一群醉生夢死的學生。過去別人的看法很武斷也很強制，現代別人的看法卻是很多而無所適從。即使你比我多活五十年，我也不見得會聽你的意見，每個人都很有意見，最大的意見就是我不想完全聽從你的意見。這樣的生活世界，曾經引起社會學家的隱憂，相

69

較於過去的社會，這是潰敗的象徵，是墮落的開始。但是我們現代的社會不僅沒有滅亡，反而更為自由，縱然也有孤獨的落寞，但是那種些微自由與平等，卻是人類有史以來最大的成就。過去我們害怕表示自己的意見，往往讓客觀的教條緊緊掐著我們的脖子而無法暢所欲言，現在教條化的客觀隨時受到挑戰，主體正要躍上舞台成為主角，這是可喜的現象。我們不要害怕成見，沒有成見怎來強烈自我認識的欲求，而可以作為理解社會學的動力呢？我在這裡反而要大聲疾呼，社會學的第一課就是放肆成見，用我們的主體來聆聽我們所生活的世界，這才是正確的社會學的理解途徑。

在過去的社會，我們在社會行走也得注意別人的意見、別人的看法，總要做出合乎自己身分的事，走路的樣子、吃什麼東西都有一套看法。事實上我們的身體雖然是屬於自己的，但是食衣住行育樂各項事宜，那怕是最隱密的性，躲起來做自己想做的事，也都無法隨性而做，大家大概無法想像中世紀的西方，連做愛的姿勢都被教會規定只有一種，不可以任意變換姿勢，稍有改變便是淫亂。女人不可以照鏡子那怕是在河邊，凝視著自己的身影都是淫蕩。過去的社會我們沒有選擇的自由，現代社會可以藉由知識，在書本裡得到解放，現代人高興看什麼書就看什麼書，沒有人可以有效禁止你，事實上我們有很多性的知識是從黃色書刊得來的，甚至性的姿勢也由A片來導演。

第二節　一個教學的經驗與大家分享

　　陳仲偉目前是東海大學社會學研究所博士班一年級的學生，他畢業於清華大學社會學研究所，比較特別的，他也畢業於中山醫學院護理系，同時也是清華大學社會學研究所創所十五年以來，第一位兩年畢業的碩士班研究生。可以從護理系考上清華大學社會學研究所，以及兩年就可以從清華大學畢業的意義不在於他比其他人優秀，而在於他對於研究議題的掌握，是快速、清楚與被承認的。

　　仲偉是我在中山醫學院通識教育中心任教時的學生，我依然印象深刻。他在大二的時候，選修我在通識教育課程所開設的「文化與社會」，學期中的一天，他來找我表示很喜歡上我的課，特別是我在課堂上會分析動漫畫，他很興奮，社會學竟然可以分析動漫畫，而且很深入。事實上，我在課堂上是用我陪兒子看的「七龍珠」當例子，來解釋文化的意義，或許解釋的很貼切，但是我卻沒有想到會引起仲偉如此強烈的認同，他從書包中拿起一本岡田斗司夫的著作，作為日本東京大學動漫畫學的教科書，書名的大意就是「動漫畫的OTAKU」。此舉更引起我的震撼，日本的動漫畫竟然可以在東京大學教授，動漫畫的權威也可以在東京大學教書。

　　我從小就喜歡看動漫畫，但是未曾對它產生任何如癡如醉與奮不顧身的興趣。當時，大家都投入聯考的行列，最終的目的，也是唯一被認可的目的就是考上明星高中。在那段稚嫩的生命，

有件事讓我印象深刻，就是在國二時，我們班有位同學非常熱中「無敵鐵金剛」，還仔細畫出無敵鐵金剛的結構圖，大概有兩張A3合起來那麼大。無敵鐵金剛是當時小孩課後的論述對象，前晚的劇情都是第二天上課休息時間的論述內容，當然也是我們的偶像。當我們同班同學將他畫的無敵鐵金剛的結構圖，拿到學校給大家觀看時，大家都說他是傻子，怎麼會真的把它畫下來，簡直就是走火入魔，當然他的成績也是每況愈下，證明大家的想法是對的。對此我也是隨波逐流，認為他瘋了，應該考上明星高中才是正途。後來聽說，他考上一所工專去追逐他的夢想，或許他真的想做出一台無敵鐵金剛。

那時的經驗影響我很深，直到我看了許多的日劇包括偶像劇場與綜藝節目，我才慢慢發現，日本的專業倫理是如此地令人震驚！他們十分歌頌對於技藝的投入甚至鼓勵作為生命價值的體現。有了這個思想的基礎，仲偉來找我時，我便鼓勵他，也擔心他，一種矛盾的心情糾結在心頭。我知道他若未能登堂入室將動漫畫的熱愛轉換為一種學術或知識的實踐，他作為男護士以及動漫畫迷將被雙重邊緣化，我可以感覺到他的未來。於是我建議他唯有登堂入室，將動漫畫迷發展成動漫畫學，同時放棄護士的職業，跟著我讀社會學，藉由動漫畫研究成為日本文化研究的權威。我告訴他總共要花十五年的時間，要不要跟著我學。跟著我讀社會學兩年、碩士班三年、博士班六年，當兵兩年，以及做博士後（失業）四年。他回去跟他爸爸商量後，第二個禮拜來找我，表示願意如此發展。首先我給他讀了《萬曆十五年》，之後一連串讀完主要中譯的古典社會學理論，還包括西洋哲學史以及西洋社會經濟史的相關代表著作，每一本書他都做書摘，當他參加社會學研究所的甄試時，他已經有四百多頁的書摘，這是我做不

到之事，但是他完成了。

　　記得清華大學社會學研究所放榜時，我比他更緊張。因為我是社會學的邊緣人，是本土博士，當時在找工作時到處碰壁，即使論文著作也不比洋博士差甚至超前，但總是未受青睞。我只知道我對仲偉的指導是對的，我在國內讀博士班也是很努力、是對的，但是在社會上不見得會被承認。我很害怕仲偉不受承認，我所忍受過的壓力不必讓這樣優秀的社會學新秀去承擔，那太早了。我更害怕，我們的社會學圈扼殺了一位可能成為大樹的幼苗。我自己是不是大樹的幼苗，我不知道，但是仲偉應該是。所幸，清華與南華社會學研究所都給他入學許可，後來他選擇了清華，不是清華比南華優秀，而是清華比南華省錢。

　　他現在在東海大學社會學研究所讀博士班，還是奮不顧身地讀社會學，當然也十分投入他的動漫畫研究，我也推薦他到中台醫護技術學院兼任一門有關日本動漫畫全球在地化的通識課程。這一路走來，以自我認識作為主體的社會學研究，我在他的身上，得到肯定的答案。特別是從許多研究生，無法切入適切的研究議題而蹉跎，更是感到這是十分值得提倡的社會學關懷的入門途徑。

第三節　自我認識的欲求與社會學的理解

　　社會學的通識教育如果很仔細地支解社會學課本的概念與理論，很快地，班上的同學都昏倒了，但是如果社會學的教師，非常認真地唱一首社會學之歌，就像一位小提琴演奏家，非常專注

地演奏小提琴，或許你我都不知道那首曲子的樂譜甚至音樂學知識，還是可以感受到他所要表達的意念，或許這正是理解小提琴音樂的開始，唱一首社會學之歌反而會比社會學的解剖更能引起學生的興趣。但是長久以來在實證主義的影響下，沒有社會學家敢演唱社會學之歌，不敢以社會學家的角色在社會行走，非常仔細地解釋根據社會學知識在社會實踐的感受，然後「唱」給學生聽。在實證主義典範的壓力下，沒有經驗證據的社會學研究往往被視為一種猜想，不被承認為知識。這樣的說法，至今還統治著大部分的社會學世界。個人的生命經驗被視為只是一種偏見，無法建構客觀知識的成見。實證主義的社會學一開始就馬上當頭棒喝，不可以有任何不「價值中立」的態度，個人生命經驗所組成的主觀價值必須徹底從社會學的知識中剔除。

好幾年來，我也一直接受這樣的看法，成為一種信仰未曾反叛過，甚至連稍微的背叛都不敢，彷彿就像一位虔誠的基督徒，時時刻刻警惕著自己，千萬不要成為異教徒，否則你就不可以上天堂了。但是長久以來總是有一種不妥貼的感覺隱藏在內心身處，實證主義價值中立的態度我每每認真對待它，往往是一種自我欺瞞的感覺，我未敢誠實地面對，總是滿身的罪惡來面對這樣的感覺，總以為自己的能力不足。直到我先後在中山醫學大學與東海大學通識教育中心任教，不必急躁地與實證主義社會學圈攪和，可以悠游於哲學與法理學領域，我可以以問題作整體性的思考，不必問那些被社會學窄化的問題，而是真正面對問題。很意外地我可以遠離實證主義社會學圈之時，我發現哲學裡有許多活潑的想法，而且思考的深度與勇氣都比社會學深入，我才發現我們的社會學在理論思考上，落後哲學思維甚遠，甚至明顯地感覺，他們是在切割社會而非理解社會。我開始討厭我原來被教育

的社會學，我非常地厭惡社會學圈裡的夜郎自大，劃地自限還以為開創新局。

　　社會學的世界絕對不會在社會學的家裡，社會學應該是一種勇氣的實踐。這種勇氣是一種對於自我認識的強烈欲求，那種急於理解自身的企圖心，而且更是一種權利的宣稱。每一位現代人都有解釋自身與理解自身的權利，正是這樣的權利宣稱將自身帶往理解社會整體之路。這就是社會學想像力的精神，但是很可惜社會學的想像力往往被實證主義社會學價值中立化，我實在無法感覺，沒有自我認識的欲求，社會學的想像力如何可能，難道部分之間會自動連結嗎？那未免太神話了，極度重視客觀的實證主義社會學竟然會相信這種神話。整體之所以成為整體，是部分被連結起來，是藉由自我認識的欲求，把它們連結起來成為一種整體。這個整體的解釋與理解就是社會學的研究對象與目的。

　　社會學的想像力是社會學的第一課也是社會學永久的第一課，那怕你是大師級的社會學家，我們永遠都在學習社會學的想像力。一旦開啓了社會學的學習之門，便是朝向無垠的社會學想像力緩緩飛去。想像力照理講只有學藝術的人才會重視，實證主義社會學應該是要全力撲殺，但是沒有任何社會學家敢公然宣稱他討厭這樣的想像力，這是很弔詭的現象。一門自稱是科學的學問，竟然如此重視想像力，一種聽起來不怎麼科學的主觀思考，一種聽從感覺而非理性的作為。傅柯在進行西方性經驗的歷史研究時，一開始就面對類似的問題：

> 危險還處在於我接觸到了各種不熟悉的文獻。沒有經過
> 多少考慮，我就冒險把它們與並不合適它們的各種分析
> 的形式或質疑的方式結合起來……為了努力熟悉這些古

代文獻，我還冒著失去我要提出問題的線索的風險……
這些年來，維尼（P. Veyne）經常幫助我。他瞭解真正的
歷史學家的探究真理意味著什麼。但是他還知道，我們
把歷史看成真與假的遊戲之後，我們進入了一種怎樣的
迷宮之中。他是當今極少數坦然面對真理歷史的問題帶
給一切思想的危險的人之一……（Foucault, 1998: 123）。

　　顯然傅柯在實證的證據之前幾乎要啞口無言，不過他在這裡
是誠實的，很清楚地告訴讀者，他將遵循自己的主觀與成見，若
是要堅守實證的作為那他只好放棄他的研究。但是他直覺地認為
這是他必須研究的議題，他有強烈的欲求，一種自我認識的強烈
感推動著他，無法割捨。這回他選擇了成見而非「客觀」的證
據。社會學的初學者，甚至社會學的老練研究者，每次的研究都
將折服實證資料之前。究竟是「客觀」證據比較重要，還是對於
對象的理解比較重要。顯然目前的台灣社會學界比較要求前者，
而輕忽後者，總以為掌握了證據就掌握了真理。事實上，真理在
於理解而非證據所呈現的「真」或「假」的意義。當我們面對
「社會事實」，沒有證據的堆砌，幾乎就要啞口無言，束手無策。
傅柯《性經驗史》的研究，將史料擺在次要地位，以研究者基於
自我認識的研究問題為準心，航向過去關於性的言說的分析，在
史料闕如的窘況中，依然可以進行整體性的歷史解釋與理解，的
確讓我們雀躍不已，我們還是有機會理解社會事實。事實上，韋
伯的歷史社會學——理念型的歷史建構，早已蘊含這樣的特質—
對於研究者的主體性的承認—研究者自我認識的欲求，只是被實
證主義所刻意曲解的「價值中立」所蒙蔽了。

　　當法國年鑑史學用長時段的視野與實證主義史學奮戰之時，

在德國的加達默爾正試圖恢復浪漫主義哲學來重構歷史主義與歷史哲學。年鑑史學與加達默爾的歷史視野是一致的，都是深具整體的視野，都強調過去、現在與未來的整體性。同時兩者也都不排斥研究者的主體性，甚至承認主體性作為理解歷史客體性的重要途徑。即使如此，年鑑史學與加達默爾的詮釋學的歷史，還是有很大的差異，這種差異與他們所選取的哲學立場有很大的關係。年鑑史學雖然是反實證主義史學，但是並不全然反對歷史的經驗主義，只是進一步強調歷史的經驗可以堆砌出一個整體的歷史，特別強調諸多歷史經驗之間的關連。相反的，加達默爾的詮釋學對於歷史，則不如此地經驗主義。如果說年鑑史學是積極向自然科學靠攏一點也不為過，例如量化史學的發展。加達默爾則不如此看待歷史，在德國詮釋學的傳統，歷史是屬於精神科學，不屬於自然科學，也不必向自然科學靠攏，歷史的精神科學自有其特有的科學理路。加達默爾不反對歷史作為一門科學，但是絕非自然科學，而是精神科學。

加達默爾認為近代自然科學理解知識的目的是為了應用，將科學知識變成一種科學技術。這種科學知識對於自身的認識不感興趣，例如一位醫師對於醫學科學的理解，是技術的運用重於透過醫學知識對於自身與整體社會的理解。加達默爾對於自然科學的解釋，也表明他對於歷史作為一種精神科學的態度。歷史的基礎就是詮釋學，歷史是一種解釋，歷史是一種理解，藉由不斷的解釋，來達到對於歷史整體的理解。

但是要解釋什麼？也就是什麼是解釋的起點？總不能漫無目的地解釋，但是又不能過於目的性地解釋，否則又落入歷史主義的困境。如何解釋，以及解釋的目的、可解釋的程度以及解釋後的結果，讓加達默爾以海德格的哲學為基礎——以語言哲學將浪

漫主義哲學的重構，並藉由整合與批判康德（Immanuel Kant）的美學、藍克（Ranke）與黑格爾（Hegel）的歷史主義、狄爾泰與施萊爾馬赫（Friedrich Schleiermacher）的詮釋學，以及胡賽爾的現象學，來完成他的哲學詮釋學。解釋本身，就加達默爾而言，不是方法而是真理本身。

但是，在《真理與方法》一開始，加達默爾的一段話：

> 如果你只是接住自己拋出的東西，
> 這算不上什麼，不過是雕蟲小技；——
> 只有當你一把接住
> 永恆之神
> 以精確計算的擺動，以神奇的拱橋弧線
> 朝著你拋來的東西，
> 這才算的上一種本領——
> 但不是你的本領，而是某個世界的力量（Gadamer, 1995）。

從這段引文裡，加達默爾似乎很清楚地告訴我們：在歷史世界裡有一種自在的整體力量。這樣的看法彷彿又回到了歷史哲學與歷史主義，但是並非如此，這種整體的力量是可以藉由解釋作為真理本身而被理解。加達默爾與年鑑史學都預設了歷史的整體性，但是前者並未採取經驗主義的理解途徑，反而是接受了胡賽爾的超驗路徑。然而，在追尋歷史整體性的過程，卻又比胡賽爾具體許多，特別是藉用語言哲學的輔助，讓實踐的路徑更為清楚。同時相較歷史主義與歷史哲學，加達默爾不走經驗主義的路徑，在方法論立場與經驗主義截然劃分，對於歷史整體性的追求，反而不會落入「如何具體畫出那片整體？」的困境——如同

試圖用經驗感知神的存在的困境。對於歷史整體性的理解，發展出一種特有並值得參考的方法，對於重視想像力的社會學，別有一番滋味，當然這時你應該不屬於獨斷經驗主義的人，才有領略的機會。

加達默爾首先重新重視義大利哲學家維柯 （Vico）（一位在台灣社會理論發展過程，極為不被重視的社會哲學家）的修辭學，強調語言與實踐（phronesis）的關連——形成共通感（sensus communis）。加達默爾詮釋維柯的修辭學，認為「絕妙的講話」不僅僅是一種修辭的理想，它也意味著講真話，即說出真理，藉由真誠的修辭，形成共通感——維柯認為這是一種對於合理事物和公共福利的共同感覺。加達默爾認為這就是英語與拉丁語世界的「國家公民的共同品行」。事實上，共通感就是涂爾幹所講的有機連帶的集體意識，不過維柯與加達默爾對於共通感的形成與涂爾幹有極為相反的看法。涂爾幹所認為的集體意識幾乎是先驗地存在與存在者（社會行動者）本身無關，但是維柯與加達默爾卻認為共通感是由存在者當下的存在，藉由言說所「脫自」而成。維柯與加達默爾想藉由對於當下言說的承認，特別持柏格森（Henri Bergson）的看法，認為「健全感覺作為思想和意願的共同泉源，就是一種社會感（sens social），這種社會感既能避免形而上學的玄想，又能避免社會科學的獨斷論」。

維柯與柏格森的理論被加達默爾大膽的採用，這種看法是社會科學——那種急於成為自然科學小妾的社會科學的獨斷論，所無法想像與接受的。加達默爾更藉由對於康德美學判斷力的批判，進一步說明共通感——以作為視野融合的基礎，指出美的認識並非自然天成的先驗認知能力，而是一種藉由專注所形成的一種投入感，就像玩遊戲一樣地專注。同時這種專注的投入感是以

自我認識爲主體，加達默爾繼受胡賽爾的現象學與海德格的「此在（da sein）存有論」，承認現象的存在，而將本質「存而不論」，認爲現象才是存在本身，因此他們並不排斥「成見」——長期被實證主義視爲偏見的不智之舉。加達默爾不把成見視爲偏見，反而認爲這是認識的泉源。這樣的說法很鼓動人心，長期以來，人在理性的束縛下，不敢相信自己的看法，總是認爲外來的看法才客觀，非常殘忍地對待自己。海德格對於「此在」的承認，啓發了加達默爾的想像，承認存在的問題必須先接受「人」作爲存在的事實。

海德格認爲在他之前的哲學家對於存在的問題早在亞里斯多德（Aristotle）與柏拉圖（Plato）之時就有很好的提問，但是往後的哲學家，特別是到黑格爾把存在的問題搞得越來越不清楚，充滿了許多晦澀的理論與概念。事實上，海德格認爲要釐清存在的意義，首先就是要確定「本己」，就是存在者本身，那個可以領會存在的存在者。在領會存在之前要先「發問」，藉由「問之所問」（gefragtes）、「被問及的東西」（befragtes）、「問之何所問」（erfragtes），來問「其存在與如是存在」。海德格受到胡賽爾現象學的影響，認爲事實上我們根本不知道「存在是什麼？」，海德格重新詮釋亞里斯多德的「理性言說」的意義，而進一步認爲：當我們問到「存在是什麼？」時，我們就已經活在對「存在」的領悟之中了。

海德格認爲存在是以存在者的發問爲主體，也就是存在者在想什麼，說什麼的存在才是存在。海德格已經深切地表達存在不在於存在本身，而在於存在者怎麼藉由發問的「說存在是什麼」而產生的「領悟」那裡。

以歷史研究爲例，海德格認爲歷史學是「問題史」而非「文

獻史」，作為一門精神科學（geisteswissenschaften）的歷史學不是要構造歷史學概念或是理論，而是要闡釋歷史上存在者的歷史性。海德格認為「此在是一種存在者」，「此在在它的存在中總是以某種方式、某種明確性領會自身」，「對存在的領悟本身就是此在的存在規定」。海德格的看法深深影響著加達默爾，加達默爾也不避諱這樣的影響，而且徹底承認，相較於哈伯瑪斯的「無情」對待韋伯，反而令人敬佩。

　　海德格徹底承認存在者怎麼看世界的看法就是存在，而具體的表現就是在存在者的言說上，在於存在者對於想要發問與說明的存在對象的解釋上。加達默爾對「成見」的看法，很顯然深受海德格的影響，但是千萬不要用俗見來看待成見，儘管有那種意涵，加達默爾如海德格一般，接受現象學的觀念：「讓人從顯現的東西本身那裡，如它從其本身所顯現的那樣來看它」，「走向事情本身」。在現象學的觀念下，「成見」就是那麼簡單，就是主體（存在者）的生活經驗，就是對於其本己的生活世界的解釋。但是「成見」既然是一種現象，也有可能是一種「偽裝」、一種假象，究竟如何區辨「真正的成見」與「假象的成見」？海德格的處理方式是建立在胡賽爾「意向性」研究的基礎上。但是加達默爾認為胡賽爾的意向性只是一種極為先驗的自我反思，在約爾克伯爵的啟發下，他將海德格的現象學抽離出胡賽爾而導向詮釋學。

　　加達默爾藉由約克爾伯爵左打胡賽爾右擊黑格爾，在先驗的主體與具有整體性的自我認識之間，認為就是「生命是自我肯定」。雖然黑格爾在《精神現象學》與胡賽爾都重視生命存在的意義，卻是各自發展屬於自己的路徑，讓主體與客體之間造成一個巨大的斷裂，也就是自我主體的生命，如何具有整體的歷史與社會的意義。黑格爾認為生命存在的意義不是人為的，對於自我的

可達成性持保留的態度，而胡賽爾的先驗主體，也是如此「不可知」。

　　加達默爾認為理解不是方法而是真理本身，理解就是人類生命本身原始的存在特質。所有的理解最終都是自我理解。基於自我主體的生活世界的「成見」，進行遊戲式投入感的專注，不斷對於流傳物（如哲學與社會理論的經典）的解釋，一方面是產生自我認識的知識，以及藉此所產生的自我理解，一方面則是產生一種整體的理解，達到視野融合的境界。

　　以哲學為例，在海德格的影響下，加達默爾認為哲學史作為一種整體的歷史存在，就像文德爾班（Wilhelm Windelband）的哲學史的看法，但是它絕非是像康德的看法，認為它是先驗存在，也不是如黑格爾的看法，認為是「非人」的歷史建構。在加達默爾看來，哲學史的整體性是建立在哲學家作為存在者，不斷藉由哲學經典的解釋，產生自我認識的知識，並形成自我理解，同時在解釋的過程，與過去的流傳物形成一種視野融合的境界，完成對於哲學史本身的整體存有的理解，這就是哲學史裡的真理。哲學史的真理不在被解釋對象的現象本身，而是在對於現象本身意義的理解，一種視野融合的理解。

　　任何熟悉韋伯著作的人，都可以清楚感受到有兩種矛盾的力量——歷史的客體性與研究者的主體性，在韋伯的論述中爭鬥，而韋伯也試圖調和這種矛盾，提出理念型的歷史社會學。

　　面對德國歷史主義（重視歷史的理念特質）與實證主義史學（重視歷史的經驗事實）之間的纏鬥，韋伯並未放棄其中的一方，反而是極力調和兩方的史觀。順著歷史哲學傳統韋伯接受了「歷史性」——一種整體史的觀念，但是他反對黑格爾的史觀，並不相信歷史本身就存在一個被用來實現的歷史理念，也就是說歷史

社會學與現代社會

並非因歷史理念而存在。歷史性作爲一種歷史的整體性存在，韋伯認爲充滿了許多的偶然性。歷史性是根據歷史的承攜者在「選擇性的親近」下，偶然地被結合起來。顯然韋伯並不相信有一種「眞」的歷史性存在，歷史性充其量只是一個理念型。不過韋伯並非因此就自絕於實證主義史學之外，他認爲歷史性的理念型基礎還是得建立在經驗事實之上。但是在歷史經驗之間的連結，形成一種理念型的歷史性，韋伯並不認爲它們之間有必然的邏輯關係。這種關連是要通過根據已知的觀點來解釋已知的事實去創造新知識的能力而表現出來。韋伯對於歷史學派的健將藍克是甚爲推崇的，重視歷史概念的建構，但是「概念不是目的，而是達到理解現象的手段。理念型與歷史事實不應當彼此混淆。韋伯所建構的理念型歷史並非歷史事實本身，而是作爲分析歷史事實的工具，具有歷史理念的工具。

以韋伯的新教倫理與資本主義精神的研究爲例，他對於新教徒的生活倫理的研究，並非要窮盡所有新教徒的生活經驗。事實上就算窮盡了新教徒所有的生活經驗，也不見得可以把新教倫理與資本主義之間的關連講清楚。究竟是不是要窮盡歷史經驗才可以把歷史性呈現出來？

韋伯反對瑣碎性的經驗歷史性的研究，特別是那種無知的宣稱，認爲這種對於事實本身的研究，可以完全瞭解到歷史本身的意義。過去的歷史經驗本身並不會表示意義，一切歷史經驗之間的意義是被詮釋出來的，是根據研究者自己的主體性所詮釋而成的。進入被研究者的行動意義是韋伯的理念型歷史社會學的重要方法，對於行動者的行動意義的理解，不一定要窮盡經驗現象才可以獲得。但是要如何取得歷史經驗裡的關鍵性角色（歷史承攜者）？

關於歷史承攜者的選取，韋伯認爲無法從瑣碎的歷史事實的

全面考察而得。以宋巴特與韋伯的爭執爲例，宋巴特認爲猶太人與資本主義的興起有莫大的關連，但是韋伯卻認爲是中世紀基督教的主要信衆：布爾喬亞才是歷史的承攜者。細讀韋伯的作品將發現他對於歷史承攜者的選取是經由學術論戰建構而成的，他所選取的歷史承攜者絕非「自然天成」，而是在學術社群的論戰中逐漸建構出來。

此外，還有一點是很重要，卻往往被忽略的方法論，就是韋伯對於研究者主體性的承認。韋伯認爲一位教授在課堂上不可以表白自己的政治或宗教信仰的立場，被大肆渲染爲「價值中立」（value free）的最佳例子。這個例子往往被實證主義社會學者拿來作文章，認爲社會學的研究者必須完全採取價值中立的態度，不可以把自己的價值放入研究之中。一位社會學者有沒有辦法完全價值中立，完全沒有自己的立場而進入所要研究的社會生活世界裡？對於大一的學生可能會相信這是可能的，但是任何進行過社會學研究的人，都無法自信自己可以做得到，除非水準像是大一的學生。

崇拜價值中立的實證主義社會學者，很少認眞看過韋伯的著作，當然也忽略了他對藍克的推崇之情。別忘了韋伯深受詮釋學傳統的影響，他是承認研究者主體性的社會學者，並非如實證主義社會學將研究者本身視如枯木，麻木不仁。作爲詮釋學傳統的信徒，韋伯並不否認社會學或歷史學研究者本身的主體性，作爲西方文明之子的宣稱，便展現這種對於研究者本身主體性承認的熱情。理念型歷史社會學的建構一方面是警惕研究者必須小心翼翼地進行科學的宣稱，但是也無疑地承認了研究者本身的主體性。研究者本身的主體性不被承認，只是躲在虛假的眞理謊言裡，自我宣稱自己是價值中立，那是一種欺瞞，反而是低賤的與

褻瀆眞理的神聖性。唯有眞正承認自己無法完全價值中立，才有可能接近眞理。

在新教倫理與資本主義的研究以及往後一系列關於宗教社會學的研究，韋伯所考察的對象就是康德的實踐理性與以休謨（David Hume）的經驗主義爲傳統的功利主義〔包括亞當斯密（Adam Smith）與邊沁（Jeremy Bentham）〕，我們可以在《新教倫理與資本主義精神》一書，非常清楚地感受到，除非是對於當時代的哲學完全陌生的人。雖然羅爾斯（John Rawls）並未交代他的觀點是受到韋伯的啓發，但是羅爾斯認爲不論是休謨還是康德都深受新教倫理的影響，前者是喀爾文教派，後者是虔信宗。事實上韋伯早已注意到羅爾斯的發現，而這樣的發現正是韋伯對於研究者主體性的承認態度所得到的結果。

但是韋伯面對自己作爲一位研究者的主體性，並非如此地坦然自在，反而是深陷於「價值中立」與「對於研究者的主體性的承認」之間，一方面他時時刻刻警醒讀者不要過分膨脹自己的主體性，讓歷史變成自己的歷史。但是另一方面他又十分珍惜研究者主體性的熱情。韋伯所遭遇的問題，以及所要處理的問題正是年鑑史學的長時段與加達默爾的視野融合之間的爭執，也就是歷史作爲一種自然科學？還是作爲一種精神科學？韋伯雖然在研究態度上徘徊於實證主義史學與詮釋學史學之間，但是他顯然是選取了詮釋學史學的立場，接受李凱爾特（Rickert）對於自然科學與精神科學的劃分。不過對於研究者的主體性，韋伯卻未曾公開承認過，不如後來的海德格與加達默爾如此激進。當時德國詮釋學的傳統還是浸淫在狄爾泰的詮釋學世界裡，注重對於文本的眞實理解，這種方法用在史學的研究則成爲對於歷史的「眞實」理解。但是，狄爾泰的詮釋學受到海德格存在主義詮釋學的攻擊，

第二章　反思與實踐作爲社會學的想像力

加達默爾火力全開，認爲狄爾泰縱使注意到「生命整體」研究的重要性，但是由於不願意承認研究者或是解釋者本身的主體性，那種對於自我認識欲求的承認，結果對於所解釋生命整體卻是與解釋者沒有任何的關連，而陷入歷史主義之中。

若要說韋伯的理念型歷史社會學深受狄爾泰的影響，那是不恰當的，韋伯事實上宣稱作爲西方文明之子便是以自我認識爲起點，以對於西方文明進行解釋，達到自我認識與對於西方文明的整體理解。韋伯的理念型歷史社會學在實質的意涵上，如同海德格與加達默爾一般是深受尼采的影響，重視解釋者本身主體的意義，只是韋伯深受當時歷史主義的殘餘影響力，未能振筆疾書。韋伯那種作爲西方文明之子研究者的主體性，那種對於自我認識的欲求，讓他航向基督教的歷史，從古猶太教、天主教與新教的宗教倫理——作爲一種生活態度的生活倫理，進行一種整體的解釋而達到一種整體的理解，一種文明的理解。最後韋伯以自我認識的欲求與這種整體的理解連成一體，如此宣稱西方文明之子的意義，便不再只是一種情緒的宣稱，而是一種哲學詮釋學歷史性的宣稱了。

如布洛赫（Bloch）所言西方社會——特別是歐洲社會自封建社會以後便有其長期穩定發展的性格，一種爭特權的法律文明的文明習慣，在長期穩定的歷史中發展。這種發展是由國王與貴族、布爾喬亞之間擴散到工人階級與女人及兒童，已經不只是上層階級的社會習慣，更是擴散化爲全體社會的習慣。此種文明習慣並非是一朝一夕便能底定，也非幾次的革命事件便能取消，正有其頑強的慣時性存在，特別是已融化於日常生活之中。除非是日常生活的全面性變革，否則文明習慣是很難改變的。

年鑑史學的歷史本體論——長時段，正是作爲新史學的基本

立場。布勞岱（Fernand Braudel）固然提倡長時段史學的觀念，但是為避免落入歷史主義或結構主義的困境，在他的經濟社會史的幾本主要著作中，他並不明顯強調一種「社會性的長時段」，其長時段最主要的意義是指地理與經濟活動所結合而成的經濟地理空間。不過在 "*A History of Civilizations*" 一書中，也就是其晚期的作品則大膽呼出歐洲社會的長時段社會性格，至此布勞岱對於社會家的批評則更加清楚，在他看來現代的社會學家如果不去掌握社會本身的時間，乃至超大型社會的時間像是「文明的時間」，充其量也只是以井觀天。關於自然的時間、社會的時間與人的時間，社會學家艾利亞斯（Norbert Elias）比布勞岱有更為社會學的剖析，不過如今大部分的社會學家已經完全沒有社會的時間觀念了。

儘管如此，十八世紀的歷史主義或許有空洞不實之罪名，但是並無礙於其對於長時段歷史社會學的發展。畢竟，社會乃至文明都有屬於自己的發展時間，那麼用人的時間去感受它，便有很大的問題。可惜古典的心靈，在實證主義過分發展的情況下，多半被當成神話，一種巨型理論的神話。中程理論的研究固然有其學術分工的重要性，但是學術的分工之後，只是恣意用人的時間去切割社會，那麼這種社會學的研究成果，也只是用人自己的角度去看社會，而非用社會的角度去看社會本身。

社會本體論的唯名與唯實之間的爭論，到歷史本體論都是同樣的問題。啟蒙以來，西洋的學術傳統不斷試圖與傳統哲學與神學的思想方式決裂，從理性主義與經驗主義的爭辯→康德將理性與經驗各安其位的整合→浪漫主義的消極迴避→黑格爾以更為歷史與辯證的積極整合→古典社會學，對於「社會的存在」的追尋都是最高指導原則，這種知識論的態度也深深影響他們對於社會與歷史的看法。

年鑑史學家的內部固然對於歷史方法論有對立的聲音，但是這主要是涉及如何表現歷史的方法爭議，對於歷史的眞實存在性，卻是鮮少懷疑的。年鑑史學正因爲其對於歷史史料瞭解的豐富性，而小心翼翼地對待歷史，也正因爲如此而進一步感受到社會乃至文明的時間與存在性。對於歷史複雜性的掌握不夠，使得現代的社會學家不是僅能假設社會的本體性，要不就是徹底懷疑社會的存在。我想布洛赫、費弗爾（Lucien Febvre）與布勞岱師徒批評社會學家沒有歷史的觀念，並不是說社會學家沒有考據與回溯以往人類經驗的觀念，而是批評社會學家並沒有搞懂社會本身的時間與存在性。年鑑史學經由對於歷史複雜性的充分掌握，已經感受到社會與文明的時間與存在，而且已經重構他們的文明與歷史。

我們不是西方文明之子，無法像年鑑史學那樣根據實證主義史學的精神，以及對實證主義史學的批判，提出長時段的歷史視野，來建構西方法律文明的特質。說實在的，作爲非西方文明的我們，實在沒有那樣的機會，所涉及的問題太複雜了，最主要的原因就是語言與空間隔閡的問題。但是年鑑史學對於長時段的重視，倒是提醒了我們，西方可以用長時段來對待，而且她是個文明事實，絕非虛構。

對於這個長時段文明事實的理解，加達默爾的視野融合哲學詮釋學史觀，提供一個理解的途徑，我們幾乎束手無策之時，這樣的史觀恍如黑暗裡的一盞明燈。透過對於西方社會理論與思想經典的流傳物解釋，可以產生一種整體性的理解，在這個認識態度上，可以正大光明地作爲我們想像西方法律文明的視野。從年鑑史學的角度來看我們的古典社會學理論，幾乎是不及格的，即使他們有長時段的史觀，但是對於歷史經驗掌握的細膩的確不如

年鑑史學大師們。在此「窘境」之下，不免令人氣結，頗有壯志難伸之苦。我們幾乎忘了，在哲學詮釋學的傳統之下，已悄悄地為我們拉開一個視野，只是我們竟然都忽視了，任憑實證主義宰割，連一點喘息的機會都沒有。胡賽爾、海德格與加達默爾這一脈相承的精神科學的歷史學，讓歷史的研究不必完全向實證主義靠攏，不必完全屈服於實證考據而坐以待斃。

以作者的自我認識為起點，藉由一種專注的語言遊戲——對於經典文本的閱讀，那種對於經典的認真解釋，加達默爾清楚地告訴我，那歷史的真理就在這裡，我那種往往被視為放肆的想像，找到活下去的出路，有一種重生的感覺。歷史不僅僅只有實證主義史學那一種，還有一種承認主觀意義詮釋的史學，當然這是一種認真的浪漫主義，而非無的放矢的傲慢與無知。對於經典的認真解釋，是可以掌握長時段的西方法律文明事實。

韋伯雖然在學術上的活躍期先於海德格與加達默爾，在方法論上有關價值關連的問題，也未能像他的後輩海德格與加達默爾等人，全盤拖出並承認研究者的主體性是可以完成歷史性的認識，但是韋伯的歷史社會學已經呼之欲出，只是未能完全承認。可能是韋伯的謹慎，也可能是他的膽怯，但是這種在研究者的主體與歷史的客體之間的緊張性，讓韋伯發展出理念型的歷史社會學。藉由歷史概念的建構，作為理解與分析歷史事實的工具，一來保有了研究者的主體性，另一方面也拉近了與歷史客體性間的距離。雖然這樣的理念型是保守的，但卻是誠實地面對人對於歷史事實認識的有限性，很弔詭地，這樣的路子反而開闊起來了，不必再像實證主義的信徒那般自欺欺人，墮落入一種非常不自在的淵藪——害怕承認自己（研究者的主體性）。

問題討論

一、請選擇一個與自己生活世界有關的主題。例如：我喜歡看動漫畫（熱門音樂），或是我是一位女性，或是我是一個受虐兒，或是我的功課一直很不好。

二、請對於這個主題進行解釋。在解釋的過程絕對不可以將道德與規範的解釋帶進來，純粹就事論事，越細緻越好。

三、試著將自己的解釋與一般大眾的解釋做比較，看看有何差異？

四、試著在網路上蒐尋相關的學術研究，再比較看看。

五、最後想想，你對於這件事的看法，是否有了改變？

參考文獻

Foucault, M.著，佘碧平譯（1998）。《性經驗史》。上海：上海人民出版社。

Gadamer, H. G.著，洪漢鼎、夏鎮平譯（1995）。《真理與方法》。台北：時報文化。

Heidegger, M.著，王慶節、陳嘉映譯（2002）。《存在與時間》。台北：桂冠圖書。

Weber, M.著，于曉等譯（2001）。《新教倫理與資本主義精神》。台北：左岸出版社。

第二章　反思與實踐作為社會學的想像力

第三章
社會階層化與社會流動

玄奘大學社會福利學系副教授

王天佑

作者簡介

　　王天佑，畢業於美國猷他大學社會學博士班，曾任職於法務部桃園少年輔育院、中央大學講師、副教授、共同學科主任、通識教育中心主任、台南女子學院副教授，現任玄奘大學社會福利學系副教授。開授課程包括：社會學、社會心理學、社會變遷與社會問題、社會階層與社會流動、社會研究方法、當代社會學理論、勞工福利專題。最近的論文包括：〈家庭背景與教育對原漢族群薪資差異的影響〉、〈比較原漢國中學生家庭背景對學業成就的影響模式〉、"Class Structure and Earning Inequality: A Marxist Analysis of Earning Differentials"。

教學目標

一、理解社會階層化的意義、特徵與評定社會階層高低的方法。
二、理解社會階層化的古典理論與當代理論。
三、理解社會流動的意義、類型及社會流動的條件。
四、理解當前社會階層與社會流動的研究模型。

摘要

　　財富、權力與聲望是社會大眾所共同追求的有價資源，但是這些資源在人類社會卻是稀少的，因而產生分配不均的現象。社會階層化主要就是探討這些稀少而有價值的資源在社會上分配不均的程度。社會學家評定社會階層高低的方法可分為：主觀探究法、聲望探究法及客觀探究法三種。對階層化是如何興起的及階層化現象的存在是否公平合理，古典社會學大師馬克思及韋伯都有精闢論述；而當代社會學家則分別從功能論、衝突論及進化論觀點提出不同解說。社會流動的類型可分為垂直流動與水平流動，而社會學者分析個人流動時大都從代間流動及代內流動兩方面著手。社會階層化研究的兩個主要模型是社地位取得模型及社會階級模型。

95

財富、權力與聲望是社會大眾所共同需要與追求的社會資源，但是這些資源卻是稀少的，因此每個社會都須面對著如何分配這些資源的問題。我們見到的事實是有些團體比其他團體擁有更多的權力，有些人比其他人擁有更多的財富，這種的不平等是如何造成的？是否由於前者比後者更努力耕耘工作？還是由於前者有較好的家世背景，使他們的起跑點比後者有利所致？這種普遍存在資源分配不平等的現象是否無可避免？還是可以透過某種機制加以改善？來自低收入戶家庭子女與富裕家庭子女是否有相同的機會追求經濟階梯的頂點？這些是我們在這一講中嘗試回答的問題。

第一節　社會階層化的概念

　　在這一節，我們將先介紹社會階層化的基本概念，包括階層化的意義、階層化的基本特徵，以及社會學家在評定社會階層高低常使用的幾種方法。

社會階層化的意義

　　每個社會都存在著不平等，為了描述不平等現象，社會學者提出了社會階層化（social stratification）的存在。所謂社會階層化是指社會成員因財富、權力或聲望的高低不同，而被安排在不同層次的地位或團體裡。因此社會階層化即是研究社會的不平等

現象。

　　社會是一個有機體，在生產活動中，每一項職位對社會整體的運作都有其貢獻，因此，社會理應對每一種職位給予同樣的重視與報酬，但我們發現自古以來，從未出現完全平等的社會。事實上，由於其性質上的差異，自古以來，各種不同的職位在人們心目中都是有高低等級，而與之相配合的是社會對不同的職位給予不同的報酬與權力，因而產生分配不平等的現象。社會階層化主要就是探討這些稀少而有價值的資源在社會上分配不均的程度。

　　有些人將社會階層與社會階級（social class）一詞相混使用。這兩個名詞看起來相似，但在社會學上用法不盡相同。依照馬克思的看法，階級是以是否擁有「生產工具」來區分，他所注重的是人們在生產工具的經濟關係下，所產生的不平等社會結構，因此階級是享有相似「經濟關係資源」的團體；而階層之劃分，較為中性，可以依人們財富、教育、權力及聲望等給予的等級區分，凡是享有相似「社會資源」的團體，不論其共享的是那一種資源，都可以稱為社會階層。因此階級只是階層的一種形式，不過許多社會學者多交互使用這兩個名詞（王振寰、瞿海源，1999：162）。

社會階層化的特徵

　　社會階層大致上來說具有下列幾項基本特徵（蔡文輝，1991：242；宋鎮照，1997：443-444）：

一、社會階層化存在於每一個人類社會之中

社會階層化現象具有普遍性，自古即已有之，且無處不在。例如傳統中國的階級分為官紳、士紳、農民與奴隸四種；西方文明古國如希臘羅馬等也有富人與窮人、自由人與奴隸之分；即使最原始共產主義的社會也不例外，戰士、巫師就有較高地位。

二、社會階層化是社會製造出來的

社會階層化現象不是偶然發生的，也不是生物因素造成的，而是社會所製造出來的，個人的體型、性別、族群及年齡上的差異，並不足以解釋階層位置的高低。例如在大多數社會，男性社會地位高於女性，但在Tchambuli族卻是一個由女人管理的標準社會，這個部落的女人黎明就出發去捕魚，近午時回航，以便與其他部落進行交易，女人掌握了經濟。再如在傳統中國社會裡，年齡越大，社會地位越高，但在西方社會卻正好相反。可見性別與年齡本身並不能決定社會地位的高低，而是社會對性別與年齡的評價才是真正決定社會地位的因素。

三、社會階層化的體制繁多

每一個社會裡的階層制度不會與其他社會完全相同，總是有類型與程度上的差異。從古至今，發展出來的階層制度有四種類型：奴隸制（slavery）是一個極端不平等的形式，個人被當作是他人所擁有的財產。喀斯特制（caste）是一種基於世襲的、封閉

的階層體制，個人「生於斯、長於斯」。封建社會中所造就出來的體制是身分制（estates），個人的地位是繼承家世背景，團體間界線分明。資本主義經濟發展之後產生的是階級制（class system），這是目前社會階層化的主要體制，成員的地位雖然仍受到家世背景的影響，但主要還是經由個人努力取得。在階級制中，社會不平等現象仍舊存在，但成員有較大的流動機會。

四、社會階層化影響個人生活機會

階層制度的存在，對社會裡的每一個人都有重大影響。例如個人受教機會隨個人家庭社經地位的高低而有所差異，家庭社經地位越低的學生，成績較差，進大學的比率越低（Sewell, 1971）。再如在教養子女方式上，白領階級父母強調民主的教養方式，使用講理、隔離、激發孩子罪惡感方式；藍領階級父母較強調權威型的教養方式，使用較多體罰。在夫妻關係上，白領階級夫妻雙方較對稱，相伴多，談話多，較多共同休閒活動；而藍領夫妻間的瞭解與溝通較少。在身心特質上，白領階級較內在取向，較強的個人成就動機和長期的目標；藍領階級則較具攻擊性與權威取向，較為集體主義，並依賴團體（陸洛，1997）。

評定社會階層高低的方法

社會學家在評定社會階層高低的方法時，大約有三種可使用的方法：

一、主觀探究法

主觀探究法（subjective approach）是研究者請受訪者主觀評估自己在社會中的階層所屬。例如在問卷中詢問受訪問者：「請問你自己認為是屬於那一個社會階層（階級）？」過去研究顯示，大部分的人在回答這類問題時，認為自己是中產階級。這可能是因受訪者對階層的劃分標準並不清楚，因而採中庸之道回答較為穩當。

二、聲望探究法

聲望探究法（reputation approach）是請受訪者對另一個人或一群人做階層地位的評估。例如在問卷中詢問受訪問者：「如果將階層劃分為上、中、下，請問你們社區某某人應該屬於那一階層（階級）？」這種調查較常運用在較小社區裡進行。

另外一種常見的方法是在評估職業聲望上，這是研究者將所有的職業陳列給受訪者，請受訪者依照心目中對不同職業的瞭解，排列等級順序。國內社會學自一九六〇年代開始發展，即開始從事了幾次的職業聲望的調查與研究（何友暉和廖正宏，1969；文崇一和張曉春，1979；瞿海源，1985；蔡淑鈴、廖正宏與黃大洲，1986）。在表3-1中，我們摘錄了一些他們研究的職業聲望量表以供參考。

表3-1 台灣職業聲望分數（摘錄）

職業類別	文崇一、張曉春	瞿海源	蔡淑鈴、廖正宏、黃大洲
大學教授	87.9	89.0	92
法官	83.8	87.9	88
醫生	78.6	82.5	84
立法委員	80.5	81.7	--
中學教師	78.8	81.1	71
警察	64.5	65.2	61
農民	68.4	58.5	52
記者	66.0	--	68
司機	54.5	49.4	48
店員	51.6	48.6	48
歌星	45.7	55.1	--
推銷員	45.3	49.2	--
理髮師	45.6	43.2	45
工友	44.7	44.8	44
道士	43.8	--	35
攤販	43.8	46.8	38

三、 客觀探究法

客觀探究法（objective approach）是用客觀指標來評定人們的社會地位。社會學家最常用的是由教育、收入及職業為主所建立的社會經濟地位量表（socioeconomic status），簡稱SES。SES分數越高，代表社會地位越高。由量表來評估個人的社經地位，當然可以避免個人偏見。

第二節　社會階層化的理論

　　現代社會階層化主要源自兩位古典社會學理論大師馬克思之階級論與韋伯之階層論，而現代階層化理論又可分為三種不同理論取向：功能論、衝突論及進化論，下面將古典及現代幾種階層化觀點分別說明如下：

古典理論

　　在探討古典的社會階層化理論時，通常都是從馬克思的社會階級理論開始，而韋伯一方面接受馬克思的概念，一方面也對其理論作補充與修正，下面我們略述兩人對社會階層的看法。

一、馬克思的社會階級論

　　馬克思對階級的基本看法是以生產模式，尤其是以生產關係中的財產關係（property relations）為其重心。馬克思認為歷史上的每一時期都各有其不同的主要生產模式，透過這些生產模式，階級和階級關係乃孕育而生，而這些生產模式的真正條件（real condition）就是財產（property）。

　　馬克思理論的重心即在探討資本主義社會的財產關係。他認為在資本主義社會下，擁有生產工具者為資產階級（bourgeoisie），沒有生產工具者為勞動階級（proletariat）。因此人們的社會地位決定在財富上，資產階級為增加財富與利潤，將會儘量剝削勞動階級的剩餘勞力，而勞動階級為改變其受剝削的地位，必然將會與資產階級抗爭。

馬克思認為只要財產關係存在，資產階級與勞動階級的鬥爭會不停下去，擁有生產工具者，為保其優勢利益，乃建構政治、司法制度，並塑造虛假意識（false consciousness）使被剝削階級（勞動階級）忘掉真正階級意識（class consciousness）。而勞動階級必須組織與發展出階級意識，以集體反抗資產階級。馬克思預期，資本家由於受到市場競爭所牽制，對共同利益無法獲得一致主張，所以勞動階級將可推翻資本家，最終將建立一個無產階級的社會。

二、韋伯社會階層理論

韋伯反對馬克思的經濟決定論，而採多面向的角度，他認為社會階層由階級（class）、地位（status）及政黨（party）等三種層面部分所組成。馬克思認為地位與權力皆源於經濟地位，但韋伯認為財富、權力與聲望這三者是互相關連，但仍可保有其各自的自主性，不可化約到任一層面的。

韋伯以財產關係界定階級，這個概念與馬克思的看法相同，個人擁有越多的財產，階級地位也越高。但是與馬克思不同的地方，韋伯認為階級不應截然化成兩個階級，相反的，經濟地位應視為從高到低的一個連續帶。

韋伯以生活方式（styles of life）來界定地位。他認為具有相同聲望或榮譽，或過著相同生活者都是屬同一階層。個人所屬的

團體擁有的聲望越高，則其階層地位也越高。通常擁有財富的人有取得較高地位的傾向，但也有許多例外，如中樂透頭彩者，雖然擁有龐大財富，但不一定有高的聲望。

最後部分是政黨。政黨由同一階級所組成，或由同一地位團體所組成，但通常是由階級與地位團體所共同組成。政黨的形成是現代社會中重要的權力面向，能在階級及地位之外，獨立影響個人在社會階層結構中的地位高低。

現代理論

當代社會學者對社會階層化現象的解釋，可分為功能論與衝突論兩個對立的觀點，另外有學者企圖整合二者觀點提出了進化論。

一、功能論的階層化觀點

功能論主要代表人物是戴維斯及默爾，其主要觀點認為社會是一個運轉的體系，為使社會體系能順暢運作，必須將其成員安排到各種位置上去，且使他們能執行該位置的責任。由於社會上職位殊異性頗大，某些職位的功能比其他位置的功能更重要，而須經歷長期與艱難的訓練。為了吸引合格的人來擔任重要的職位，社會必須提供一些物質與非物質的酬賞，來吸引有才能的人願意接受訓練。這種不平等的酬賞體系便是社會階層化。

戴維斯及默爾認為每個人的天份與能力並不相同，社會上各種地位亦非同等重要，因而需要階層化體系的存在來激勵有才能

及有天份的人去完成這些職位的要求。因此階層體系的存在能讓
社會成員適才適所，社會可以順利運作。

二、衝突論的階層化觀點

當代社會學觀點中之衝突論是在延伸馬克思的理論觀點。馬
克思認為人的社會地位決定於擁有生產工具與否，社會的衝突是
在爭奪生產工具。但是當代的衝突理論學者將社會階層化視為社
會生活中權力鬥爭與衝突的結果，有權勢的團體有最大的權力制
定規則，偏袒自己，並獲得最多報酬，因此社會階層化是權力的
分配不公平所致。

衝突論學者達倫多夫即強調「社會基本上是一種不均衡權力
分配的組合團體」（imperatively coordinated associations），只要有
人聚集在一起，就會有人有權，有人無權。有權人組成的支配
（統治）團體（dominant group）會建立起社會制度、法律、教育
等藉以保護與鞏固其特權地位，同時也鼓吹「現存的秩序是自然
而正當」的價值觀念，以減少反抗的可能。

即使如此，受支配團體（subordinate group）仍含懷疑與仇
恨，不斷醞釀社會變遷所需條件。因此衝突論的學者認為衝突是
社會中不可避免的事實，也是社會的常態（蔡文輝，1979：129-
132）。表3-2比較了社會階層化功能論與衝突論觀點之差異。

三、進化論的階層化觀點

美國社會學家林斯基（G. Lenski）考察人類社會文化發展，
依人類社會工藝技術發展程度劃分為：採集與漁獵社會、園藝與

表3-2　社會階層化的功能論與衝突論之觀點比較

功能論觀點	衝突論觀點
階層化是普遍存在的，必需且是無可避免的。	階層化雖是普遍存在，但並非必需亦非無可避免。
社會系統決定了階層系統。	社會階層決定了社會系統。
社會階層化導源於社會整合和協調的需要。	社會階層化導源於社會團體間的競爭、衝突和征服。
社會階層化反映了共享的社會價值。	社會階層化反映社會上有權力的團體的價值。
工作和報酬公平分配。	工作和報酬沒有公平的分配。
社會階層化強化了社會和個人的適切功能運作。	社會階層化阻礙了社會和個人的適切功能運作。

資料來源：Ian Robertson, *Sociology*。轉引自王振寰、瞿海源（1999，頁170）。

畜牧社會、農業社會、工業社會初期、進步工業社會等五個時期。林斯基認為在不同的時期有不同的階層化體系產生，而階層化的基礎在分配關係。

林斯基認為在採集與漁獵社會，並無多餘剩餘物質以共分配，因此不平等現象最少。在這類社會中，工作是按「年齡性別」而分派。老人照顧幼童，女人煮食，男人打獵，這個社會成員是平等的。到了園藝與畜牧社會，開始有一些剩餘，這使得有權力的家庭，如酋長，對剩餘物質有控制權，社會不平等現象開始逐漸呈現。農業社會不平等現象最顯著，當社會有了「定期剩餘」，社會成員就不必個個都要栽種食物，有些人可以專門做其他工作，於是出現專業專職的政治領袖、商人。這些人基於工作性質，比較容易掌握權力，所以分配到較多報酬。

林斯基認為工業化不盡然會導致社會不平等程度的惡化。在

工業社會初期，貧農遷移都市成爲勞工，財富會有集中的現象。但是到了進步工業社會，不平等的現象將會獲得改善，一方面人民的教育水準提高，可望由藍領工作轉換爲白領工作；另外，工業社會容易形成民主政治，有許多政治團體，像工會、農民團體等都可發揮力量；此外政府透過福利制度與累進稅率可限制財富不平等現象的惡化（張華葆，1987）。

第三節　社會流動的概念

社會階層與社會流動（social mobility）是一體之兩面，社會有了階層化，才可能產生社會流動現象。本節將介紹社會流動的基本慨念，包括社會流動的意義、類型及影響社會流動的因素。

社會流動的意義

社會流動是指個人在社會大眾共認爲高低不等的位置裡，由一個位置移動到另一個位置的移動過程。一般說來，階層化體系分派人選的過程裡有完全「封閉社會」（closed society）與完全「開放社會」（open society）兩種極端型態。在完全封閉的社會裡，個人出生或家世就已完全決定他在階層體系上的地位，這種與生俱來的地位稱爲先賦地位或歸屬地位（ascribed status）。在完全開放的社會，個人出生或家世無法預測其長大時的地位，個人的成就主要來自努力或才能，這種後天力爭上游而得的地位稱爲

成就地位或贏得地位（aschieved status）。

　　完全封閉或完全開放的社會只是理想類型，在現實社會並不存在。現實社會中，或多或少都蘊含有這兩個類型的分派原則，這意味著個人在社會位置的流動中，無論是向上爬升或向下降，個人本身的努力與家庭背景都會影響，只是每個社會所強調的有所不同。一般而言，在越高度發展的社會，分派原則越依賴個人努力取得的成就地位。

社會流動類型

一、垂直流動與水平流動

　　垂直流動（vertical mobility）是由一個階層到另一個階層的上下流動。垂直流動又可以分成兩種：上升流動（upward mobility）與下降流動（downward mobility）。上升流動是由下層階級高升上層階級的流動，例如從住院醫生變成主治醫生，從鄉長當選縣長、從黑手變頭家。下降流動是由上層階級下降到下層階級的流動，例如由富商轉為攤販、從白領階級到階下囚。

　　水平流動（horizontal mobility）是在同一階級或地位上流動，而非層次間的問題，也就是職業或角色之改變，而非階級的改變。例如從汽車推銷員轉到房屋銷售員、成大教授轉到中大任教。

二、代間流動與代內流動

依據社會階層改變之時間來看，可分成兩類型：代間流動（intergenerational mobility）與代內流動（intra-generational mobility）。代間流動是指親子兩代間在社會階層上的差距，也就是父母與兒女之間的職業地位改變，或是比較兩代以上家庭成員的社會地位之不同。若是年輕一代之地位高於老一輩的社會地位，稱為上升的代間流動；反之，稱為下降的代間流動。例如，一位司機兒子因為努力念書，取得博士學位，然後在大學任教，父子間的社會階級具有顯著的差異。

代內流動又可稱為事業流動（career mobility），這是追蹤一個社會成員在其個人生命過程中社會位置轉變的狀況。通常個人隨著教育程度的提升及年齡的提高及其所得、職業聲望及權力都有上升現象。

社會流動的因素

影響社會流動的包括社會及個人因素：

一、社會因素方面

(一)社會結構

社會結構因素是影響社會流動的先決條件，如果個人處在一

個喀斯特社會，則沒有垂直的流動機會，只有在同一階層的水平流動。反之個人處在一個完全開放的社會，則不僅有水平流動，就是垂直流動也是極為自然之事。

(二)工業發展

工業社會快速發展，創造許多新的中上層位置，讓許多人有機會向上爬升。例如二十年前幾乎沒有電腦軟體工作師，現在有許多職位，且分工細緻。這種因為經濟結構改變而誘導出的社會階層變動稱之為結構流動（structural mobility）。

(三)人口變動

都市化的發展，農村人口移入都市，找尋工業部門工作，進而提高其社會地位。外來移民也常會造成當地人的上升流動，因為新移民願意從事聲望較低的卑賤工作。此外由於上層階級生育率較低，在沒有生育足夠的下一代時，多出來的上層位置必然由下層階級新生代來擔任，造成下層階層人口有上升流動機會。

二、個人因素方面

(一)教育成就

教育常被認為是促進社會流動的工具。教育具有篩選人才到不同工作的作用，教育程度高者，多從事專業與技術性工作，教育程度低者，則從事低薪非技術工作。教育還可影響收入，教育程度愈高者，收入也愈高，顯示教育提高個人賺錢能力。

(二)成就動機

一個人對於社會流動所持的動機會影響流動的機會。個人對流動的渴望越高，往往上升流動的機會也越高。例如為了進入大學，必須埋首苦讀，減少休閒的時間，這種為了未來的目標，企圖向上流動，寧願將目前的欲望滿足延後，稱之為「滿足延後模式」（deferred gratification pattern）。

(三)家庭背景

投對胎（born into the right family）是很重要的。父母的社會階級越高，子女可能獲得的社會階級也越高。良好家庭出身者，父母可將財富、教育程度、價值觀念傳遞給子女，進而影響子女未來教育與職業地位的取得。

第四節　社會階層化與社會流動的研究

社會階層化與社會流動有兩個主要的研究傳統：一個是地位取得模型（status attainment model），另一個是社會階級分析（social class analysis），在此我們略為介紹這兩個不同取向研究途徑。

地位取得模型

　　布勞（Blau）和鄧肯（Duncan）二人在一九六七年，提出「地位取得模式」（見圖3-1），探討美國社會中，出身背景對教育、職業成就之影響，他們的研究為社會流動經驗研究奠定基礎，亦引發美國及世界各國社會學者對地位取得研究的廣泛興趣。

　　布勞和鄧肯（1967）在地位取得模式中，運用路徑分析（path analysis）的方法，以受訪者的父親教育年數和父親職業聲望代表受訪者的家庭背景，而本人教育年數和初職聲望代表本人的訓練和早期的職業經驗，透過對代間與代內流動的分析發現：父親教育程度和職業地位，解釋了26%的兒子的教育程度變異量。換言之，一個人的教育程度，有74%不受家庭背景的影響；父親教育程度和職業地位，可解釋20%的兒子的職業成就的變異量，亦即個人的職業成就，有80%不受家庭背景的影響。因此，布勞和鄧肯認為美國社會重視普同主義（universalism）及功績原則（meritocratic principle），選任人才由重視賦予性背景，轉而強

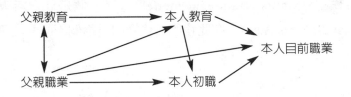

圖3-1　布勞和鄧肯地位取得基本模型

資料來源：Blau & Duncan(1967: 170).

調成就性因素。

布勞與鄧肯的地位取得模型提出後，社會流動的研究就以地位取得模式的分析為典範，後繼學者對地位取得的探討，主要是以布勞和鄧肯的路徑分析的方法或修正原地位取得模式，試圖更有效解答地位取得的因果機制。例如史威爾（Sewell）等學者所建立的威斯康辛模型（Wisconsin Model）即是從布勞和鄧肯的基本模型中加入許多社會心理中介變項，包括：智商、進入大學計畫、學生成就測驗分數、學生高中成績、較重要的他人影響及教育與職業抱負等。顯然的，威斯康辛模型擴大了地位取得研究的內涵。

從八〇年代以後，國內學者對地位取得開始進行研究、修正與批判。楊瑩（1988）運用問卷調查台灣地區年滿二十至六十歲的居民所得資料，以父親教育年數、母親教育年數、父親職業聲望、本人教育年數、初職和現職聲望所組成之地位取得模型進行分析，結果顯示家庭社經背景對教育、初職與現職的解釋力分別為36%、47%和47%。薛承泰（1995）利用中研院台灣地區社會變遷資料，複製Blau-Duncan Model，分析結果發現：父親教育對於本人初職和現職都沒有顯著的直接影響，但卻能透過本人教育，發揮其間接影響力；影響本人初職和現職的主要因素仍是本人教育；父親教育和父親職業直接影響本人教育，解釋力在30%左右，比美國（26%）稍高。

社會階級分析

馬克思曾預言，隨著資本主義的發展，社會的階級結構將只

有二類階級：資產階級與勞工階級，其他社會階級，如具有生產工具，但沒有雇用員工的小資產階級（petty bourgeoisie,），或僅雇有少數員工的小雇主（small employers）等都將日漸淘汰。然而馬克思的這項預測並未實現，我們所觀察到的事實是，小資產階級及小雇主一直維持相當比率；此外，又有專業技術人員、經理、白領工作的興起，使得社會日趨分化，馬克思兩極化的階級結構已不足以有效的解釋現代資本主義社會發展的複雜性格。新馬克思學者賴特（Wright）（1979）一方面維護馬克思的兩大基本階級主張，同時提出「矛盾位置」，以說明現代資本主義社會裡小資產階級繼續存在的事實，以及經理階級與專技人員的興起。

賴特首先依生產工具的有無區分為「資產階級」與「勞工階級」。資產階級擁有生產工具，因而可以剝削與宰制勞工，相對的勞工階級則被剝削與被宰制。而後以矛盾位置說明「經理與監督」、「小雇主」及「半自主受雇者」的階級位置。如經理與監督階級的矛盾是，他們一方面擁有資產階級的特性可以宰制勞工階級，又有勞工階級的特性，被資產階級所剝削與宰制。小雇主的矛盾是一方面他們擁有生產工具，並雇用勞工，因此具有資本家的特性，可以剝削與宰制工人，另一方面他們具有小資產階級之特性，也要從事直接生產。半自主性受雇者的矛盾在於，一方面他們具有小資產階級在生產過程中所擁有的工作自主性，但另一方面，因為它並不擁有生產工具，因此相當程度受到資產階級所宰制。因此，賴特認為資本主義社會之階級結構共可包括六個階級：「資產階級」、「小雇主」、「小資產階級」、「經理與監督」、「半自主受雇者」及「勞工階級」（見圖3-2）。

賴特隨後以此階級概念去實證探討美國的階級結構對其職業成就的影響。研究發現，階級結構對薪資取得的解釋力大於職業

聲望及人力資本變項。此外，研究發現僱主不只較經理及工人階級擁有較高之所得，同時經理階級之薪資對於教育的回饋較勞工階級為高。在跨國的研究方面，Winn（1984）使用瑞典與美國的資料，複製賴特的研究方法發現，階級對薪資決定的效果在瑞典與美國極為相近。

　　王天佑（Wang, 2003）運用中研院「台灣社會變遷基本調查」一九九二及一九九七年資料，探討台灣勞動市場之階級結構對薪資決定與薪資差異的影響。研究結果顯示，以賴特模式定義之階級結構對薪資取得的解釋力高於人力資本及職業聲望，證實階級是影響台灣勞動市場薪資決定的重要因素。研究也發現，在控制人力資本因素後，資產階級收入最高，而勞工階級收入最低，同時，不同階級間對人力資本的回饋亦呈現差異現象。在比較兩性階級分布與薪資關係上，研究顯示，女性比男性集中於權力較低之階級位置，且女性在各階級的平均薪資都顯著低於男性。

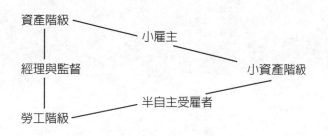

圖3-2　賴特階級模型

資料來源：Wright et al.(1982: 711).

問題討論

一、請比較古典社會學家馬克思與韋伯的社會階層化理論，兩者
　　有何差異？

二、請比較社會階層功能論與社會階層衝突論的不同觀點，你
　　（妳）較同意那一種觀點，為什麼？

三、社會流動有那些類型？影響社會流動的條件有那些？

四、社會學者評估社會階層高低的方法有那些？

五、社會階層化對個人生活機會有何影響？請舉例說明。

社會學與現代社會

參考文獻

Blau, P. M., & Duncan, O. D. (1967). *The American Occupational Structure*. New York: John Wiley.

Bourdieu, P. (1977). *Production in Education, Society, Culture*. Beverly Hills: CA Sage.

Dahrendorf, R. (1959). *Class and Class Conflict in Industrial Society*. Stanford: Standford University Press.

Davis, K., & Moore, W. E. (1945). "Some principles of stratification". *American Sociological Review,* 10, pp. 242-249.

Sewell, W. H. (1971). "Inequality of opportunity for higher education". *American Sociological Review*, 36, pp. 795-796.

Tsai, Shu-ling & Hei-Yuan Chiu(1991). "Constructing Occupational Scales for Taiwan". *Research in Social Stratification and Mobility,* 10, pp. 229-253.

Tumin, M. (1953). "Some Principles of stratification: A critical analysis". *American Sociological Review,* 18, pp. 387-394.

Wang, Tian-Yow(2003). "Class Structure and Earning Inequality: A Marxist Analysis of Earning Differentials". *Journal of Sociology,* 34, pp. 79-121.

Wright, E. O. (1979). *Class Structure and Income Determination*. New York: Academic Press.

Wright, E.O & Perrone, L. (1977). "Marxist Class Categories and Income Inequality". *American Sociological Review,* 42(1), pp. 32-55.

Wright, E.O., Perrone, L., Costello, C., Hachen, D., & Sprage, J. (1982). "The American Class Structure". *American Sociological Review,* 47(3), pp. 709-726.

文崇一、張曉春（1979）。〈職業聲望與職業對社會的實用性〉。《台灣人力資源會議論文集》。台北：中央研究院經濟所，頁623-669。

王振寰、瞿海源（1999）。《社會學與台灣社會》。台北：巨流圖書公司。

宋鎮照（1997）。《社會學》。台北：五南圖書出版公司。

何友輝、廖正宏（1969）。〈今日中國社會職業等級評價之研究〉。《台灣大學社會學刊》，第5期，頁151-156。

許嘉猷（1990）。《社會階層化與社會流動》。台北：三民書局。

蔡文輝（1979）。《社會學理論》。台北：三民書局。

蔡文輝（1991）。《社會學》。台北：三民書局。

蔡淑鈴、廖正宏、黃大洲（1985）。〈從社會階層化觀點論農民階層〉。第四次社會科學會議論文。台北：中央研究院三民所。

楊瑩（1988）。〈台灣地區教育擴展過程中不同家庭背景子女受教機會差異之研究〉。國立台灣師範大學教育研究所博士論文。

張華葆（1987）。《社會階層》。台北：三民書局。

陸洛譯（1997）。《社會階級心理學》。台北：巨流圖書公司。

薛承泰（1995）。〈台灣的地位取得研究：回顧與前瞻〉，載於章英華、傅仰止、瞿海源主編，《社會調查與分析：社會科學研究方法檢討與前瞻》。台北：中央研究院民族學研究所，頁357-395。

瞿海源（1985）。〈台灣地區職業地位主觀測量之研究〉。《中央研究院三民主義研究所叢刊》，第18期，頁21-140。

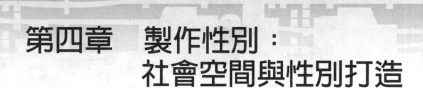

第四章　製作性別：
　　　　社會空間與性別打造

國立宜蘭大學建築研究所助理教授

楊長苓

作者簡歷

　　楊長苓，一九六八年出生於台北，關懷性別、弱勢社區與建築歷史。台灣大學建築與城鄉研究所博士，紐約市立大學研究中心交換學人（Graduate Center, CUNY），哥倫比亞大學建築規劃與歷史研究所傅爾布萊特交換學者（Columbia University, Fulbright scholar）。就學期間獲得多項獎助，包括教育部專業研究、國科會千里馬專案，以及美國國際教育基金會旅遊補助。並曾擔任《聯合晚報》性別與空間專欄主筆、《聯合報》資訊專刊特約撰稿、婦女新知基金會董事、紐約國際學舍婦女領導團體代表（Women's International Leadership Program）。現任職於宜蘭大學建築研究所與元智大學通識教育中心，教授「社區規劃」、「人與環境關係」、「環境與生態」、「建築、空間與歷史」、「全球化理論與社會空間」等課程。著有《銘印、協商與抵抗的空間實踐——由康樂里非自願拆遷重思都市規劃與建築歷史》，以及中英文論文多篇。聯絡信箱為lindayang@ntu.edu.tw。

教學目標

一、檢視現有的空間形式如何展現其隱藏的性別價值。

二、以權力的角度探討空間蘊涵的意義，分析空間如何生產既定的性別關係。

三、提出反抗與再建構性別價值多元生活空間的方式。

摘要

　　我們在空間中生活，以為空間不具價值、沒有意義，卻忽略了空間在靜默中形塑個人的情感、行為、價值與信念：熟悉的環境有讓人安心的節奏與氣味，讓我們在習慣中形成認知、保有記憶；特殊的地點則搭配約定成俗的使用方式，將支配者的權力與社會的主流價值掩藏在空間之中——臥室、客廳、廚房，宿舍、操場、教室，公園、街道、廣場，廣告、影集、網路，空間不僅傳遞文化的既定價值，也進行社會建構。

　　由於空間是性別打造的重要過程，因此，本文將循序討論以下議題，提供看待性別與空間更為多元寬廣的角度。

一、性、性別是什麼？

二、性別製作：儀式、命名、社會空間與日常生活。

三、空間如何形塑性別觀點與性別意識？家庭、工作、公共空間。

四、不同相互遇見、多元彼此包容：欲望城市、同志之眼、反抗的歷史。

空間是性別打造[1]的重要過程，本文將藉由以下議題的討論，提供看待性別與空間更為多元寬廣的角度。

第一節　性別是什麼？

性（sex）與性別（gender）是非常不同的：性，是染色體決定的生理（biological）男性（male）或女性（female）；性別，則是經由心理、文化、社會共同建構（socially constructed）的、對於男性氣概（masculinity）與女性特質（femininity）的想像、教育與規範（Fenstermaker & West, 2002）。

換言之，生理性別是個人無法干預的[2]，社會性別卻是從出生到死亡，透過儀式、規範與空間規則建構而來的性別概念，包括性別角色（gender role）：特定社會文化對不同性別的行為與責任的期待，性別認同（gender identity）：個人對自己性別的認識接受，以及性傾向（sexuality）：個人情欲與性欲投射的對象。

作為生命經驗開展與延續的基地，空間，在性別建構的過程中，編排聯繫了個人或群體對於身體與性、性別的社會想像，並積極地以身體為空間基礎（Linda, 1999），進行性別打造。

第二節　性別製作：儀式、命名、社會空間　　　　　　與日常生活

空間的性別打造，早在嬰兒尚未出生前便已開始。人們依照

胎兒性別準備不同色彩的衣服、玩具。顏色與性別的「指派」，從嬰兒衣著到嬰兒房的規劃，延續到男女生宿舍與公共廁所的識別色彩，讓人誤以為男女「天生」就喜歡不一樣的色系。然而以「天生、自然」的想當然爾去理解社會或性別，不僅難以撼動傳統，也否定了改變的可能。

嬰兒出生後，更繁複、更具有象徵意義的性別化空間儀式也不斷進行。《詩經・小雅・斯干》描繪華人社會如何依照嬰兒性別，分配不同的空間：「乃生男子，載寢之床，載衣之裳，載弄之璋……乃生女子，載寢之地，載衣之裼，載弄之瓦」[3]。而人類學家瑪格麗特・米德（Mead）也記載了薩摩亞（Samoa）處理臍帶的空間儀式：女孩的臍帶埋在構樹[4]群下，象徵女孩紡紗織布、勤勉持家。男孩的臍帶則拋向海洋，象徵男孩探索世界的腳步廣袤遠大。

不論是讓孩子穿戴相異的服飾，或是將臍帶（期待）丟往不同的地點，藉著象徵性空間所表達的意象，就是男性向外發展探險、女性安分持家。而這種性別化的空間區隔，藉著各種「男女有別」的風俗習慣與儀式操作[5]，緊密地鑲嵌在我們的生活環境，形塑既定的性別文化：人們在嬰兒對於性、性別毫無概念，甚至外觀也沒有太大差異的時期，就以不同的態度為孩子取名、裝扮，並指派不同的活動與空間。性別差異便在這些社會化的過程中累積、形成。試試看，你是否可以辨認圖3-1中四個小孩的性別，並想想看你所用的判斷標準是什麼[6]？

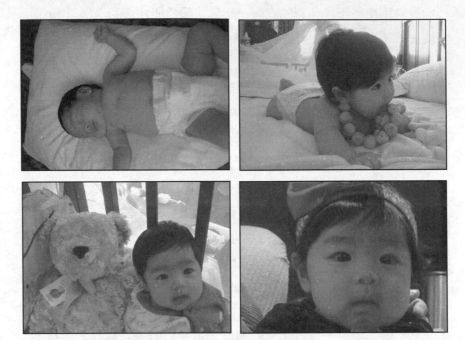

圖3-1　嬰兒時期的性別差異

圖片來源：楊長苓拍攝。

　　不論個人判斷性別時所選用的標準是頭髮、姿勢、衣著、或是玩具，這都是實質空間中具體可見、經過社會塑造的性別線索。然而除了實質空間，建構並維持我們每日生活的社會空間，也就是由社會想像、敘說論述與生活事件共同建構的社會關係（Ross, 1988: 8-12），對於性別角色的認定、假設與規範，也具有強烈的期待與標準，並且社會地建構起生活空間（Massey, 1994）。

　　這種社會建構的生活空間，是如何傳遞性別想像與規範？讓我們以姓名為例。姓名並不是單純代表個人的符號，而是社會群

體在既有的文化結構中、對於被命名對象的空間擺放。名稱一旦確立，幾乎就決定大家觀看、理解對象的特殊角度[7]。換句話說，命名是以社會想像爲基礎進行的角色複製與文化生產[8]。

根據蔡志浩（2005.08.09）[9]的統計歸納，女生名字常有「雅、婷、佳、蓉」，男生名字則常見「豪、翰、宏、志」。值得注意的是，「雅、婷、佳、蓉」與相貌或性情美好相關，「豪、翰、宏、志」卻反映恢弘的理想與氣度。男女命名的差異，恰好對應至社會爲不同性別標定的活動空間。利用名字，社會文化創造歷史、記憶，並實踐特殊的性別文化。這正是班乃迪克·安德生（Anderson, 1991）明確指出的認同建構：名字是集體想像的一種形式，是建構想像的共同體（imagined community）時不可或缺的歷史書寫。

這種歷史書寫，藉著家庭、學校、社會與國家通力合作通過地以教育、出生儀式、命名期待、日常生活與人際互動（幼兒時期父母親爲孩子挑選的玩具、學齡兒童在學校裡玩的遊戲[10]、或者是決定專業領域[11]），傳遞性別期待與要求，並打造社會化的性別認同。甚至藉由耳提面命、效法典範、質疑越界[12]，規訓、檢視個人的行爲，使性別位置具體地鑲嵌在社會空間中，難以動搖。

漸漸的，男外、女內，男強、女弱，男探險、女持家等傳統刻板且二元對立的角色，甚至只有異性戀的預設，便在關於性別、身體與社會空間的連結中，形成我們習慣的性別想像。這也就是每日生活的社會規範與性別結構（立基於父系社會對性別的想像）所組構的社會關係，逐步打造性別、製作性別的過程。

第三節　空間如何形塑性別觀點與性別意識？家庭、工作、公共空間

　　既然我們會對應不同的性別，給定不一樣的活動空間，那麼，空間就不是價值中立、無性別、沒有權力的存在。相反的，通過「群體協商」與「集體同意」的過程[13]，空間的安排配置不僅嚴格有序，潛藏著文化既定價值，甚至充滿隱晦細緻的政治想像與社會建構[14]。個人從出生走到死亡，一路經過的空間如家庭、學校、職場、公共空間，都在其設定、規劃、配置、與使用權的分配中潛藏著性別區分的價值觀點（Rendell, Penner & Borden, 2000）。

　　誠如普羅宣斯基、費邊與凱米諾夫（Proshansky, Fabian & Kaminoff, 1983）所分析，個人與空間的社會性關連在於地方認同（place identity）。而地方認同不僅是社會建構出的空間使用經驗，更涉及個人自尊、自信、獨特、生命連續性等重要概念。換言之，個人的空間經驗是形塑個人認知的重要面相，並影響個人對自己的性、性別、性傾向、性別角色的認定。

　　由於家庭（home）[15]是個人認同的起點，也是各種力量競爭意義的基地，所以本節將分析家庭空間如何藉著不同的配置與使用，編排聯繫身體與空間的準則，並強調傳統的性別觀念，甚至進行對性、性別與性傾向的積極打造。

女傭養成、母親準備，同志婚姻的鬥爭意義

討論家的意義時，戴斯普瑞斯（Despres, 1991）指出：家為我們遮風擋雨，使我們感覺安全與控制。我們在家裡展示自己、接待朋友，建立生命的連續感與自我認同。因而，家的打造，就是認同與生命歷史的打造。

而孩子是如何在家中建立起性別認同？根據蘇珊席格（Saegert & Hart, 1978）的研究，家庭對於不同性別的孩子的空間規範相當不同：女孩不僅必須次次通報，且遊玩的範圍必須在家附近；男孩則有較大的自由度，可以充分在公共空間中探索嬉戲。隨著孩子年紀增加，這種差異越來越大，青春期之後男性幾乎已經沒有任何限制，可以隨時騎車或開車到任何地方，能夠主動探索環境、發展認識空間的技巧與能力；相對的，女性卻可能在門禁或活動地點的限制下，缺乏認識環境的機會。雙親允許男女自行活動的時間與範圍的差異，不僅影響孩子對於環境的探索與瞭解，也影響孩子對於自己掌握空間能力的認識，並且強化社會的性別刻板印象，認為男性天生空間概念比較優異。

「男性空間能力好而女生空間能力差」這種詮釋，忽略了後天教養的力量、低估了女性的空間能力，也讓社會錯誤地再教育女性應當依賴男性，或留在安全的家裡。然而，家庭真的如同戴斯普瑞斯所說，是令人放鬆、愉悅、安全的家嗎？

許多未婚的成年女性或尚未出櫃[16]（come out）的同志指出，家庭是約束與控制的來源。楊長苓（1996）的研究發現，家庭是「女傭養成、母親準備」的重要地點，因為「一坐在客廳，

我父親馬上就會找事情讓我去做，或者開始挑剔我的坐姿、笑的聲音……父親喜歡看到的是不斷忙碌做家事的女兒」，以及「我在家裡，彷彿是未來丈夫寄養在這裡的貨品……父母只想把我訓練成萬能的女佣和無怨無悔的母親」，甚至有同志在訪談時指出「有人說在家裡可以表現真正的自我，但我卻必須在回家前戴上面具、準備演戲。原生家庭就像我的舞台，我偽裝自己、不透露一點同性戀的訊息」。

　　誠如哈特與威廉斯（Hutter & Williams, 1981）所言，社會政策與日常生活之人際關係，往往假定並期待女性是「天生的」母親、妻子、照顧提供者[17]，因而眾人會設定女性表現「標準女人」（normal woman）的形象。要求女兒儀態端莊、忙碌做事、為婚姻作準備，不僅是父母親藉著家庭空間對性別角色進行的控制與訓誡，也在異性戀的思維下排除了同志現身的可能。

　　值得提醒的是，同志婚姻（gay marriage）已是先進國家研擬性別平等政策時關注的對象。其中，荷蘭於二○○一年，比利時於二○○三年，西班牙、加拿大、英國於二○○五年正式承認同志婚姻合法化；丹麥、瑞典、挪威、冰島、德國、法國、匈牙利和瑞士則採同性結合（same-sex union）或「公民結合契約」（Pacte Civil de Solidarité, PACS）制，並有伴侶登記制度。這些制度認可未婚的異性或同性戀者，甚至只是同居的朋友，都可向法院登記，以享有婚姻帶來的部分權利與義務（包括保險、遺產繼承權、賦稅優惠、房屋與社會福利）。

　　同性結合或公民結合契約中，最受爭議的部分便是「子女收養權」。目前除丹麥、冰島、荷蘭、瑞典、英國允許同志收養子女外，多數國家仍持保留態度。反對者認為，同志父母可能教導出性別角色混淆的孩子。但是，性別角色本來就是社會文化建構的

非自然產物。如果孩子可以在同志父母的教養下，理解性別的社會打造，那麼他們將更有機會質疑既定的性別刻板印象、挑戰傳統的性別分化、反抗僵硬的性別文化、甚至支持各種基進的性別運動如性工作合法、同志運動（何春蕤，2000，2001）、跨性別人權，而使社會具有更多元開放的能動性[18]。

在家的街友[19]、家務有給制

要求婚姻合法，是同志要求享有基本人權的法律保障，但這並不表示異性戀婚姻是性別平等、毫無問題的：在原生家庭中受到約束、規範的未婚女性，是否可以在結婚後獲得比較自由支配的空間呢？

傳統的華人社會，原生家庭只是未婚女性暫時落腳的地方，女性不僅無法傳遞香火[20]，也無法獲得被祭祀的權力[21]，因而女性必須尋找可以放置牌位、有人祭祀的最終歸屬。但是，這個「歸屬」仍舊是以男性為主的家庭系統，家庭內部也仍然顯現性別化的空間支配[22]（甚至是財產繼承的權力）。

根據索摩維里（Somerville, 1997）的說法，家的意義非常複雜：家不僅是社會概念的物質體現，也是權力象徵的多重表演。家庭的空間、配置、使用與意義，均是社會作用的結果。據此，我們可以追問，家庭空間的配置與使用活動是什麼？

畢恆達（1996）的研究發現，男性每天家務勞動的時間是五十四分鐘，婦女則平均工作三小時。當男性在客廳看電視、孩子在房間上網路的時候，女性卻在廚房與陽台[23]煮飯燒菜、洗曬衣服。當男性擁有書房、小孩擁有兒童房、公婆擁有父母房，人人

都可以在家裡找到能夠上鎖的私密空間時，維持家庭生活的婦女卻是「在家的街友」，因為她沒有「自己的房間」（a room of one's own）[24]。

此外，巴契拉（Bachelard, 1969）與瑞符（Relph, 1976）亦指出，家庭是藉著提供舒適宜人的環境，讓人休憩、再出發的勞動力再生產的場所。但人們卻鮮少注意或計算婦女從事家務的實質貢獻與經濟價值，而使家庭空間成為婦女無償勞動的地點。然而，若將婦女的家務勞動換算成經濟市場中清潔、採買、餐飲、照顧、教育等工作，並且以一年三百六十五天，一天二十四小時無休的人工計算，其實是具有非常高度的經濟價值。

因為要負擔家務而降低其外出工作的機會，而家務又是無償勞動，這使得家庭主婦在沒有經濟來源的狀況下成為家中的經濟弱勢，造成女性貧困人口漸增的貧窮女性化（feminization of poverty）（Garfinkel & McLanahan, 1988），甚至淪為婚姻暴力、家庭暴力的受害者卻無法離去[25]。

幸而，世界各國包括台灣[26]，已意識到家庭與家務勞動的重要性，因此，依據家務勞動價值而給予勞動者薪資的「家務有給制」，或提供勞動者可靈活運用、加強其經濟獨立的「自由處分金」便應運而生。而這套制度，不僅能夠藉著法律條文肯定家務勞動的價值，更可實際地改善家務操持者的地位，以及保障婚姻中負擔家務的經濟弱者的權益。

職場空間與性別歧視

對於能夠離開家庭、進入職場的女性而言，工作場所的性別

歧視與分化[27]又是必須面對的一大挑戰。因為，現今社會仍有許多「女性止步」的工作場所[28]：不論是工作種類、任用條件[29]、起聘薪資[30]、升遷管道等，都可能因為性別不同，而有不同的待遇。這便造成從事某些工作的人都是男性，而從事另外工作的人都是女性，性別分化的職場。

針對性別區隔的職場，我國於一九七八年明訂普考不對女性設限，一九九二年亦規定高考不對女性設限，使得女性經由高、普考錄取而擔任公職的機會與男性相當。然而，國家考試迄今仍有許多項目分訂男女錄取名額，亟待改善。

一九九九年，郵務士特考五百個名額女性僅占四十一個，男性的工作機會是女性的九倍[31]。由簡章對工作的描述：「郵務士擔任的是投遞及收攬郵件的外勤工作，必須體能強健，能長期刻苦耐勞，持有兩輪重型機車駕駛執照」看來，男女均可勝任這份工作。但郵政總局卻辯稱：「郵件越來越重，平均每人一次要投遞五十公斤的郵件，有些投遞地區偏遠，加上要值晚班，工作時間長，女性體力可能無法負荷，因此才對女性名額酌予限制。」

如果負重是工作基本要求，招考時便應以體能測驗為第一關卡；如果投遞地區偏遠、有值夜與安全的顧慮，那麼做為雇主的郵政總局便應加強所有郵務士的防衛訓練，並營造更有保障的環境，而不應以「女性體力較差、比較容易受害」之性別刻板印象，剝奪女性的工作機會。

二○○五年七月[32]，調查局特考再度依照性別分訂錄取名額（女性七名，男性三十八名），因為：「調查工作包括埋伏、跟監、緝毒，體能要求較高，出入環境亦非常複雜，並不適合女性」。體能、安全，再度限制女性獻身公職。

既然國家考試是為國掄才的重要過程，依據職務所需的知識

131

與技能作為考選標準，讓最適任的人才為全國民眾服務，絕對要比依照想當然爾的性別偏見、性別刻板印象所提出的性別分訂名額為招考原則要來得有效。此外，國家考試如果持續對女性設限，不僅會加強性別化工作的刻板印象，違背兩性工作平權，也使得有意願與能力的女性被排擠在公共服務之外。更嚴重的是，性別盲目的環境可能導致人才流失，造成政策的草擬、形成、決策品質與實際社會脫節[33]，降低社會競爭力。

　　雖然，個別單位的作法僅反映該單位的文化水平與性別素養，但國家處理性別分化的方式與政策，卻具體展現了國家對於婦女角色的想像、實踐婦女議題的能力，與貫徹婦女政策的可能性。二〇〇五年八月，考選部發布「國家考試性別平等白皮書」，強調未來將檢討部分類科性別限制的情形，希望排除傳統性別刻板印象造成的職業區隔，讓兩性均有公平的錄取機會。這是婦女運動者努力的成果，也是改變職場空間性別分化的一大助力。

「公」共空間，誰的空間？

　　走出家庭，離開職場，婦女進入公共空間（public space）。然而看似人人均可使用的公共空間，其使用與設計經常也對女性、同志並不友善。「公共的男性是政治家，公共的女性是娼妓」（Green, Hebron & Woodward, 1990），便清楚說明了社會空間如何打造性別分化的公共場所，並利用論述與道德檢查進行性別控制與性別排擠。

　　由於傳統觀念中，女性是屬於家庭的。所以，隻身出沒在公共空間的女性往往招致令人不快的凝視：不論是街道、廣場，或

者是餐廳、酒館，只要女人單身出現在家庭之外，似乎就是行為隨便、暗寓性愛邀請。於是，家庭為了「保護」女人，規定回家的時間；學校為了「保護」女生，設定宿舍門禁；報章、雜誌、電視媒體更是經常強調夜行與夜間活動的危險，建議婦女減少夜晚外出，避免遭受不測。甚至，在公共空間暴力事件發生時，將責任歸咎在女性身上，質疑女性的衣著、姿態、活動地點與夜行的必要性[34]。

使用空間的不悅經驗、家庭與學校以保護之名而行的管束之實、媒體書寫攜帶的性別偏見，共同傳遞了夜晚的公共空間非常危險的訊息。這種狀況不僅降低女性使用公共空間的意願[35]，也減少婦女夜晚上課、訪友、社交、就業等機會。

空間使用，公平正義

放棄公共空間，不僅影響個別婦女的生活樣貌，也影響生活空間的活力與多元性。立基於此，我們必須追問：如果公共空間對於婦女、同志，甚至是老人、孩童而言，是危險、不方便、難以使用的，那麼，徹底的解決方法是限制這些族群的出入？還是利用空間設計與政策輔助，讓公共空間變得安全、人人可用？

如果我們相信，不能盡興使用公共空間，已經不是安全或可及性那麼單純的問題，而牽涉社會平等與正義，那麼，致力打造所有群眾都可平等使用的環境便是我們應當重視的課題：公共空間有什麼配置？屬於誰？供誰使用？由誰支配？這些關係都會再鞏固空間設計背後所維繫的意識型態[36]。

增加公共空間中不同族群的使用率，是公共空間趨向更為平

等、正義的方法之一[37]。如果想讓母親與孩童使用公共空間，那麼，配置授乳室讓母親可以餵母奶或泡奶粉、設立無障礙環境讓推車可以自由進出、或提供親子廁所讓親子舒適的如廁，都可以提高使用機會。而想讓單身女性、活動力較差的老年族群或殘障人士使用公共空間，那麼，高照明的步道、視野可穿透的區域、清楚標示求救電話的地圖、定時定點有人員巡邏，以及減少死路與陰暗空間的設計，都可以增加安全感而提高空間的使用。

公共空間的價值在於不同的族群與觀點相互遇見，各種事件都有對話與發生的可能。換言之，空間應當具有文化上詮釋、建構與抵抗的多重意義（Harvey, 1989）。如果某個族群消失，那就相當於對抗均質、普同公共空間的「反公共領域」（counter-public spheres）力量減弱，公共空間引人的風貌便跟著降低。

第四節　不同相互遇見、多元彼此包容：欲望城市、同志之眼、反抗的歷史

由於空間攜帶政治、策略、價值、身體、勞動、情感、記憶，是常民生活與政治行動在歷史中的軌跡烙印，所以，關乎性別的種種運動，空間便成為權力企圖控制逃逸、抵擋與反抗質疑威權的衝突戰場。此時，除了實質空間，廣播、電視與網路，也成為各族群與價值觀相互衝撞的地方（place），而帶給我們嶄新的性別想像。

以HBO當紅的「慾望城市」（Sex and City）為例：該影集以四個單身、經濟獨立、收入良好的都會女性的生活，挑戰了我們習以為常的性別預設：女性可以有成功的事業，可以獨立、經濟自

主；其次，女性可以在情緒、戀愛與工作上相互扶持，表現姊妹情誼；再者，她們尊重彼此相異的愛情與性的偏好，並擁有許多同志朋友與她們親密互動。

而「同志眼中的異性戀」（Queer Eyes For The Straight Guy）[38]，則藉由在電視上公開且常態性地播映，讓社會大眾（尤其是對於同志族群不熟悉的人）接觸同志議題：對同志身分的認同、是否該出櫃或如何出櫃、出入社交場合的自我保護、遭受的歧視、策動的反抗等等。

做為社會學習的一環，網路、廣播與電視是性別工作者企圖打造與占領的新地點。透過文字訊息、聲音故事與影像紀錄，視聽者「看見」不同於傳統的性別角色、行為、選擇與互動，並學習尊重不同性別、性欲取向。

因此，台灣的婦女運動者與同志除了積極參與社會運動，也進行網站架設[39]生產數位地景[40]、發行電子報[41]，並製作廣播[42]、電視節目與電影[43]，企圖表達不同於男性中心的思考脈絡與各自相異的性別主張。這種立基於女性、同志的生命經驗，除了檢視空間的使用與分析、協助我們發現空間規劃與設計如何潛藏性別區分的觀點之外，也以各種不同的方式進行對性別議題相關事件的對抗與串連，轉化既存的性別歧視，凝聚各族群的壯大能量，並質疑、探詢、挑戰、挪用與提供理解都市文化地景的方向：透過對於都市實質生活環境的經驗挖掘與論述架構，再發現歷史與集體記憶。

以往的空間理論，多半強調美學[44]、設計、經濟與政治的治理[45]，但女性主義建築史觀卻提醒我們，空間的重要性不僅在於其實質構成，更在於其所攜帶的價值觀點與象徵意義。藉著探索與分析空間的使用，將可協助我們發現性別與空間中權力結構底

135

層的弱勢族群，並思索打破性別歧視（甚至是弱勢歧視）規劃的方法。在「為弱勢而做、與弱勢一起做、為瞭解弱勢而做、弱勢自己做」的同時，為社會注入更多元、更人性關懷的面向，促成進步的市民城市（楊長苓，2004）。

空間形塑性別，或再生產男女不同的行為模式與空間區隔，其實只是性別與空間的部分議題。社會空間仍有許多需要考究、批判與質疑的性別概念：性工作者如公娼可以受到政府保護、持有營業執照、大大方方地在某個街區或巷道內掛上招牌嗎？檳榔西施與紅茶辣妹可以穿著清涼坐鎮在各個省道與泡沫紅茶店裡嗎？同志可以在街道上或公園裡，親膩地挽手、擁抱，就像異性戀一樣嗎（謝佩娟，1998）？外籍新娘與大陸新娘可以得到更多社會資源而不是排擠嗎（夏曉鵑，2005）？而女書店與同志書店，是否也可以大張旗鼓地掛上招牌、招攬客人、上街遊行（洪文龍，2005）？

性別與邊緣群體為了空間與社會再生產的戰役正在成形：不論是自身的意識覺醒，說服公眾的準備，積極地連結不同的性別、階級、種族與文化，尋找更多聯盟與集社的可能，串接起友好個人與團體，並相互支援要求更多權力及權利。

這是地點構造的政治學，藉此揭露被遺忘、扭曲、遮蔽、掩蓋的生活經驗，而對主流歷史論述進行對抗、挑戰與翻轉，召喚異質主體，並寫下社會空間中屬於性別多元的公眾歷史。

在這場美好的戰爭中，你，決定了戰鬥位置嗎？

問題討論

一、請詳細説明性（sex）、性別（gender）的定義與差別，並利用
本講次所提到的例子説明，社會如何利用各種習俗、儀式、
空間指派，將生理的性轉換為社會的性別？

二、所有的節慶、紀念日與嘉年華會都是社會形塑個人認同與集
體記憶的作為。 請説明，國際婦女節（International Women'
s Day）與台灣現行的婦幼節（Women's and Children's Day）
有什麼不同？而這種不同，反映了台灣制訂節日者什麼樣的
性別盲目（gender blind）？

三、在台灣，大部分已婚的職業婦女必須面對經濟與育兒的雙重
壓力：她們需要工作以維持家庭的消費水平；傳統的觀念也
要求她們懷孕產子、「傳宗接代」。請説明，在這樣的狀況
下，懷孕婦女與職業媽媽在職場面對最困難的問題是什麼？
而上班媽媽在家庭裡又必須處理什麼問題？同樣的狀況，如
果是職業男性或上班爸爸處理，又有什麼不同？

四、文化是形成社會關係與性別認同的重要機制。請由這個觀點
討論，電視節目是否應當安排同志與性少數相關的節目？請
説明理由。

第四章　製作性別：社會空間與性別打造

註釋

1 這裡的空間包括實質空間與社會空間。實質空間是支持我們日常生活的、具體的三度空間，社會空間則是由日常生活結構，與時空中的社會想像協力打造的社會關係。如果希望反抗既定的性別關係，應當試著以女性、同志，或性少數的自我認同與經驗重新論述社會空間，使空間的利用更加異質，使公眾歷史的詮釋更加寬廣，而這也是女性主義建築史學家所選取的方向。

2 實際上，現代人可利用醫學技術如精蟲分離術、羊膜穿刺等等，增加或降低特定性別的生育率。在出生前就因為不同的生理性別而有不同的處理，稱為性別選擇（gender selection）。目前全球男女嬰出生比為105比100，台灣與南韓男女嬰出生比卻高達110比100，聯合國認為這是性別選擇的結果，要求各國重視沒有機會出生的失蹤女嬰（missing girls）的問題。

3 生了男孩，我們把他擺在床上，為他穿上華服，配戴象徵仕途順利的寶玉；生了女孩，則把她放在地席上，用小被子包起來，給她紡紗織布用的紡塼，期望將來能勝任女紅。

4 構樹是編織布匹的原料。

5 如華人社會為嬰兒進行滿月、收涎與過週歲的儀式，是非常性別分化的。傳統上只有生了男生的家庭會做「滿月」，並贈送親朋好友雞腿、紅蛋、油飯。滿四足月收涎時，長輩則以繼光餅為嬰兒抹嘴並唸道：「收涎收乾乾，給你明年招小弟。」至於嬰兒滿週歲所進行的抓週儀式，由於是預測未來的職業，傳統上只有男生抓週，女生是「家庭主婦」，不用抓週。

6 由於睡姿豪邁、上身半裸與服裝打扮，通常人們認為左上、右上與左下是男嬰，而右下照片為女嬰。但實際上，這四張照片來自同一女嬰，只是性別化的裝扮不同罷了。

7 命名的重要性可參見：楊長苓（2004），〈銘印、協商與抵抗的空間實踐──由康樂里非自願拆遷重思都市規劃與建築歷史〉，國立台灣大學建築與城鄉研究所博士論文。論文內，以「自營聚落」取代傳統的「違建」命名，討論聚落內的生活。希望以自營聚落主動、積極營造環境的意象，讓社會大眾從不同的面相重新認識空間的使用與經驗，改寫都市空間的歷史。

8 過去重男輕女的家庭如果先有女兒，會取名招弟、迎弟、來弟、美女（沒女），象徵歡迎弟弟，不再生女兒。

9 參見：蔡志浩，（2005），〈九十四年大學考試分發入學榜單常見姓名〉，取自 http://taiwan.chtsai.org/2005/08/09/jiushisi_nian_daxue_kaoshi/。

10 在小學裡經常看見男生聚在操場上玩躲避球、籃球，女生則比較常玩跳繩、盪鞦韆。這不見得是先天差異造成的，有時候是因為裙子限制了女生的行動能力而無法盡興打球，或者是男生不願意面對同學的取笑而放棄跳繩。

11 比方建議女生放棄數理，因為「女生天生數理能力不好」；或反對男生念中文、外文，因為「男生念語文沒出息」。

12 性別越界是指在性別角色表現上與社會一般期待不符，而這種不符，往往具有質疑社會傳統觀念、挑戰既定性別期待，甚至反抗性別角色位置的能動性。正因如此，性別越界者往往受到社會嚴厲的檢查與對待。二○○四年四月二十日屏東縣高樹國中三年級學生葉永誌的死亡便是一例：葉永誌是生理男性，卻具備體貼、溫柔、喜歡煮菜、做家事等「女性」特質。這些特質，使同學經常嘲弄他、

要求他脱褲子「驗明正身」，甚至在廁所對他暴力相向。

13 空間看似自由度很大，但其實不同的空間有群眾約定成俗的使用方式與習慣。比方說人們在圖書館、學校操場、醫院、公園，所表現的行為非常不一樣。但不同的個人使用這些空間的方式卻有驚人的相似程度，這就是空間使用的「群體協商」。

14 空間具有期待，如台北市重要幹道以四維、八德命名；空間懷抱記憶，如中國大陸的地名歸綏、寧夏、青島等，在台北市具體重現；空間也有各種價值的競爭與角力，如總統府前面原有一條為蔣介石祝壽的「介壽路」，政黨輪替後在一九九六年三月由台北市政府市政會議決定將之改名為「凱達格蘭大道」。有權力的人，用繁瑣的期待覆蓋時空地形，新政權也往往費力塗抹象徵舊政權的空間印象，以建構新的社會想像。而性別打造只是空間諸多任務的一項，包括階級、種族、族群、政治、認同、記憶、歷史、性欲特質，都是空間持續打造的各種任務。

15 雖然這裡的「家」是指中產階級、異性戀主體認定的、具有完整住宅單元的家。但是，自營聚落中延伸至社區鄰里的家、同志社群協力組成的家，這類異於傳統的家更有社會反動力。

16 come out，意味著向大家公開自己的同志身分。

17 「母性」是天生的嗎？就我自己懷孕生產的經驗，以及我先生照顧家中女兒的感受，我們認為應以「親職」取代「母性」，以「聯繫」代替「自然天生」。因為，對孩子的照料與情感不是來自於生理性別，而是來自長時照料所累積建構的依附與聯繫（attachment or bounding）。

18 台灣性別人權協會之網頁：http://gsrat.net/index.php，或者是性別運動戰將何春蕤個人網頁之「書籍出版」：http://sex.ncu.edu.tw/members/ho/all.htm。

19 homeless people，通常稱為遊民，不過以街友稱之比較具有正面意義。

20 在家祠中，「香火」是父系血緣的嫡傳，指的是有權力去捧祭祀香爐的男丁。而這個丁，不僅是男丁，還必須是頭丁，也就是家裡頭一個出生的男性。

21 根據傳統，原生家庭不能夠在家中祭祀未婚卻過世的女性，而必須將其安置在「姑娘廟」。

22 從嫁「出去」跟娶「進來」，就可以看出嫁娶觀念中隱含的性別空間意義。

23 廚房太小、料理台太高、廚房與客廳之間視線無法穿透，使得做飯的婦女無法看到在客廳玩耍的孩子，都是婦女經常提出的問題。有人認為這是因為建築師與設計師多半是男性，他們缺乏在廚房與陽台中成長的經驗，所以無法做出更好的設計。

24 原為維吉尼亞沃夫（Virginia Woolf）書名。

25 依據內政部家暴委員會統計資料，二〇〇四年度各縣市家暴中心通報四萬九千四百八十一件，其中婦女通報比例83.4%，若加上未報黑數，婦女受暴比例應會更高。在婦女團體的努力下，一九九八年家庭暴力防治法通過，全國各縣市政府必須依法成立家庭暴力防治委員會或防治中心，是政府試圖介入「家務」、對於兩性平權的努力。然而，二〇〇五年八月，法院調整家暴事件保護令收費金額，從每件收取一百三十五元提高至每件一千元，對許多逃離家庭身無分文的受虐婦女而言是極大的負擔。因此台灣防暴聯盟主張，家暴保護令聲請費用，應由政府編列預算全額吸收，並修正「非訟事件法」，將保護令的聲請列為「刑事程序」。

26 台灣於二〇〇二年進行民法親屬編夫妻財產制之修正，並三讀通過一〇一八條之一的「自由處分金」制度，條文為：「夫妻於家庭生

活費用外，得協議一定數額之金錢，供夫或妻自由處分。」

27 如果要找電梯服務員或櫃臺服務員，你覺得男性或是女性比較適當？如果要找保全人員，你的選擇還是一樣嗎？如果你的答案是女、男，那麼你可能是根據性別刻板印象而非個人能力進行職業分配。而這種情況，便是性別化的工作區隔。

28 由於傳統上認為女性是「不潔」、「不祥」的生物，所以宗廟內壇、建築工地與施工隧道的地基、即將下水的新船或漁船船頭，都會嚴格限制女性進入，即使是女性工程師也不例外。

29 包括可否結婚（單身條款）、可否懷孕（禁孕條款）、孩子的托育，都有性別差異對待。

30 許多企業明訂女性起薪低於男性起薪，因為男性「才」有養家活口的壓力。

31 相關新聞資料參見李彥甫，〈郵差招考 女性限額 婦團抗議〉，《聯合報》，1999年，第8版社會傳真。

32 相關新聞資料參見蘇秀慧，〈調查局特考 只招七名女性〉，《民生報》，2005年，第A3版今日話題。

33 政策或決策的品質低落有時的確與不具性別敏感度、性別盲目或是缺乏性別知識相關：二○○○年二月九日，一名男子走入超商收紙箱卻抱住女店員強吻兩分鐘。報案後，地方法院二審確定，以「親吻臉頰屬於國際禮儀」為由，判決該行為不構成猥褻。由於判決荒謬，監察院提出非常上訴，卻遭高等法院駁回。這個判決忽略受害者害怕與求救的反應，也無視於強吻對店員的侵犯，反而認定親吻臉頰只是國際社交禮儀。這種以親吻發生的部位，而非當事人的認知與自由意願去判定事件的嚴重性，就是法官缺乏性別知識，無法理解性騷擾、性暴力與侵犯身體自主權力的表現。如果審理法官周遭有人具有性別意識，這種可笑的判決或許不會出現。

34 一九九六年十二月二十一日，爲了紀念女性運動戰將彭婉如夜行失
蹤並強調女性應有夜行權力，婦女團體暨各大學性別研究室發起
「女權火、照夜路」大遊行，要求「還我夜行權」。中央大學性別研
究室負責人何春蕤並喊出口號「豔行無罪，夜行有理」。

35 但其實受限於交通工具、體力與可及能力，婦女、小孩、老人與肢
障者都是非常需要公共空間獲得休憩的群體。

36 譬如「保護」青少年的宵禁、清除違建、廢止公娼、掃蕩街友
（homeless）等活動，都是藉著公共空間的控制達成控制：青少年宵
禁好比大人管束小孩、控制孩子的活動範圍與時間；清除違建改建
公園則是資產階級驅趕貧困民眾，扭轉都市景象朝向仕紳化的步
驟；而空間，便在一波又一波的禁令下成爲控制都市生活的工具。

37 如一九七三年威斯康新麥迪遜分校利用學校基金設立婦女運輸埠，
一週七天，每日七點至深夜兩點，護送學生回家；台灣大學則由二
○○一年開始試辦夜間由校警護送至宿舍或車站。當然，更好的方
式是社區自行籌設巡邏與護送人員，並由使用者決定時間、路線。

38 這個在美國BRAVO頻道播出的節目有許多爭議，批評者認爲眞實世
界的男同有胖有瘦，有貧有富，職業與喜好都不一樣，但節目中的
男同卻非常類似：看起來整潔、有品味、喜好流行、使用名牌、出
入高級場所。他們是有錢有閒的特殊階級，也是依據刻板印象打造
的男同。

39 網站有群體集結式的也有個人網頁或部落格。

40 〈數位地景〉（digital landscape）是我在一九九八年第三屆四性研討
會中發表的論文名稱，旨在點明網絡空間作爲抵抗場所的主體精
神。

41 如婦運相關的新知電子報、同志相關的同位素。

42 台灣目前有網路節目「眞情酷兒」討論同志相關議題，見

第四章　製作性別：社會空間與性別打造

http://www.helloqueer.com/以及「LEZ RADIO 拉子三缺一」討論女
同議題，見http://www.helloqueer.com/lezradio/。

43 女同紀錄片如女兒巢。

44 美學價值之爭奪，有時涉及對於女性身體之權力展現與規訓。依照
傅柯知識與權力的分析架構便可拆解這個身體／城市／政治的議
題。

45 比方説city beautiful movement是定義都市美學形式的想像，city
practice則是定義城市的治理與效率。而目前正爲流行的global city
則與經濟發展與流動政治爲目標。

參考文獻

Anderson, B. (1991). *Imagined Communities: Reflections on the Origin and Spread of Nationalism.* New York: Verso.

Bachelard, G. (1969). *The Poetics of Space* (Jolas, M. Trans.). Boston: Beacon Press.

Despres, C. (1991). "The meaning of home: Literature review and directions for future research and theoretical development". *The Journal of Architectural and Planning Research*, 8(2), pp. 96-115.

Fenstermaker, S., & West, C. (eds.). (2002). *Doing Gender, Doing Difference: Social Inequality, Power, and Resistance.* New York: Routledge.

Garfinkel, I., & McLanahan, S. (1988). "The feminization of poverty: nature, causes, and a partial cure". in D. Tomaskovic-Devey(ed.), *Poverty and Social Welfare in the United States.* London: Westview Press.

Green, E., Hebron, S., & Woodward, D. (1990). *Women's Leisure, What Leisure?* Hampshire: Macmillan.

Harvey, D. (1989). *The Condition of Postmodernity : An Enquiry into the Origins of Cultural Change.* New York: Blackwell.

Hayden, D. (1995). *The Power of Place: Urban Landscapes as Public History.* Cambridge: The MIT Press.

Hutter, B., & Williams, G. (eds.). (1981). *Controlling Women: The Normal and the Deviant.* London: Croom Helm.

Linda, M. (1999). *Gender, Identity and Place: Understanding Feminist Geographies*. Minneapolis: University of Minnesota Press.

Massey, D. (1994). *Space, Place, and Gender*. Minneapolis: University of Minnesota.

Proshansky, H. M., Fabian, A. K., & Kaminoff, R. (1983). "Place identity: physical world socialization of the self". *Journal of Environmental Psychology,* 3, pp. 57-83

Relph, E. C. (1976). *Place and Placelessness*. London: Pion.

Rendell, J., Penner, B., & Borden, I. (eds.). (2000). *Gender Space Architecture; an Interdisciplinary Introduction*. New York: Routledge.

Ross, K. (1988). *The Emergence of Social Space : Rimbaud and the Paris Commune*. Minneapolis: University of Minnesota Press.

Saegert, S., & Hart, R. (1978). "The development of environmental competence in girls and boys". in M. Salter (ed.), *Play: An Anthropological Perspectives*. New York: Leisure Press.

Somerville, P. (1997). "The social construction of home". *Journal of Architectural and Planning Research,* 14 (3), pp. 226-245.

何春蕤（2000）。《性工作：妓權觀點》。台北：巨流圖書公司。

何春蕤（2001）。《同志研究》。台北：巨流圖書公司。

洪文龍（2005）。〈Gay Taipei, gay parade〉。《性別與空間十週年特刊》。國立台灣大學建築與城鄉研究所性別研究與空間研究室

夏曉鵑（2005）。《不要叫我外籍新娘》。新店市：左岸出版社。

畢恆達（1996）。《找尋空間的女人》。台北：張老師文化。

楊長苓（1996）。〈性別意識檢視的空間意義──從婦女敘說資料看社會空間之辯證關係〉。1996年批判的新生代論文研討會。台北：台灣社會研究季刊社。

楊長苓（2004）。《銘印、協商、與抵抗的空間實踐──由康樂里非自願拆遷重思都市規劃與建築歷史》。國立台灣大學建築與城鄉研究所博士論文。

蔡志浩（2005）。〈九十四年大學考試分證入學榜單常見名字〉。取自 http://taiwan.chtsai.org/2005/08/09/jiushisi_nian_daxue_ kaoshi/。

謝佩娟（1998）。《台北新公園同志運動：情慾主體的社會實踐》。國立台灣大學建築與城鄉研究所碩士論文。

第四章　製作性別：社會空間與性別打造

第五章 當代社會中的生活風格與消費

交通大學通識教育中心專任副教授

孫治本

孫治本，一九八六年畢業於國立政治大學社會學系，一九八九至一九九七年在德國科隆大學和波昂大學修習社會學、哲學、文化人類學和漢學，一九九三年獲科隆大學人文碩士，一九九七年獲波昂大學哲學博士。現任交通大學通識教育中心專任副教授及傳播與科技學系兼任副教授。二〇〇〇及二〇〇一年夏曾任德國波昂大學歐洲整合研究所visiting senior fellow。

作者的主要研究興趣包括全球化、生活風格與消費文化、網路文化、科技社會學、經濟與企業社會學、社會學理論。著有《個人化與生活風格社群》、《全球化與民族國家》等專書，譯有《全球化危機》，論文則有〈消費研究中的政治經濟學爭議〉等篇。

教學目標

一、瞭解消費者社會的重要現象。

二、以新的視野探索消費的行動力、創造性，和消費者的欲望及選擇。

摘要

　　當代社會已從「工作社會」蛻變成「消費者社會」，其間社會核心價值的轉變是顯而易見的。工作本身不再是生活的目的，工作只是為了生活、為了消費而需行使的手段，消費受到公開的鼓勵，甚至享樂和奢華也受到公開的頌揚。這促使我們重新審視消費，並發現消費不只是生產的附庸，消費有其創造性，而消費者並非完全受到產業和廣告的操弄，而是其本身的欲望促使其不斷進行消費選擇。個人愈來愈重視生活風格的選擇和表現，消費美學取代了工作倫理，成為消費者社會的主流價值。消費的創造性對文化發展有貢獻，然而消費者永不止息的選擇欲望，使其沉溺於無法不選擇的不自由中。

151

現代資本主義社會曾被認爲是一個「工作社會」。工作社會指涉的一方面是充分就業的社會，一方面是以工作倫理爲核心價值的社會。德國社會學家韋伯心目中的現代資本主義精神，主要即是指使勞動本身成爲生活目的的現代資本主義倫理（Weber, 1988: 35-36）。然而隨著工作時間的減少，及休閒時間和消費可能性的增加，當代社會對工作的態度已經大幅轉變。當然，即使在從前，以工作本身爲生活目的的人也只是少數，然而從前價值觀的主要傳播者，諸如政府、學校、宗教團體、新聞媒體等，強調的確實是工作倫理的重要性和工作對家庭、社會的貢獻，反對的則是奢侈浪費的行爲。然而在當代社會，不僅工作轉而被視作爲了生活、消費的手段，甚至享樂、奢華也受到了前所未有的公開認可、頌揚。當廣告和其他媒體不斷鼓勵消費，闡述消費的意義和價值時，消費似乎成了當代社會的主軸，而用以評價消費的則是個人風格、品味獲得實踐、滿足、展示和認可的程度。

　　在上述背景下，當代社會可謂已從工作社會蛻變爲「消費者社會」。無怪乎包曼（Zygmunt Baumann）認爲，「消費美學」已取代工作倫理，成爲當代社會的核心價值（Bauman, 1998a: 32）。對消費的鼓勵和頌揚，未必是件好事，然而此一既存的現象，催促我們重新審視消費。其實學術界向來缺乏對消費本身的研究，這是因爲傳統上學術研究重視的是生產與生產關係，並不把消費視爲一個獨立的概念，因爲生產可以決定消費，如此，消費概念不過是生產概念的衍生。生產過程決定消費，意味著消費不過是獲得和使用生產出來的產品，而且產品在生產過程中即已決定了其被獲得和使用的方式。

　　然而近年來已經有愈來愈多的學者把關注的焦點轉向（文化）商品的消費者的詮釋、理解，和行動力（agency）[1]（Storey,

2003: 315-357）。他們質疑「生產決定消費」、「消費只是受宰制的被動行爲」等論點，主張直接研究消費者的主體體驗，並認爲消費者有選擇的自由。消費者選擇的增加與個人化趨勢有關，「每位消費者對生活所需，以及願意花多少錢來生活的觀念各異。」（Silverstein et al., 2004: 40）而在當代社會經常必須透過消費展現的生活風格，也因消費的個人化而大大提升了重要性。以下本文先介紹美國社會學者瑞澤（Ritzer）的「消費工具」概念，瑞澤雖主張消費可與生產分別而論，其實仍認爲消費受到了生產的宰制，只是他把對生產的觀察重心從製造業轉向直接服務消費者的服務業。接下來我們將介紹一些闡釋消費者選擇、消費者體驗、消費者創造力，和生活風格愈來愈重要的論述。

第一節　瑞澤的「消費工具」概念

　　人類學者米勒（Daniel Miller）在綜合自己和他人的研究後指出，生產部門和消費部門未必有固定的關係（Miller, 2001: 149-150）；文化研究學者史托瑞（John Storey）甚至認爲，由於消費和生產是可以區分的，因此我們有兩種文化經濟——生產的文化經濟和消費的文化經濟[2]，他說：「……有兩種文化經濟：生產和消費。爲了詳盡分析這兩者，就必須將兩者分開討論。我們不能只從生產的角度來瞭解消費，也不可能不談消費，就能充分探討生產。」（Storey, 2003: 345）

　　以研究消費知名的美國社會學者瑞澤亦注意到消費與生產在研究上的可區別性，卻依然停留在「生產決定消費」的堅持上。

瑞澤主張消費和生產可分開論述，他認為在當代較先進的社會如美國，消費和生產已可清楚區分，而且生產的重要性降低（其指標之一是：從事物品生產的勞工數降低），消費的重要性提高（Ritzer, 1999: 55）。然而瑞澤究竟是怎麼樣研究消費？他其實並不重視消費者的體驗，而是將研究重心置於他所謂的「消費工具」。消費工具其實也是產業，但不是製造大量物品的製造業，而是對消費者提供服務的消費服務業，所以瑞澤的研究其實仍偏重生產，而非直接研究消費者。

　　由是，瑞澤的論述固然有別於傳統政治經濟學，因為他將消費與生產區別開來，同時認為生產的重要性降低，消費的重要性提高，但他的研究還是偏重於產業。而且瑞澤的論述有很強的批判性，認為資本家在控制、剝削消費者。瑞澤的論述與馬克思和新馬克思理論相關，只是他可以說很巧妙地將馬克思的論述做了一場「生產→消費」的轉化，以配合他所謂消費的重要性已超過生產的論點。瑞澤將馬克思關於生產的重要概念轉化為關於消費的概念，這主要表現在兩方面：

　　第一、瑞澤將馬克思「生產工具」的概念轉化為「消費工具」（means of consumption），而且他認為馬克思過度強調生產，是一種生產主義者的偏誤（Ritzer, 1999: 55）。然而如同前述，儘管他表面上把馬克思對生產的強調轉為對消費的強調（馬克思的「生產工具」→瑞澤的「消費工具」），他所謂的消費工具其實也是一種產業。

　　第二、瑞澤的消費工具概念源自馬克思以及新馬克思理論，包括法蘭克福學派（Ritzer, 1999: 53），其論述自然有強烈的批判色彩，因此他在對消費工具的分析中，十分強調剝削關係。然而既然瑞澤主張當代資本主義的焦點已從生產轉移至消費，所以他

主要分析的剝削關係已非資本家對勞工的控制與剝削，而是資本家對消費者的控制與剝削。瑞澤認為資本家影響甚至控制消費者關於是否消費、消費多少、消費什麼和花多少錢消費的決定（Ritzer, 1999: 56）。在他眼中，對消費者的控制和剝削甚至是當代資本主義成功的關鍵（Ritzer, 1999: 53-54）。因此消費工具不只讓我們能利用消費工具來消費物品和服務，也會引導甚至強迫我們消費。某些新消費工具[3]甚至具有準宗教的、魅化的性質，成了瑞澤所謂的「消費大教堂」（cathedrals of consumption），供消費者到其中朝聖，實踐消費宗教（Ritzer, 1999: x）。

瑞澤可謂是消費研究中的馬克思和新馬克思學派的代表人物之一，他強調包括宰制、剝削等批判性的政治經濟學概念，然而他將馬克思的論述做了一場「生產→消費」的轉化，這使他的理論在馬克思和新馬克思學派中顯得富於新意。有別於傳統批判性的政治經濟學，瑞澤研究的不是資本家如何控制、剝削勞工，而是資本家如何控制、剝削消費者[4]。

再者，瑞澤認為某些新消費工具具有準宗教的、魅化的性質，這亦是其與傳統的現代資本主義分析不同之處。韋伯強調現代資本主義中除魅和理性化的精神，瑞澤則看到新消費工具中準宗教和魅化的性質，他且認為，為了持續吸引消費者，「消費大教堂」必須被「再魅化」（reenchanted）（Ritzer, 1999: 104）。不過，新消費工具同時具有理性化、除魅和再魅化的精神（Ritzer, 1999: 77-103）[5]。

分析了瑞澤的論述，我們發現，即使研究者主張消費與生產是可以區分的，這也不必然表示他會重視消費未受生產宰制的另一面。瑞澤所謂的消費工具其實也是產業，而且不管消費工具採行理性化還是魅化的方式，目的之一都是為了操控消費者。所以

嚴格講，瑞澤並未眞正將消費與生產分開。必須直接研究消費者的主體體驗和選擇，才能發現消費不爲生產決定的部分。

產業並非沒有力量，但若說產業的力量能完全影響消費者，就失之於極端和片面了。史托瑞即認爲（文化）產業的權力並不等於文化產業對消費者的影響，兩者應該分別而論，而且必須直接研究消費者的體驗，才能瞭解產業究竟對消費者產生了什麼樣的影響，史托瑞說：

> ……將文化產業的權力與文化產業的影響力區分開來是重要的。兩者太常被混而爲一，卻不必然是同一回事。文化政治經濟學取向的問題在於，它太常假設兩者是同一回事。要探討文化產業影響的程度，需要對在特定社會和經濟條件下被體驗的文化消費進行特殊和詳細的聚焦。更有甚者，如果我們探討的焦點是文化消費，那麼此一焦點必須是被實際體驗的文化消費，而非消費之前的生產關係分析認定會被體驗的文化消費（Storey, 1999: 155）。

我們當然不會輕易相信資本主義生產機制已無法剝削和宰制消費者，因爲產業確實是有權力的，也因此具批判色彩的政治經濟學仍有其存在的必要，但是我們懷疑擁有權力的產業能夠完全宰制消費者。更何況，消費者獲得商品後，還有如何使用商品的問題，而消費者在後者的自由度是較大的。史托瑞所不贊同的（文化）政治經濟學，是那種將「獲得商品」和「使用商品」混淆在一起，而且還認爲「生產就能告訴我們關於文化消費所有需要知道的事情」的文化政治經濟學（Storey, 1999: 156）。

第二節　消費的主動性和創造性

　　馬克思[6]和新馬克思學者，慣於視消費為一種異化的形式，認為消費者處於受資本家宰制的地位。重要的「新左派」學者 威廉斯（Raymond Williams）即認為「consumer作為一個普遍而通用的詞彙，是製造商以及他們的經紀人所創造的」。現代資本主義和商業廣告，會創造消費者的各種需求，而且擁有滿足這些需求的特殊方法。因此「消費社會」一詞無寧是貶義的，被用來批判一個浪費的、「隨意丟棄」的社會（Williams, 2003: 66）。

　　在全球資本主義的時代，大量的消費品在國與國間流動，而所謂的跨國企業生產的商品，仍不脫國族色彩，於是透過「後殖民」術語，關於消費者受宰制的想像，轉化為國與國間的後殖民關係，亦即掌握商品設計權的國家（但不一定是製造國），對商品的接受國進行後殖民。於是似乎形成了一種具國族色彩的跨國消費關係，而消費品也成了國族文化的象徵，在國與國的後殖民關係中，受宰制的消費者透過商品的購買，消費商品所代表的霸權國族文化。基於這種分析視野，日本文化商品在台灣的熱賣，即是日本文化霸權對台灣進行的後殖民。徐佳馨評日本漫畫在台灣：「日本漫畫藉著一個圖框的運作，大量的壓縮知識，巧妙地將之剝去令被殖民者反感的殖民外衣，在文化工業的運作機制之下操作了一個新的殖民方式。」（徐佳馨，2002：102）依據後殖民論述，台灣消費者消費的不但是作為日本象徵的文化商品，甚至於「日本」也變成了象徵與符號，供消費者消費，而這種對日

本的消費欲求，當然是跨國文化產業製造出來的（李天鐸、何慧雯，2003：22、35）。

　　在後殖民論述建構出的消費關係中，跨國文化產業的宰制、剝削力量，獲得霸權國族文化的加持，消費者因此顯得更爲無力，消費者的主體性受到更大的漠視[7]。面對媒介不斷再製的商品化的霸權國家文化，消費者別無選擇，只有接受。即使不考慮霸權國家的文化勢力，在批判理論（法蘭克福學派）眼中，媒介消費者都只是萬能的文化產業的被動接收者。然而正是在媒介消費的研究上，也有很多媒介研究者強調消費者的選擇、行動和創造力形式（Morley, 1995: 307）。

　　在對媒介閱聽者的研究中，我們很容易注意到那些有別於批判理論，相信閱聽者是有自主性的研究。這種不同於批判性政治經濟學的研究取向，部分與詮釋學的傳統有關，因爲詮釋學派注重閱聽者的詮釋力量。文本的意義並非獨立的存在，而是與閱聽者的詮釋有關。文本需要解釋，讀者就是文本的「解釋社群」（interpretative communities）。費雪（Stanly Fish）論「解釋社群」：「什麼是文學」是「讀者或信仰者社群」（community of readers or believers）的集體決定（Fish, 1980: 11）；文本、事實、作者和意圖都是解釋的產物（Fish, 1980: 16-17）。因此文學作品的地位是決定於讀者的解釋和支持的。二十世紀八〇年代起媒介研究者還發現，媒介技術上的進步，能賦予媒介消費者更多的權力，例如錄放影機使消費者能自訂觀看影片的時間，搖控器使消費者的選台期望增高。新的媒介技術還賦予消費者編輯、刪除等改變原訊息的能力（Morley, 1995: 309）。

　　（文化）政治經濟學或批判理論所假設的被動的、受宰制的消費者，只是部分事實。在某些文化研究、傳播學、人類學甚至社

會學對文化經濟和消費的研究中，存在著與政治經濟學建構出的消費者意象不同的視野。這些研究取向主張，消費也展現了消費者的主動性和創造性，甚至於消費對文化的發展能有積極的貢獻。相關的理論中，史托瑞的「行動力」，威利斯（Paul Willis）的「象徵創造力」，米勒（Daniel Miller）的「消費作爲工作」，包曼的「消費者合作社」和「消費美學」，值得我們注意和探討。

史托瑞：消費「行動力」

史托瑞視消費爲（消費者）對商品的詮釋過程（Storey, 1999: 162）。對商品的詮釋即是消費者所表現的一種主動性，史托瑞用「結構與行動力（structure and agency）問題」[8]中的「行動力」一詞表達這種主動性，他對（文化）消費中的消費者行動力的詮釋是：

> 文化消費的實踐是由行動力（agency）所支配的。我所謂行動力是指，在繼承於過去且被經歷於現在的結構中，以有目的的及反省的態度行動的能力。結構就像是語言（而且語言本身就是一種結構），兩者都是既賦予能力又施加限制。亦即，兩者均使我們能成爲行動者（agents），同時也限制我們行動力的範圍（Storey, 1999: 159）。

行動力是一種能力（capacity）或權力（power），但它亦是受結構所限制的，因此我們並不主張消費者能完全不受社會脈絡的影響而自主消費，而是強調消費者並非完全被動的。除了行動力

一詞，史托瑞亦將文化消費視爲「文化製作的實踐」（practice of making culture）（Storey, 1999: 163），如此，文化消費已不只是成品的消耗和使用，而且也是製作。

威利斯：消費行爲中的「象徵創造力」

威利斯認爲象徵創造力（symbolic creativity）是每個人（當然也包含消費者）都具有的，因爲象徵創造力是人類日常行動中的必要工作，是每天都要做的，人類存在的每日生產和再生產要靠象徵創力才能確保（Willis, 1990: 9）。在日常生活中人都是某種形式的文化生產者（Willis, 1990: 128），休閒、消費既然是日常生活的一部分，在休閒、消費中的主體亦是象徵創造力的運用者，亦是文化生產者。

威利斯認爲，必要的象徵工作和象徵創造力貫穿人的整個生活，不過較之於有報酬的工作，遊戲、休閒對象徵創造力的提升和認同的產生更爲重要，有報酬的工作甚至會降低必要的象徵創造力，反之，在休閒中人會有較大的自由和活力（Willis, 1990: 14-15）。在威利斯的眼中，大眾文化存在的意義之一就是使文化消費者能脫離工作所帶來的精神束縛。他認爲，資本主義對一個好的勞動者的要求是有紀律的、空洞的頭腦，對一個好的消費者的要求則是其能對象徵性的事物具有不受限的欲求。大眾文化試圖逃脫生產過程中的資本主義秩序，然而大眾文化卻是在資本主義的休閒消費中找到了有別於生產的資本主義秩序的另類選擇。所以，大眾文化一方面欲逃離資本主義商業，一方面後者卻又提供前者另類選擇的工具和材料（Willis, 1990: 19）。

較之於過去的工作社會，消費社會中的休閒時間較長，因此社會成員常在遊戲、休閒中消費，如果遊戲、休閒之於象徵創造力要比工作之於象徵創造力重要，那麼在遊戲、休閒的消費中，主體發揮象徵創造力的機會要比在工作中多得多。當然，儘管休閒消費的目的是要脫離工作的桎梏，但大多數消費工具還是由資本主義生產體系提供的。

米勒：消費作為「工作」

詮釋學派有所謂「閱讀作為生產」（reading as production）的說法：閱讀本身就是一種文化生產，而且小說的意義不能與讀者賦予它的意義脫離（Storey, 1999: 61）。今天閱讀經常也是一種消費行為，而且其實所有的消費行為，都與消費者的理解、詮釋有關，消費者對消費商品、消費行為的理解和詮釋，是一種創造，是一種生產。以民族誌方法研究消費有成的人類學家米勒則稱消費為「工作」（work）。米勒曾言：

> 消費作為工作（work）可以被定義為，將客體從一個可異化的（alienable）條件轉化（translate）為一個不可異化的條件；亦即，從疏離和價格價值的象徵，轉化為投注了特殊不可分的內涵的產物。商業明顯地想強先占有此一過程，其方式是透過諸如廣告這樣的實踐，這些廣告最常與普遍的生活風格客體相關，然而這並不是說廣告使商品必須以這樣的方式被認知，而且「廣告所提供的」形象不應與社會中的人們真實且意味深長的文化實

踐混淆。這裡所謂工作不一定是轉化客體的體力勞動，它可以指擁有的時間，指作為儀式性禮物或紀念品的特殊呈交脈絡，或是指將單一客體融入文體的展示，這種文體的展示被用來表達創造者在其與參與類似活動的同儕間關係上的位置（Miller 1987: 190-191）。

從生產過程中被拋出的消費商品，是可異化的客體，然而經過消費者的消費後，此一客體被轉化成非異化的，或者如同米勒所說，透過消費活動，商品可以被轉化為「潛在的不可異化的文化」（Miller, 1987: 215），這是因為消費者對消費客體投入了主體的理解和詮釋，此即米勒所謂的轉化（亦可譯為「翻譯」）或工作。

包曼：「文化作為消費者合作社」

傳統的文化觀是以創作者，即文化生產者為中心的，包曼則認為，（文化）消費者對文化意義的開展，也有很重要的貢獻。包曼用「消費者合作社」來說明此種情形。在消費者合作社中，成員消費愈多，貢獻就愈大，而非生產愈多，貢獻才愈大。把文化比擬為消費者合作社，表示（文化）消費者的消費對文化發展有莫大的貢獻，這是因為所有文化性事物都是在消費行動中，在「普通消費者」的日常「作者身分」（authorship）和「演員身分」（actorship）中，獲得其意義（Bauman, 1997: 136-137）。

包曼的「文化作為消費者合作社」（culture as consumer co-operative）概念，比威利斯的「象徵創造力」、米勒的「消費作為

工作」更進一步，直指消費者對文化發展的貢獻。包曼甚至認爲，當今社會成員的首要任務就是在於扮演好消費者的角色（Bauman, 1998b: 80）。在後現代社會中，作爲社會成員的主要資格是消費者而非生產者（Bauman, 2000: 76），此與合作社譬喻呼應，則後現代社會主要是一個消費者合作社，而非生產者合作社。衡量一個消費者是否稱職的標準是消費美學（aesthetics of consumption），消費美學已經取代了工作倫理（work ethic），成爲當今社會的主要價值觀[9]（Bauman, 1998a: 32）。

第三節　消費者選擇和生活風格

　　如果消費者在消費過程中具有自主性和創造性，那就表示消費者不會完全受資本家宰制，而是消費者是能夠選擇的，亦即能自主選擇消費工具、消費商品，並對兩者做出自己的理解和詮釋。政治經濟學派和批判理論則傾向於否定消費者選擇。

　　前述具批判色彩的瑞澤消費理論，視消費關係爲當代資本主義社會中主要的剝削、宰制關係，亦即消費者是當今資本家主要的剝削、宰制對象。如果再細究瑞澤關於消費工具的論述，則資本家是利用消費工具來剝削消費者，而且這背後隱含的事實似乎是：新消費工具的發展使消費者愈來愈難自主選擇。將瑞澤的消費工具概念和馬克思的生產工具概念對照，可以得到此一推論。馬克思認爲，現代資本主義體系下的生產工具愈來愈大型化和昂貴化，因此一般勞動者無力負擔生產工具的成本，資本家卻能夠擁有生產工具，這迫使勞動者將自己的勞動力出賣給資本家。當

代資本主義體系下的消費工具，如大型主題樂園、越洋遊輪等，亦有大型化、昂貴化的趨勢，這似乎亦迫使消費者不得不花錢使用這些消費工具。

因此，消費資本主義的發展，確實會在某種程度上增加消費者對大型消費工具的依賴。然而我們要注意，消費關係、消費工具和生產關係、生產工具間存在著一個重要區別，即資本主義愈發展，比如隨著全球資本主義的再興起，大部分勞動者在生產關係中的選擇就愈少，然而資本主義愈發展，大部分消費者在消費關係中的選擇就愈多。例如全球資本主義使資本家更容易跨國移轉資金及挑選生產地和勞動者，全球競爭的結果使愈來愈多的勞動者難以獲得理想的工資和福利。然而全球資本主義卻使消費品的流通和種類增加，消費者的選擇也因此增加。而且，當大型企業提供的工作位置減少，無法在企業找到工作位置的人會投入小型商店的經營，或者當SOHO族、一人販售者。雖然這些類型的經營者的事業是不穩定的，但此類經營型態在數量上的增加，則確能使消費者在大型消費工具之外，多了許多小眾化的消費選擇。總之，當代資本主義可能使受雇工作位置減少，但消費可能性的增加則是明顯的趨勢，個體與消費有關的選擇、決定也跟著大幅增加。即使是被迫做選擇（詳下），消費者選擇的增加都使得當代社會顯得愈來愈強調個人品味和個人風格。

「消費者選擇」（consumer choice）是一個受到批判理論家揶揄的名詞[10]，然而消費者選擇是消費主動性、創造性的基礎，如果消費者不能做選擇，消費就不可能是主動和具創造性的。包曼對消費者選擇的論述頗值得我們參考，因為他一方面指出了消費選擇的自由，一方面也讓我們認識到這種自由的限制和其後所隱藏的消費者的心理焦慮。

包曼主張「消費」與「選擇」是不可分的，他說：「選擇是消費者的屬性」（Bauman, 1997: 140）。不僅如此，包曼還非常強調「選擇和消費的個人性」（Bauman, 1998a: 30），亦即選擇和消費都是個人化的。反過來講，個人性或個人化，和選擇、消費有密切的關係，包曼在《流動的現代性》（*Liquid Modernity*）一書中，〈個人性〉（Individuality）這一章主要就在講消費和購物（Bauman, 2000: 53-90）。而且包曼認為消費是個人的、孤獨的、寂寞的行動。即使當多個消費者一起行動時，他們各自依然是孤單的，因此並無所謂「集體消費」（Bauman, 1998a: 30）。不僅如此，消費和選擇亦與自由概念習習相關，在消費者社會，自由主要即指充分的消費者選擇，以及將任何生活決定當作消費者選擇處理的能力（Bauman, 2000: 89）。

　　選擇的自由建構了消費者社會的階層階梯（Bauman, 1998a: 31），亦即在消費者社會中，擁有較多選擇自由的消費者，便位居消費者社會的較上層。選擇的自由與財富和所得有關，如果沒有財富和所得，選擇將受到限制甚至於完全不可能，然而財富和所得作為資本的重要性已經退居次位，財富和所得的主要意義在於其能擴展消費者選擇的範圍（Bauman, 1998a: 31）。由此可知，包曼十分清楚「擁有多少資源」與「如何使用資源」是兩回事。

　　然而包曼也注意到消費者在消費欲望中的焦慮，及他們受消費市場誘惑的情形（Bauman, 1998b: 81-83）。包曼說，「自由選擇的本質在於廢除選擇的努力」（Bauman, 1997: 140）。這句話看似弔詭，其實不難理解。我們必須有可能選擇不選擇，才有真正選擇的自由。然而在當今社會，我們無法選擇的恰恰就是不選擇，因此我們都是被迫選擇[11]。由於我們無法不選擇，因此包曼認為，消費者選擇的欲望永遠無法獲得滿足，因為如同我們總是

第五章　當代社會中的生活風格與消費

想要有更多的自由，消費者也總是想要有更多的選擇（Bauman, 1997: 40），因此，選擇的欲望永遠無法停止，永遠無法獲得滿足。

　　由於無法停止選擇，消費者的心理焦慮也無法停止。針對消費者選擇的欲望，資本家會不斷施以「誘惑」。包曼非常強調「誘惑」在消費者社會中的重要性，他認為對生產者而言，最重要的是規範性規則，生產者社會如無規範性規則的施行將無法運行，而消費者社會如無誘惑亦將無法運行（Bauman, 1997: 39）。然而包曼強調的誘惑（seduction），與批判性的政治經濟學派所強調的宰制是非常不同的，因為必須消費者先「想要」被誘惑，誘惑才有成功的可能，而且誘惑的存在並不能否定消費者面對消費商品時是可以選擇的（Bauman, 1998b: 83-84）。消費者想要被誘惑，受到誘惑後可能會沉溺其中，但這有別於被強迫消費，亦即在消費者社會中，「強迫」（compulsion）已轉化成「沉溺」（addiction）（Bauman, 2000: 72）。不過，我們也可以說，強迫消費者的雖非外在的資本家，但卻是消費者內在的欲望，亦即消費者內在對於選擇和被誘惑的欲望，迫使消費者不斷地接受誘惑的刺激和選擇。這種欲望是先於誘惑即存在於消費者心中的，因此並非如批判理論家所主張的，消費者的欲望都是產業製造出來的。

　　消費者選擇的自由連帶使生活風格概念日益重要。薛尼（David Chaney）認為，生活風格概念在現代世界中非常重要，每個人都可選擇一個生活風格概念去描述他自己或他人的行動，而「生活風格是使人有所區別的行動類型」（Chaney, 1996: 4）。不過事實上，如前所述，在傳統的現代性中，生活風格只是附屬於階級的概念。要自一九八〇年代起，生活風格概念才日益重要，麥爾斯（Steven Miles）認為其原因包括個人化過程所導致選擇的自

由，以及享樂和消費取向的新中產階級興起（Miles, 2000: 17-18）。

因此，消費的暢旺和消費者選擇的增加，會使生活風格概念的重要性提升，這不僅使消費不再只是受生產決定的異化現象，也使生活風格不再只是階級或身分團體的附屬概念。費澤史東（Featherstone）即認為，傳統社會學視生活風格為身分團體的表現，在當代消費文化中，生活風格則確實是個人特色的象徵，而這跟選擇自由的增加有關。生活風格的選擇不再只受固定身分團體的制約，事實上，我們正邁向沒有固定身分團體的社會（Featherstone, 1991: 83）。

如果依傳統社會學的觀點來看社群認同與消費行為，會認為同一社會階級或社群的成員，得以透過相同的消費行為來凝聚認同，換言之是先有社群和社群認同，然後促使社群成員展現相同的消費行為。現在看來，則一個人的文化消費可能直接決定其於文化與社會空間中的位置（Storey, 1999: 128），也就是說，生活風格本身成了把人分類的標準，生活風格並且成為社群形成的指標和動力。

上述主張在學界正蓬勃發展，例如哈拉第（Stefan Hradil）（1987）的「社會氛圍」（social milieus）概念，便是以生活風格作為社會分類的指標。賀寧（Karl H. Hörning）及麥伽羅（Matthias Michailow）（1990）也認為，生活風格是一種「社會形成」（Vergesellschaftung）、社會整合的形式。錢尼（David Chaney）（1996: 3-14）亦認為，生活風格是一種現代的社會分類（social grouping；亦可譯為社會組合）形式，這雖是指地位（身分）的分類，然而錢尼所謂的以生活風格界定的地位，並非以資源和聲望的據有為界定指標，而是以如何使用資源與聲望為指標，這就使

這種由生活風格所決定的地位，有別於階級概念下的地位，而且生活風格主要與消費有關，階級則主要與生產有關。

因此，政治經濟學看重的是資源和聲望的據有，較新的觀點則重視資源和聲望的使用，而且認為資源和聲望的據有未必能決定資源和聲望的使用，亦即生產和生產關係未必能決定消費，因為消費牽涉的不只是擁有多少資源的問題，還牽涉如何使用資源的問題。如果個人在如何使用資源的問題上有更多的選擇自由，則一個人如何消費會決定他是什麼樣的人，而且認同不是我們是什麼而是我們正在變成什麼（Storey, 1999: 145）。因此在消費者社會中，認同可能具有高度的變動性，而這與可變的消費體驗是相關的。注重生產關係，並假設產業對消費者的影響無遠弗界的（文化）政治經濟學，有必要以新的視野補充。

再者，消費者選擇指涉的那個孤單做選擇的主體，是使消費研究在某些方面可以完全不考慮政治經濟學的關鍵。即使消費可以與生產分別而論，然而廣義而言，哪裡有社會連帶（social solidarity），哪裡就有政治（Thompson et al., 1999），因此不但生產者之間（馬克思所強調的資本家與勞工間的關係），和生產者與消費者之間（瑞澤所強調的資本家與消費者間的關係）有政治，在消費者與消費者的關係中，也有政治，例如前述包曼所謂依選擇自由的多寡界定的消費者社會的階層階梯，或依經濟、文化、社會資本界定的消費者社群（生活風格社群）內部的等級（孫治本，2004：151-157）。雖然這種消費政治有別於傳統政治經濟學的生產政治，但它畢竟還是政治。然而由於我們能確認那個受內心無止盡的選擇欲望驅使，孤單做選擇的消費個體的存在，使得消費研究中存在著一塊甚至與消費政治無涉的領域。

第四節　結語

　　當代的消費熱促使學術界以新的視野觀察消費，並開始承認消費者自身的選擇、詮釋、主體體驗、創造力。本文介紹了與此相關的各家論點，而且覺得這些相關論述可分為兩個面向，其一是強調消費者選擇、創造的積極性，和其對社會文化發展的貢獻；另一個面向則強調消費者選擇、創造的頹廢性，亦即消費者永不止息的選擇欲望，對被誘惑的渴求和沉溺。這兩個面向都是消費者選擇表現出的事實，亦即文化消費者的頹廢性和其對文化發展的積極貢獻可以並存。包曼的論點能兼顧這兩個面向，似乎最值得激賞。尤其甚者，包曼確定了那個個人化的、孤單選擇的消費主體的存在，使得無涉於社會連帶，亦即無涉於任何政治的消費欲望，成為可研究的對象。

註釋

1 agency和agent的中譯法，前者有「能動性」、「施爲」、「行動」等較常見的譯法，較少見的則有「能動作用」（周業謙、周光淦的譯法，見Jary, D. & Julia, J., 1998: 14）、「主動性」（張君玫的譯法，見Storey, 2001: 216）；後者有「施爲者」、「行動者」等常見的譯法。筆者認爲這兩個名詞的中譯最好能表現出agency和agent在字源上的關係，而且要能表現出agency是一種「能力」或「權力」，因此筆者將agency譯爲「行動力」，將agent譯爲「行動者」。

2 法國年鑑歷史學派學者布勞岱甚至認爲，除了生產和消費，介於兩者之間的「交換」或「流動」，亦是經濟之下的一大領域，因此經濟一共可分爲生產、交換和消費三個領域（Braudel, 1999: 6）。布勞岱著《十五至十八世紀的物質文明、經濟和資本主義》一書，第一卷談消費，第二卷談交換，最後第三卷才談生產。雖然布勞岱無意否認生產是主要問題（Braudel, 1999: 6），然而他這種將經濟區分爲三個領域，而且可說是逆向研究的方式，顯示消費有單獨被研究的必要，而且消費和交換的研究，可能有助於我們瞭解生產。

3 筆者以爲什麼是消費大教堂，可由消費者主觀界定，不同消費者的心目中有不同的消費大教堂，大型購物中心、遊樂園等都可能是某些消費者心目中的消費大教堂。

4 瑞澤在《社會的麥當勞化》（*The McDonaldization of Society*）一書中，提出「麥當勞化」的四個面向：效率（efficiency）、可計算性（calculability）、可預測性（predictability）、透過非人技術的控制（control through nonhuman technology）（Ritzer, 2000: 11-15），其中控

制面向即包含麥當勞對消費者的控制（Ritzer, 2000: 113-117）。

5 瑞澤所謂的新消費工具有別於傳統消費工具之處，即在於前者不論是在理性化還是魅化的程度上，都比後者強。例如，先進的連鎖便利商店較之於舊時的零售商店，一方面有理性化程度高得多的管理、物流，一方面又強調裝潢布置的氣氛及符號象徵意義的操弄（此即魅化力量的運用）。當然，新、舊消費工具間並無絕對的界線，但前者在理性化和魅化的程度上都超過後者。

6 關於馬克思論消費與異化，可參閱Bocock（1995: 65-78）。

7 其實日本文化商品的台灣消費者，不是想像中全然的受操弄、受宰制者，關於他們實際體驗的敘述，顯示他們對日本文化商品的消費是有主體性的。因此，如果只把外來文化商品的暢銷視為文化殖民、文化侵略，恐怕並不周延（孫治本，2004：117-128）。

8 參閱Jary, D. & Julia, J.（1998: 679-681）。

9 包曼特別強調，整合消費者社會的是美學而非倫理（Bauman, 1998a: 31）。依包曼所言，則談論一種「消費（者）倫理」的意義似乎不大。

10 威利斯說消費者選擇是「一個令人好奇的片語」（Williams, 2003: 66）。

11 Bauman論述所隱含的這層意義，與德國社會學家貝克（Ulrich Beck）的個人化論述是相同的。貝克及其妻伊莉莎白（Elisabeth Beck-Gernsheim）認為，在個人化的時代，個人的選擇大幅增加，然而個人是被迫選擇（Beck & Beck-Gernsheim, 1994: 14）。包曼亦為研究個人化的重要社會學者，著有《個人化的社會》（*The Individualized Society*）（Bauman, 2001）。

問題討論

一、一個人的消費行為完全受到企業和廣告的操弄嗎？

二、從你個人的消費體驗，談談消費者選擇和消費的主動性。

三、消費也能是創造性的嗎？消費對文化的發展能有什麼樣的貢獻？

四、生活風格真的愈來愈重要嗎？你覺得一個人的風格和品味是如何形成的呢？

五、消費只關乎美學嗎？還是消費也與倫理有關？

參考文獻

Bauman, Z. (1997). *Postmodernity and its Discontents*. Cambridge: Polity Press.

Bauman, Z. (1998a). *Work, Consumerism and the New Poor*. Buckingham: Open University press.

Bauman, Z. (1998b). *Globalization: The Human Consequences*. Cambridge: Polity Press.

Bauman, Z. (2000). *Liquid Modernity*. Cambridge: Polity Press.

Bauman, Z. (2001). *The Individualized Society*. Cambridge: Polity Press.

Beck, U. & Beck-Gernsheim, E. (1994). "Individalisierung in modernen Gesellschaften-Perspektiven und Kontroversen einer subjektorientierten Soziologie". in the same(eds.), *Riskante Freiheiten-Individualisierung in modernen Gesellschaften*. Frankfurt, M.: Suhrkamp.

Chaney, D. (1996). *Lifestyles*. London: Routledge.

Featherstone, M. (1991). "The body in consumer culture". in Featherstone, M., Hepworth, M., & Turner, B. S. (eds.), *The Body, Social Process and Culture Theory*. London: Sage.

Fish, S. (1980). *Is There a Text in This Class? The Authority of Interpretative Communities*. Cambridge, MA: Harvard University Press.

Hradil, S. (1987). *Sozialstrukturanalyse in einer fortgeschrittenen Gesellschaft-Von Klassen und Schichten zu Lagen und Milieus*.

Opladen: Leske + Budrich.

Miller, D. (1987). *Material Culture and Mass Consumption.* Oxford: Blackwell.

Miller, D. (2001). *The Dialectics of Shopping.* Chicago: The University of Chicago Press.

Miles, S. (2000). *Youth Lifestyles in a Changing World.* Buckingham: Open University Press.

Morley, D. (1995). "Theories of Consumption in Media Studies". in Miller, D. (ed.), *Acknowledging Consumption-A Review of New Studies.* London: Routledge.

Ritzer, G. (1999). *Enchanting a Disenchanted World - Revolutionizing the Means of Consumption.* Thousands Oaks, California: Pine Forge Press.

Ritzer, G. (2000). *The McDonaldization of Society (New Century Edition).* Thousands Oaks, California: Pine Forge Press.

Storey, J. (1999). *Cultural Consumption and Everyday Life.* London: Arnold.

Thompson, M., Grendstadt, G., & Selle, P. (1999). "Cultural Theory as Political Science". in the same(eds.), *Cultural Theory as Political Science.* London: Routledge.

Weber, M. (1988). "Die protestantische Ethik und der Geist des Kapitalismus". *demselben: Gesammelte Aufsätze zur Religionssoziologie I* (9. Auflage). Tübingen: J. C. B. Mohr, pp. 17-206.

Willis, P. (1990). *Common Culture.* Milton Keynes: Open University Press.

Bocock, R. 著，張君玫、黃鵬仁譯（1995）。《消費》。台北：巨流圖書公司。

Braudel, F. 著，施康強、顧良譯（1999）。《十五至十八世紀的物質文

明、經濟和資本主義（卷二）》。台北：貓頭鷹出版社。

Jary, D., & Jary, J. 著，周業謙、周光淦譯（1998）。《社會學辭典》。台
　　北：貓頭鷹出版社。

Silverstein, M., Fiske, N., & Butman, J. 著，陳正芬譯（2004）。《奢華，
　　正在流行》。台北：商智文化。

Storey, J. 著，張君玫譯（2001）。《文化消費與日常生活》。台北：巨
　　流圖書公司。

Storey, J. 著，李根芳、周素鳳譯（2003）。《文化理論與通俗文化導
　　論》。台北：巨流圖書公司。

Williams, R. 著，劉建基譯（2003）。《關鍵詞：文化與社會的詞彙》。
　　台北：巨流圖書公司。

李天鐸、何慧雯（2003）。〈我以前一定是個日本人？──日本流行文
　　化的消費與認同實踐〉，載於邱琡雯編，《日本流行文化在台灣與
　　亞洲（II）》。台北：遠流出版公司，頁14-41。

孫治本（2004）。《個人化與生活風格社群》。台北：唐山出版社。

徐佳馨（2002）。〈圖框中的東亞共榮世界──日本漫畫中的後殖民論
　　述〉，載於李天鐸編，《日本流行文化在台灣與亞洲（I）》。台
　　北：遠流出版公司，頁88-108。

175

第六章　符號社會與消費文化的興起

元智大學社會學系助理教授

王俐容

作者簡介

　　王俐容，台灣大學社會系社會學組學士、政治大學新聞研究所碩士、英國華威大學（University of Warwick）歐洲文化政策與藝術管理碩士、英國華威大學文化政策研究中心博士，曾任南華大學環境與藝術研究所助理教授。著有〈全球化時代的多元文化主義〉、〈文化政策中的經濟論述：從精英文化到大眾經濟〉等數篇論文。

教學目標

一、結合消費理論的介紹，幫助同學更理解資本主義與後現代社會中的消費行為與其影響。

二、尋求在消費社會裡消費者所處的位置，以及各種反抗的可能。

摘要

　　針對當代符號社會與消費文化的現象進行介紹與闡釋，幫助同學理解二十世紀後半期，隨著資本主義全球化的影響，不論是西方社會或是台灣，都進入了一個全面性的消費社會時代：不僅意味著一種社會經濟成長、工業化、都市化或是現代化的結果，消費更是涉及文化符號與象徵的行為，與文化過程、身分認同與文化生產息息相關。

　　課程內容分為幾個部分：消費社會發展的簡介、消費文化的意涵與影響，以及各種不同理論家如何說明消費與當代社會的關係，如馬克思、阿多諾、馬庫色、布希亞等人（Jean Baudrillard）。

179

消費在當今社會已經成為文化現象，並逐漸成為社會學領域一個重要的面向。以下茲就消費社會的發展、消費文化的意涵與影響、消費與當代社會及符號社會的消費四方面作一敘述。

第一節　消費社會的發展

消費社會的誕生可以追溯到十六世紀到十八世紀之間，當時資本主義抬頭，生產擴張，消費也迅速成長。布柯克（Rober Bocock）（1996: 23-54）將消費社會的發展分為幾個階段：

十七至十八世紀的早期消費模式

當時早期的資本主義模式逐漸在英國形成，如雇用合法的薪資勞動（有別於中世紀的奴隸），並在自由市場上販賣商品，以一種和平、有系統與合理的方式來謀求利潤（Bocock, 1996: 23），學者描述，十八世紀的英國發生了一場消費者革命：

> 在人類歷史上，從來不曾有那麼多的男男女女享受過這種物質財產的經驗。千百年來只有富人才能擁有的東西，在短短幾代之間，不再是一般人遙不可及的夢想，他們也有能力去擁有，這些東西第一次成為所有人合理的渴望（Storey, 2001: 5）。

但是，當時宗教─特別是清教徒─的教義卻不利於消費社會

的發展，清教揭示了禁欲的價值，如不可花太多錢在服飾上，也不應吃太精緻與昂貴的餐點等等。隨著工業化的逐漸發展，清教價值慢慢開始修正，以服膺消費社會的發展。

十九至二十世紀的工業資本主義與消費

　　十八世紀工業資本主義逐漸形成與穩固，進入十九世紀後，在歐洲與美洲產生了新的「中產階級」，他們從工業資本主義中賺了錢，喜歡用消費來展示自己的財富，這群人的消費特質，爲韋伯倫（Thorstein Veblen）所描述的「炫燿性消費」。

　　德國學者齊美爾也針對十九世紀時形成的大型都市中，如柏林、巴黎、倫敦、紐約等地大百貨公司的一些特殊現象進行研究，發現新型都市的商店與設施，具有展示中產階級的穿著、滿足中產階級的消費等功能。

一九五〇至一九八〇的大量消費模式

　　當時社會的特徵在於「大眾消費」模式的出現，除了一貧如洗的人之外，所有的人都投入了消費，一些過去被視爲只有有錢人才能使用的物品，如電視、汽車或度假等等，成爲大眾都消費得起的東西。爲了促進大量消費，廣告與品牌的塑造開始流行並扮演重要的角色。

一九八○年之後的後現代消費模式

消費主義於一九八○年代最為強烈的被重新發現。消費者成為當時的英雄人物，他們被視為不僅是提供購買力，以挹注經濟成長的購買者，同時，消費者被視為現代國民與公民的典範（Dan Slater, 2003: 15）。

這個時期的消費與認同高度連結，名牌、生活風格的運作精密，市場經濟以生活風格、生命階段，以及人們共同的興趣與渴望將消費者進行區隔。經由象徵符號的建構與認同的連結，消費不但是一個經濟行動，更是社會與文化的行為。

從消費社會發展過程可以看出，消費社會與以下三種因素有緊密的連結：經濟因素——工業生產為基礎、無限擴張的資本社會的出現；社會因素——階級距離的接近、社會競爭的趨力、都市的擴張都提供消費社會發展的背景；文化因素——新的個人主義與宗教倫理的改變提供了消費者新的價值觀，影響消費者的行為。

第二節　消費文化的意涵與影響

消費在當今社會，已經成為文化現象，如台灣葡式蛋塔、Hello Kitty的流行、哈日風、哈韓風，或是「台客」與嘻哈文化的出現，都呈現出消費已經成為建構台灣社會文化重要的面向。一

個「嘻哈」少年包括了他的髮型、衣著、球鞋、聽的音樂、看的電影、跳的舞蹈等不同的消費面向,換言之,嘻哈這樣的文化,其實是建立於消費之上。因此,當代消費文化逐漸成為社會學領域一個重要的面向,但是,消費文化指的是什麼呢?這裡我們以丹‧斯拉特(Dan Slater)的說法來解釋消費文化,包括以下幾種不同的意涵與影響:

消費文化是一種消費行為的文化;
消費文化也是一種市場社會的文化;
消費文化以自我選擇來區辨自由;
消費者的需求毫無限制並且沒有滿足的一天;
消費文化為達成身分認同與地位的重要機制;
消費文化象徵在當代權力的運作中具有愈來愈重要的角色(Dan Slater, 2003: 39-51)。

第三節 消費與當代社會

以下舉出諸位理論家對消費與當代社會之看法及說明。

消費與資本主義:從馬克思的商品拜物教談起

馬克思強調,商品生產只是表象,必須要分析探究商品背後的深層結構才行。馬克思將商品分成「使用價值」與「交換價值」二種,大體來說,商品的本質與使用價值兩者之間並沒有間隙,

商品之所以神祕是因為交換價值，這也是後來「商品拜物」（the fetishism of commodity）觀點的產生。人與物的關係看起來是自由的，但其實卻只是交換的關係而已，崇拜某件東西是一種物化，也就是由人類的行動去賦予商品本身所不具備的力量，但最後我們卻把這股力量視為是商品本身所擁有的，人們創造出來的東西反而壓抑人們，所以商品崇拜就是錯把價值當成是內在於物體本身，而沒有承認人類才是生產價值的主流，造成了人的主體性喪失，使得人被物化成商品，馬克思把這種交換價值的神祕化稱做「拜物」（Jhally, 1992: 67）。

馬克思在《資本論》第一卷的開頭，表示：「資本主義生產模式風行社會以後，其財富的表現就在於『堆積如山的商品』；而個別的商品正是此一財富的基本形式。」因為資本主義具體表現在商品生產與交換的社會關係中，如果我們能夠瞭解商品的生產、分銷、交換與消費的原理與過程，我們就能夠掌握並揭開資本主義的面紗。商品的物化，就是一個把「社會」過程，轉變成一種「自然而然」的感覺，外界物體看來好像有其內在的價值，但價值的本質卻是由人類造就的，因此商品崇拜並不是導源於商品的「社會」形式，所謂拜物，就是把原本是社會的屬性，弄成是「自然而然」的過程，提出了所謂的商品拜物教論點（Jhally, 1992: 63-70）。

因此人與人之間直接的社會關係被間接的商品、物化關係所取代，以前人們工作是為了生產、為了滿足需求，現在人們工作則是為了消費，馬克思歸結出對「消費」最優美的定義，在三重定義下，「消費等同於生產」：第一、直接等同；生產即消費，消費即生產；生產性消費，消費性生產。第二、生產為消費提供手段與物質對象。第三、消費完成生產：在消費行動中產品成為

產品、生產者成為生產者；生產產生消費；生產創造消費方式、需求與能力（引自朱元鴻，1991：12-23）。

消費作為一種文化控制：阿多諾與馬庫色

　　法蘭克福學派的學者阿多諾、馬庫色延續馬克思生產與經濟觀點，提出了資本主義意識型態的操控與宰制論點，他們視文化為一種工業，認為文化是一種操弄，其所生產出來的文化是標準化、刻板的、保守的、虛妄、操弄出來的消費品，文化工業讓大眾短視近利，失去了批判、反抗資本主義剝削與壓迫意識。馬庫色指出資本主義透過文化工業，提倡一種消費主義的意識型態（an ideology of consumerism），造成大眾的假性需求，成為一種社會控制的利器（Storey, 2001：26-27）。使得他們體會不到資本主義的非人性，忘記他們所受的剝削與苦難，虛假意識與假性需求的巧妙撩撥，使得消費大眾無法察覺自己正處於受到資本家的剝削與宰制的悲慘狀況。

　　法蘭克福學派批判，在消費社會裡，大眾所擁有和表現的個性、品味（taste）、風格實際來說都是一種「擬個性」（pseudo-individuality），它是文化工業所壟斷的商品，這些商品必須經過資本家選定、允許之後再以大量製造、標準化生產而來的，「擬個性」的風格是文化工業以虛幻的「個異性」（particularity）來掩蓋實質的「普全性」（generality）。縱觀上述，法蘭克福學派認為：消費只是資本主義一種心理操弄及陪襯幫兇的角色而已，在阿多諾與霍克海默合著《文化工業》這本書中，他們嚴厲指責批判資本主義商業體制下，文化產品淪為商品，是少數人買辦操控下的

大量生產，大量傾銷的文化罐頭，絕非人類真實需求和自發性的創造，而是自由資本家所撩撥的假性需求，而非消費者真正的需求。大眾產品的製作、配銷、消費受制於一套系統化、理性化的程序，與其他工業生產方式相同，皆受市場經濟所左右，因此僅能反映流行的社會價值，成為社會宰制個人的工具，妨礙個體自主性的發展。大眾文化壓抑個人的理性發展，控制個人心理，以休閒娛樂麻痺大眾意識，滿足虛假的需求，造成權威崇拜，喪失自主性，人格空洞化（陳學明，1996）。

消費作為一種溝通行為

一、韋伯倫的「炫耀性消費」

商品是意義的傳遞者，消費是一種可以傳達意義的溝通行為，韋伯倫是最早將這個概念運用至現代社會的學者，他於一八九九年出版的*The Theory of the Leisure Class*書中提出了所謂的「炫耀性消費」（conspicuous consumption）的概念。根據他的說法，「休閒階級」他們將擁有財產視為是一種榮耀的表徵，這逐漸演變成一種競相追逐金錢（pecuniary emulation）的鬥爭。但光是擁有財富並不足以獲得他人的尊敬與景仰，必須透過某種公開儀式以展現自身的財力，也就是必須經由一些明顯的、易為人所看出來的活動加以彰顯及表達財富，以便受人尊重，也因此「炫耀性有閒」（conspicuous leisure）、「炫耀性消費」遂成為公開展示其財富與地位的首要方式（Storey, 2001: 50-53）。

休閒階級的人認為生產性的工作是沒有價值的，他們以非生產性的方式來消費時間，刻意炫耀自己悠閒、無須從事有用的勞動工作來傳達自己的榮耀，因此，不從事勞動遂成為一種尊榮，他們藉由消費活動來突顯自己的與眾不同。在消費財貨上，他們是非常奢侈與浪費的，他們有充裕的時間與金錢過著悠閒與怠惰的生活，藉由炫耀性消費向他人投射、展露、表演出他在消費行為上浮華大方、富有排場等符號與風格，休閒階級的消費必須有一定的品味以彰顯自己獨特、與眾不同的身分地位，而這就是所謂的炫耀性消費。此外，炫耀性消費亦須有所謂的「劇場化」的場合或空間來加以展現，此劇場或空間表現在如嘉年華會、宴會、舞會與酒會等（陳坤宏，1995：29-31）。由此可知，在現代社會中，有閒階級藉由他們在經濟上花費的顯著財富奢侈符號，以此讓他人對他們獲得較深刻的印象，炫耀性消費能有效地顯示個人的財富，彰顯自身成就地位與受人尊敬的主要表徵。易言之，經由個人炫耀性消費名牌精品，商品所隱含的符號意義與其所象徵的品味之社會分化，可來作為展現社會地位高低的依據。

二、齊美爾：社會區隔與模仿

　　齊美爾指出生活風格是一種時尚（fashion），就是由精英所創造出來的時尚，而其他階層的大眾加以模仿，透過這些生活方式，人們試圖在社會平等化傾向與獨特的個性之間達成妥協，於是時尚就成了一種生活方式，更變成一種大眾的生活風格（Simmel, 1957: 541-558）。精英階層之所創造時尚的生活風格的目的是將己身與一般大眾予以區隔，精英階層不斷地推陳出新、創造出新的流行時尚指標，為的是突顯自己尊貴的身分地位及獨特

的品味與生活風格,他們永遠在創造流行,此時下層階級的普羅大眾欲藉由模仿上層精英階級的食、衣、行、育、樂等生活方式,企圖藉此以提升自身的品味與地位。

上層階級的精英創造時尚,大眾模仿精英,而精英為了區隔自己與大眾的不同,因此精英再去創造不同的流行時尚,大眾發現與認知到上層階級精英的更新時尚後,再去學習與模仿,上層階級的精英不斷地創造新時尚與流行趨勢,使得身屬下層的一般社會大眾只能在後面努力的追趕,怎麼追永遠也追不上上層流行的更新與汰換速度,這形成了一種永無止境的循環,使得時尚得以一直的延續下去。因此,精英階級總是不斷且快速地創造新流行,讓下層階級怎麼追永遠都追不上上層精英階級的變化速度,避免下層階層很快趕上精英階級的生活風格與時尚品味。精品的使用是一種時尚的生活風格方式,它一方面使人們模仿他人,另一方面又避免自己與他人雷同,由此品味與生活風格總是在模仿與區辨這兩個極端之間作動態的調和。因此,在模仿與區辨之間,人們總是盡力去模仿在社會空間結構中較我們為上層的人的生活風格,而避免與社會空間中較我們為下層的人雷同,並極力將自己與他們區辨開來。

三、布迪厄:文化資本

布迪厄認為消費不只需要經濟資本,更需要文化資本;資本不只有一種單純的經濟形式,他將資本分成經濟資本、文化資本、社會資本與象徵資本這四種形式:

(一)經濟資本

是由不同的生產要素（如土地、工廠）及經濟財貨總體（如收入、遺產）所構成。

(二)文化資本

布迪厄指的文化資本相當於知識能力資格總體，由學校或由家庭傳承下來，文化資本又可分成三種形式：

1.內化形式像個人舉止風範。
2.客觀形式像文化財貨，如名畫收藏或名牌精品。
3.制度化形式像經由制度的社會性認可，如學歷。

(三)社會資本

指個人或團體所擁有的社會關係總體。社會資本的獲取需要靠關係的建立與維持，即從事社交聯誼工作、相互邀請、維持共同嗜好等。

(四)象徵資本

相當於所有牽涉到名望及認可的一套規矩，如禮遇。象徵資本是對上述其他三種資本之擁有的認可所帶來之信用及權威，是一種他人事先賦予社會施為者的信仰及信任。

同一社群裡的習性一致性，是社會裡不同的生活風格的基礎，而所謂的生活風格是指有系統代表一個階級或其中一部分成員的品味、信仰和習慣的總和，它包括如政治立場、哲學信仰、道德信仰、美學偏好、飲食、服裝、文化等習慣，生活風格類似

生活方式與生活模式的概念，每個人會因為習性的不同，即使在同樣經濟的生活水準下，可以有非常不同的生活風格。文化消費是一項社會活動，也是一種日常生活實踐。透過文化消費，人們可以實現許多不同的社會與個人目的；經由消費，我們可以生產並保持特定的生活風格（Storey, 2001: xiii）。因此，在現代資本主義的世界裡，我們可以從人們的穿戴衣服、飾品得知社會階級與等差如何經由符號來傳達，衣服飾品、外在的裝扮反映了人的活動時間、活動場所、社會地位、年齡、種族、次文化與風格品味（Jhally, 1992: 43）。

文化消費是被用來標示與維持社會區分，文化財貨的認識與消費是有分級作用的，每一種類別分為不同層次的區別，像是大眾品味、中等品味及高級品味，因此，文化財貨的消費是很不平等的，這除了反映了經濟上的不平等之外，亦是一種文化領域階級鬥爭。文化的消費會隨著社會階級的不同而不同，也會隨著自身所擁有的資本總量及資本結構而有所不同，宰制階級透過某種區別策略來維持其位置，也藉由定義「好的品味」並強加在其他人身上來維持其宰制位置，區別就是在各個文化實踐之間，維持一定的差距，一旦某種實踐被流行且廣為流傳，失去了區別的差異，此時宰制階級就會再另外找其他屬於上層階級的文化實踐來取代之。

消費作為一種文化實踐：米勒

消費其實也是文化，是一項社會活動，亦是一項日常生活實踐（the practice of culture），透過消費的實踐，人們創造了文化，

經由消費，人們可以生產並保持特定的生活風格，在功成名就時，消費讓人們有錦上添花的象徵工具，消費可以滿足人們的需要，實現人們的欲望，消費可以彰顯社會差異，並維繫這樣的社會區分，文化消費就是文化實踐。文化研究的學者米勒表示文化不僅是人造物品的集合，也不只是消費這些物品的人民，文化是文化消費過程本身的一個結果，米勒從對象化的概念出發，提倡一種文化的理論，指出「無論先有主體，或先有客體，只有一種兩者相互建構的過程，在歷史上不斷發生」，正是在這種相互建構的過程中，文化被創製出來，透過外化成為形式，然後揚升或內化此一形式，藉著堅持主客體之間相互建構的過程，米勒避免將文化化約到只是生產或只是文化消費的單純結果，文化消費就是一種創製文化的過程，是堅持結構和主動性兩者之間的積極關係（Storey, 2001: xiii-xiv, 220）。

米勒表示：

> 大眾貨品代表了文化，不僅因為它們構成了我們活動的環境，更因為它們構成了對象化過程中不可或缺的一部分，而我們透過對象化來自我創造成為此一工業社會：我們的認同、我們的社會關係、我們生活的日常實踐。物品作為文化的真實性，並不是來自其與歷史風格或製造過程的關係—換言之，其中並沒有任何內在的真理或錯誤—而是來自於它們主動參與社會自我創造的過程，在其中，這些物品直接構成了我們對自我與他人的理解。當代客體之實用性的關鍵判準在於，是否能夠從其生產力量中，抽取出來加以挪用，這些生產力量必然幾乎都是異化的。在這樣的挪用中，透過消費的活動，貨

品發生了質變，變成一種潛在的非異化文化（Storey, 2001: 221-222）。

　　對消費的學者來說，文化並不是一系列的客體或文本，而是一個創製（making）與化成（becoming）的動態過程，運用文化商品以達到創製與化成的目的。文化消費基本上是一個社會作為（social act），永遠都受到社會脈絡與社會關係的影響，文化研究的關心重點在於人們如何在文本與實踐的消費當中，去創製文化（to make culture）。正如同馬克思（Marx, 1977: 10）討論歷史時所說的：我們創造文化，但我們用以創造文化的條件與商品都不是我們自己的創造。其實文化消費並不是一般所謂的對文化的消費（the consumption of culture），只是消費某一樣被標示為文化的東西而已，而是強調文化消費生產了文化，意即我們透過挪用生產的商品來創造了文化，因此文化消費的學者米勒強調：文化的製造是複雜而矛盾的，不能完全由決定與操弄的概念來解釋全部。由此導引出消費者在購買精品時並不是完全受到資本家所宰制，他們在消費名牌商品時，透過文化消費的作用，自己會在當中賦予特殊的認知、情感、文化上的意義，此時，精品消費已跳脫傳統法蘭克福學派文化工業的單向宰制，消費具有對異化環境中所製造的商品與服務，持續加以挪用、並將它轉化成非異化的文化，同時也會被不同的社會團體以不同方式加以重新的脈絡化，並給予意義。由此，人們一方面藉由消費物品來內化自己，擁有精品是種肯定自己的身分地位及能力的表現，另一方面亦是一種用物品消費來向他人展示的工具。

第四節　符號社會的消費

以下探討布希亞及布迪厄對符號社會的消費所持的看法。

布希亞：商品的價值的轉變

布希亞曾說過：「物品不只是它所傳遞的訊息：物品的意義不只是它的本義（denotation）和延伸義（connotation）。訊息傳遞的承體本身有一個深沈而難以知覺的意義，它改變了我們的感覺與實踐行為（comportement portico-sensible）。」他指出：「物品的意義並不限於它的物質成分和實際用途。物品依生產體系目的而行銷：在物的世界裡，物品受到強大的宰制——這些明顯易見的現象，卻不能隱藏物品有形成邏輯一致的『記號』體系之傾向，消費的概念由此導出。」（Baudrillard, 1997: xxiv）

布希亞認為，消費是文化符號以及符號之間的關係，消費是建立在匱乏之上——永遠欲求自己所沒有擁有的東西，因此，消費是不會停止的，因為它是一個理念上的實踐，所以也就沒有最終、生理上的饜足，致使在經濟衰退時，消費的欲望仍會持續。由此，消費已經變成一個主動的過程，它牽涉到集體與個人的認同感，這種認同感是由人們自己主動去建構，消費者購買衣服、食物、身體裝飾或娛樂，他們透過自己所消費的東西來創造出他們是誰，由此可知，認同是透過消費模式在進行建構與維持

193 •••••

（Bocock, 1996: 103-107）。透過消費名牌商品其中的符號意義，個人得以想像大眾賦予在名牌身上的高貴、獨特意涵，並將此品味的符號意義投射至自己身上，藉由消費名牌商品來告訴他人：我是誰？我想要成為誰？

布希亞指出消費有四種運作邏輯：

第一、使用價值的功能邏輯（the functional logic of use value）：強調「功能、實用」邏輯，「功用」是其運作的原則，認為物品的本質就是「工具」，比如敲釘子的榔頭。

第二、交換價值的經濟邏輯（the economic logic of exchange value）：強調「市場」邏輯，「等同」是其運作的原則，認為物品的本質就是「商品」，比如可以拿來交換別的東西或是金錢。

第三、符號價值的差異邏輯（the differential logic of sign value）：強調「地位」邏輯，「差異」是其運作的原則，認為物品的本質就是「符號」，比如我戴的一個普通戒指，它對於別人來說是一個符號，它是可替代的，並且是流行系統、一種符號的一部分。

第四、象徵交換的邏輯（the logic of symbolic exchange）：強調「禮物」邏輯，「矛盾」是其運作的原則，認為物品的本質就是「象徵」，比如一個結婚鑽戒，對於兩個人來說是獨一無二的，具有報答性質的、兩面價值的，將一個情況、地點與時間予以象徵化。

布希亞認為只有「第三種符號價值的差異邏輯」才是真正的消費邏輯。物品成為消費的對象是因為它是符號，遵循差異化邏輯（logic of differentiation）的符號（劉維公，1991：48-50），意即消費者不再以物品價值的使用為目的，它已經變成如何具有差異性的符號價值，如此消費不再只是經濟行為，而是轉化為種種

符碼下，以被差異化的符號為媒介的文化行為。同類型的物品會因賦予不同符號意義而有差異，對消費者會具有特殊的吸引力，例如同樣都是皮包，名牌包與路邊攤買的皮包雖然都是人們用來裝東西的袋子，但是名牌包因與路邊地攤皮包具有差異的符號意義，人們對其會產生不同的社會價值評判與認同，因此，在購買行為上會產生不同的意義與價值。

布迪厄：特定文化象徵與階級對於消費的影響

　　布迪厄跳脫馬克思的經濟決定論，跳脫社會僅只是依照經濟的標準來區分為對立的社會階級的概念，他針對習性、社會空間、社會場域以及象徵在消費過程中扮演的角色，發展他獨特的消費理論。布迪厄指出消費不僅表達了經濟差異，這種差異只是一組自主的經濟因素所致，消費更是一組社會與文化實踐，它建立了社會團體之間的差異，因此影響消費模式並不僅只是收入，還有文化及象徵的因素。布迪厄認為消費牽涉到符號、象徵和價值，他把這個想法結合到社會身分這個概念中，提出消費不應該只是一組符合生物需求的滿足而已，而是社會身分團體利用特定消費模式來彰顯自身生活方式的情況，他結合了資本主義社會經濟結構以及文化象徵與符號結構的概念（Bocock, 1996: 100-103），提出從社會空間及社會場域出發的觀點，來分析團體位置及相互關係，藉此瞭解社會秩序再生產的走勢。

　　布迪厄指出，不同的階級會有不同的消費行為及品味，同一階級因具相似的思維結構及相同的習性，因而會有特定的消費風格。文化消費構成了一種社會區分的獨特模式，布迪厄認為品味

絕不僅只是一個美學的範疇而已，他指出品味會分類，也會分類分類者（taste classifies, and it classifies calssifiers），我們被自己的分類給分類了，同時也用別人的分類來分類別人。因此，文化消費的操作不僅指明與標示社會區分，同時也在維持社會差異，這種分類策略本身雖然不能製造社會不平等，分類的製造、標示與維持，卻讓這些不平等取得正當性，所以品味是一種深具意識型態的論述，成為「階級」的標記（階級本身具有雙重意義，一方面是指社會經濟的範疇，一方面是指特定的品質水準）（Storey, 2001: 61）。

　　布迪厄表示：「品味」是表現在生活風格、藝術、休閒與文化等消費活動中的審美判斷，他指出「品味」絕對不是個單純的審美判斷，品味是一種彰顯上階層的聲望，使得下階層在競爭中模仿、在求個性中順從於整個審美的符號系統。因此品味不但牽涉「身分」更牽涉到「權力」，它是一個「支配的媒介」（an instrument of domination）。布迪厄指出：支配的基礎，與其說是控制生產工具（means of production），不如說是主宰「消費手段」（means of expenditure）；馬克思並沒有論述到品味、審美、消費手段與宰制之間的關係，但隨著富裕的消費社會的到來，生產的強制性逐漸減輕；而另一種消費的支配型態，才正是我們當今社會的現況（引自朱元鴻，1991：12-23）。

　　布迪厄著重文化商品的象徵符號意義，強調具有經濟資本會影響到文化資本的累積與教育的學習，他認為消費牽涉到符號、象徵與價值，社會身分團體利用特定消費模式來彰顯自身生活方式，上層階級的人其文化資本會較一般社會大眾為高，一般而言，優勢階級藉由壟斷知性品味與布爾喬亞品味來保障他們的地位與優勢，進行具有宰制傾向的消費行為。文化消費是建基於文

化宰制的理論上，也就是在社會階層的每個位置上，都有一個特定的文化，亦即精英文化、中等文化與大眾文化，這三種文化分別以秀異、奢望及匱乏為特色（Bonnewitz, 2002: 141）。

消費已經成為當代社會文化的重要現象，並與象徵符號、認同等議題相連結，不同的學者告訴我們，消費是如何成為溝通方式、控制工具、維繫著資本主義運作，或是強化階級差異等等，這些不同的理論都可以幫助我們在面對不同的消費現象時，理解背後的運作以及未來可能的影響。

197

參考文獻

Adorno, T. W. (1991). *The Culture Industry: Selected essay o mass culture.* London: Routledge .

Marx, K. (1977). *The Eighteenth Brumaire of Louis Bonaparte.* Moscow: Progress Publishers.

Simmel, G. (1957). "Fashion". *American Journal of Sociology,* 62(6), pp. 541-558.

Baudrillard, J.著，林志明譯（1997）。《物體系》。台北：時報文化。

Bocock, R.著，張君玫、黃鵬仁譯（1996）。《消費》。台北：巨流圖書公司。

Bonnewitz, P.著，孫智綺譯（2002）。《布赫迪厄社會學的第一課》。台北：城邦文化。

Horrocks, C.著，Zoran Jevtic繪、王尚文譯（1998）。《布希亞 Baudrillard》。台北：立緒文化。

Jhally, S.著，馮建三譯（1992）。《廣告的符碼》。台北：遠流出版公司。

Simmel, G.著，顧仁明譯（2001）。《現代生活風格》。台北：聯經出版公司。

Slater, D.著，林祐聖、葉欣怡譯（2003）。《消費文化與現代性》，台北：弘智文化事業有限公司。

Storey, J.著，張君玫譯（2001）。《文化消費與日常生活》。台北：巨流圖書公司。

朱元鴻（1991）。〈消費——政治經濟學之外〉。《當代》，第67期，頁

12-23。

陳坤宏（1995）。《消費文化理論》。台北：揚智文化。

陳學明（1996）。《文化工業》。台北：揚智文化。

劉維公（1991）。《消費文化與象徵鬥爭：消費文化理論的反省》。國
立台灣大學社會學研究所碩士論文。

第六章　符號社會與消費文化的興起

第七章　族群、記憶與國家認同

元智大學社會系教授兼人文社會學院院長

劉阿榮

　　劉阿榮，男性，一九五三年出生於台灣省桃園縣。台灣大學社會科學博士。曾任省立高中教師，國立中央大學講師、副教授、教授，並曾兼任通識教育中心主任及客家社會文化研究所所長等職。擔任教育部第一梯次提升基礎教育計畫「松竹楊梅（中央、交大、陽明、清華）多元智能學習圈」之總計畫主持人；第二梯次「中大語文提升與永續發展學程」之總計畫主持人。現任元智大學社會系教授兼人文社會學院院長，曾出版《意識型態與社會變遷》、《台灣永續發展之歷史結構分析──國家與社會的觀點》、《思想解放與公民社會》等書及論文六十餘篇。

教學目標

一、使學習者瞭解族群（ethnic groups）的各種不同意涵，族群關係對國家發展與國家認同所產生的影響。

二、瞭解台灣地區「威權時期」的族群政策，對國家認同所產生的積極作用與負面影響。

三、威權（民主化）轉型過程中，台灣主體性與本土意識的強調，對於國內、外環境產生何種影響。

四、客觀思考本地區族群文化與中原文化的傳承與斷裂，對於未來台灣前途的國脈民命有何關連。

摘要

　　當前困擾台灣的各項問題中，最令人憂心焦慮者，厥為族群撕裂與國家認同混淆。從歷史文化觀照，台灣地區大多數族群來自大陸不同的「原鄉」，其血緣、生活方式與文化內涵，「傳承」自大陸原鄉乃極自然之事。

　　由於政權統治的分隔，例如日本殖民統治五十年，戰後台灣與大陸的分裂分治，都使原有的族群文化傳承產生斷裂。在此土地上的人民，受其歷史、環境與資源分配之影響，建構了新的「歷史記憶」，或「集體記憶」，並呈現選擇性的失憶，於是對於族群及國家的自我命名、未來發展、族國認同……產生嚴重的內在「斷裂」。在此兩岸斷裂、內部撕裂之「雙重斷裂」下，如何尋得出路、是否加深對峙或復歸傳承實本文關注的焦點。

　　本文採歷史結構與社會變遷的觀點，首先論述族群意識與國家認同的理論變遷：由著重內在的「族群內涵」如原生論（本質論）、工具論（境遇論）等，轉換為外在的「族群邊緣」觀照，視族群為藉由歷史記憶與結構性失憶所建構。其次，運用上述本質內涵／外在邊緣的族群概念，分析台灣不同時期的族群融合模式及其影響：1.威權時期的「教化式融合」——新族國認同是否確立？2.民主轉型期的「本土化」論述——是族國認同的重構還是解構？最後，討論當前族認同的「雙重斷裂」危機下，各種轉化的方向。

203

現居住於台灣地區二千三百多萬人民中，不僅有原住民（四十餘萬人，約占全人口2%左右），更多是來自中國大陸各地之「原鄉」，由於遷移之時間、地區有所不同，而被泛稱為閩南（福佬人）、客家人、外省人（新住民）等不同族群[1]。數百年以來，台灣為「移民社會」的型態，殆無疑異。移民社會常出現原鄉祖籍認同，新移民地區為爭奪土地、水源及各項資源而引發衝突械鬥，例如早期台灣的原／漢衝突；閩／客之爭；漳／泉械鬥……都是近幾百年來台灣移民社會的歷史記憶。

　　隨著經濟發展、社會變遷、教育普及、族外通婚等因素，台灣的族群關係伴隨歷史發展而呈現逐漸融合的現象。然而，政治因素卻又使族群關係、族群認同、國家認同出現裂痕。

　　首先，移民社會「日久他鄉變故鄉」本是自然現象，在國家統一及居民遷移自由政策下，「原鄉」與「新鄉」的關係是力量擴展、往來密切。但政策轉變或政治情勢變遷，原鄉／新鄉的往來互動即受影響。例如明清之際，閩粵之人渡海來台，而鄭成功、鄭經奉明正朔以抗清，則兩岸人民斷絕往來，「去鄉離井、漂流海嶼，……骨肉多殘，生死茫然……」（連橫，1992：30），又如一九四九年大陸撤守來台，兩岸分隔數十年，近年來始開放若干項目之交流。此種地理空間與政治型態之分隔，使族群與原鄉之情感淡漠，祖籍認同與文化傳承亦逐漸「斷裂」。

　　其次，不同族群在新移居地，出現新認同與歸屬感，「他鄉亦故鄉」是歷史社會現實所積累形成的。本來新移住地區（例如唐山移來台灣）的居民，在長期的共同生活下，會逐漸形成「生命共同體」的社群意識或新的族國認同，以北美為例，移居美國新大陸的歐裔或其他族裔人民，逐漸熔為一個「美利堅合眾國」的國家認同，而且在法律及政策上發展出平等、尊重、肯認、多

元的族群關係，所謂「開放多元社會」，不僅表現在政治上，也表現在族群關係上。反觀台灣地區，自一九四九年兩岸隔絕後，經歷威權統治時期的思想及語言「同化」政策（尚未達到統一化、同質化程度），一方面族國認同有所增進（共同團結抵抗大陸共產政權）；另一方面卻因壓抑了本土語言文化，且政治精英的權力分配，也與族群人口比例不相稱[2]，在威權轉型及「本土化」潮流下，「去中國化」與外省籍政治權利弱化，引起若干人士的疑懼不安，使族群關係日趨緊張。

第三，政黨在民主國家扮演重要的角色，不同政黨更番執政本為民主政治的常態。然而，台灣地區過去「一黨獨大」，其黨國意識型態為統治支配之依據，論其本質內涵，則以中華民族文化、中華民國、中原正統……為依歸。當時作為反對勢力（黨外時期）或反對黨（一九八六年民進黨成立），大致瞭解欲取代中國國民黨之政權，必須以民主對抗威權；以台灣民族主義對抗中華民國、中原正統……。簡言之，反對黨的核心本質，為台灣獨立建國（但因客觀外在條件未具備，而以其他形式呈現）。上述兩種意識型態（中華民國vs.台灣；統一vs.獨立；中國人vs.台灣人）[3]，經由近年來頻仍的選舉與族群動員，使台灣的國族認同呈現紛歧對立，二〇〇四年「三二〇」總統大選，更使族群撕裂嚴重化，國家認同斷裂化。

本章主要在探討台灣地區族國認同的轉化現象：由大陸移民台灣，初期的語言、文化、生活習慣……大都「傳承」於原鄉，但因地理空間、歷史變遷、政治因素……之阻隔，而與原鄉「斷裂」，逐漸形成本地新的族國認同。弔詭的是，新的族國認同尚未完全確立，政治資源競逐、政黨惡鬥，卻使台灣地區族群關係與國家認同出現嚴重的「第二次斷裂」。

第七章　族群、記憶與國家認同

上述「斷裂──建立新認同──再斷裂」的轉化過程中，正是台灣地區族群關係、歷史記憶與國家認同的根本問題，也是「我們共同的命運」之所繫，因此，本章關注於下列各項：

第一、半個多世紀以來（一九四九年迄今），台灣地區的新族國認同是否確立？其「是」或「否」的理由（證據）何在？

第二、威權轉型或民主化轉型（一九八○年代末）以來，民主運動中的本土意識，是新的「族國建立」（state building）之促成因素？還是解構因素？

第三、經歷「雙重斷裂」的轉化，是否將「復歸」於原鄉文化的「傳承」再造[4]？例如大選之後，朝野黨派與各界提出所謂「新文化論述」、「新族群關係」──一種新的關於台灣文化、中華文化的「想像」（imagination）。

本章除引言外，第一節為概念界定與文獻檢視；第二節討論威權時期「新族國認同」的確立與否；第三節分析民主轉型期的本土意識對新族國建立的影響；第四節結論與討論：思考「雙重斷裂」的轉化，是否復歸於「傳承」的未來課題？茲分述如下：

第一節　族群的概念與國家認同的意涵

族群問題在社會學的討論，原本常見於美國社會的黑、白或有色人種的社會互動中，然而近一、二十年來，台灣地區的族群意識與國家認同的紛歧，不僅是政治問題，也是社會上嚴重的問題，因此本節先對族群的概念與國家認同的意涵略加敘述。

族群與族群想像

　　「族群」的概念是由英文"ethnic groups"一詞翻譯而來，本來是人類學及社會學用來區別不同群體的單位，但此一名詞在台灣被「普遍使用與濫用」，甚至用來稱上班族、股票族（王甫昌，2003：3-4）。事實上，社會學者對族群有一些比較明確的定義：「族群是指一群因為擁有共同的來源，或者是共同的祖先、共同的文化或語言，而自認為、或者被其他的人認為，構成一個獨特社群的一群人。」（王振寰、瞿海源主編；1999。引自王甫昌，2003：10）這個定義包括客觀及主觀兩個標準：第一個是這群人「被認為」擁有的共同文化或是共同祖先與來源。這是強調「客觀因素」，族群有一些可以清楚看到的、與其他群體有不同血緣、文化特質。第二個界定的標準，是一個比較「主觀因素」：族群「自認為」構成一個獨特的社群，也得到其他的人認可。這其中牽涉到一個主觀上互相認定對方是不是構成一個族群團體的社會過程，也就是族群意識（王甫昌，1998：55；2003，10）。此種意識可以基於真實的共同祖先（血緣）、共同文化（語言、生活、宗教……）而凝聚；也可能是一種主觀的「想像」（imagination），這種想像可以從「社會互動關係中」學習而來（王甫昌，2003：19）。

　　人類學者固然也有從「族群內涵」，去分析族群本質的客觀因素如血緣與文化，但更有採截然不同的角度，由「族群邊緣」去界定，「族群」是一種集體記憶（collective memory）或「社會記憶」（social memory）。例如集體記憶理論的開創者霍布瓦茨

（Maurice Halbwachs）認爲：社會記憶或集體記憶是一種集體社會行爲，現實的社會組織或群體（如家庭、家族、國家、民族或一個公司、機關）都有其對應的集體記憶。我們的許多社會活動，經常是爲了強調某些集體記憶，以強化某一群人組合的凝聚（引自王明珂，2001：46）。

　　另一個類似的觀點是「結構性失憶」（structural amnesia），早期人類學者伊凡斯—普瑞查德（E. E. Evans-Pritchard）（1940）提出東非的Nuer族忘記一些祖先或特別記得一些祖先，是其發展與分化的原則。而英國人類學者古力佛（P. H. Gulliver）研究非洲Jie族的親屬結構，觀察到他們家族的發展（融合或分裂），也以特別記得一些祖先及忘記另一些祖先來達成，因此古力佛稱之爲「結構性失憶」（引自王明珂，2001：45）。

　　一群人是否構成（建構）爲一個「族群」，從集體記憶或結構性失憶觀點來看，人們可以因其「喜好」、「懷念」，透過各種儀式，或政治符號，或教育來強化這些集體記憶，也可以因爲「厭惡」、「仇恨」而表現「結構性失憶」5。在台灣、大陸乃至世界各地，許多所謂歷史事件紀念館（如二二八紀念館、南京日軍大屠殺紀念館、徐州「淮海戰役紀念館」、胡志明市「美軍罪惡館」、維吉尼亞「美國獨立紀念館」……）均表現歷史記憶的作用。

　　不過上述集體記憶會遺忘，會隨著現實的個人族群認同與社會族群關係的改變而重新調整對待「過去的重要人物或事件」，或賦予歷史人物與事件新的價值，來應對外在利益環境的變遷。例如「七七抗戰」，對外省第一代的記憶是深刻而悲痛的，第二、三代則淡漠。「二二八事件」對現今六、七十歲以上的人是悲痛的，對年輕一代則漠然。總之，每一個人都生活在社會所給予的

記憶以及相關的族群認同中；在另一方面，個人也在社會中與他人共同遺忘、追尋或創造過去（王明珂，2001：57），所以族群的概念可以是「建構」與「想像」的。

　　吾人檢視近代的相關文獻，雖然有各種不同的理論或名稱，例如「原生論」（primordialism）與「工具論」（instrumentalism）的分衍，前者指出族群認同乃「與生俱來」的，建立在客觀的有形文化與血緣基礎上，亦被稱爲「本質論」；後者強調族群認同隨「情境」（context）而調整，也被稱爲「況遇論」（circumstantialists），族群認同作爲追逐集體利益的工具（故稱工具論），甚至是族群精英爲了競爭有限的資源而建構的，所以也被稱爲「建構論」（constructivism）（林恩顯，1997：15；施正鋒，1998：10-11；劉阿榮，2003：1-16；Brubarker，1996）。

　　王甫昌（1998：55-56；2003：10-12）則從「客觀認定法」及「主觀認定法」，來界定族群團體是一群擁有共同來源，或共同祖先、文化、語言，而「被認爲」（客觀認定）或「自認爲」（主觀認定）構成一個獨特社群的一群人。「客觀認定法」比較接近於上述原生論、本質論；「主觀認定法」則充滿族群想像，比較接近於工具論、情（環）境論、況遇論、建構論。

　　王明珂（2001：24-40）指出「族群的客觀特徵論」（按：以人的體質特徵來判斷其族群身分，相近於上述原生論、本質論）不僅受到眾多批評，他以羌族的研究爲例，客觀的「族群特徵論」常陷入困境，於是他以主觀認同下的「族群與族群邊界」做思考，提出工具論者與根基論者之爭。所應注意者，此處用根基論（primordialism）卻不是前述「原生論」（primordialism）所強調客觀的文化特徵及生物性血緣傳承，反而是主觀認知的既定資賦（assumed givens），透過族群認同產生根基性的族群感情聯繫。另

外，他「覺醒」到傳統研究典範偏重於族群的核心、內涵、規律、眞實……概念，而忽略了邊緣、變異、虛構的人類文化現象，所以提出族群研究的邊緣理論：以集體記憶與結構性失憶，來詮釋族群認同。簡言之，由識別、描述「他們是誰？」轉移爲詮釋、理解「他們爲何要宣稱自己是誰？」（王明珂，2001：20-21）。

認同與族國認同

「認同」（identify，identification）一詞亦譯爲「表同」，原爲心理學上的用語。精神分析學派的創始者佛洛伊德（S. Freud）用此概念描述人格發展中的重要現象。可以從個人與社會兩方面來敘述。就個人方面而言，有些學者認爲「兒童幼時本身能力薄弱，一切均仰賴父母，由父母的撫養來滿足其基本需要，在兒童的心目中，父母乃是無所不能的偉大人物，因而有一種傾向，希望能和父母相同，具備同樣的作爲。因此乃將父母的行爲方式及態度，逐漸吸收，納入本身的結構」。這就是子女對父母的認同作用。不過，就佛洛伊德的原意，認同作用主要是在人格發展的第三階段「性蕾期」（約四至五歲），由於男童產生了「戀母情結」，女童產生「戀父情結」，但因自認無法擊敗對手（男童擊敗父親而獲得母親；女童擊敗母親而得到父親），於是採取「認同」（identification）的方式，模仿父親或母親的穿著及行爲模式。再就社會方面來說，認同是個人以他人或其他團體的觀念、態度、行爲模式，作爲自己模仿、表同的對象，意即個人經由社會化歷程，歸屬、表同於某一領袖、族群、民族、政黨、國家……的心理歷

程，因此有族群認同、政黨認同、國家認同等（蕭高彥，1995：271-296；劉阿榮，1997：1-2）。

所謂「國家認同」，係指國家的構成人員（如個人、人民、族群）對國家的一種歸屬感，進而能為其效忠奉獻。通常國民對於國家常自覺為國家中的一份子，堅決的維護國家存在，進而共促國家發展的心意，是為國家認同。因此，國家認同有積極的歸屬、維護、奉獻心力等；也有較消極的不背叛國家、不違害國家生存與發展等。施正鋒對於「國家認同」及「國族認同」有一段重要解釋：

> 「國家認同」應該是來自英文national identity，是nation與identity的結合，將個人認同的來源置於nation，也就是因為隸屬nation而產生的集體認同。nation是一種由個人組成的政治共同體，其成員相信彼此有福禍與共的命運，並且堅持要有一個自己的國家，如此一來，個人及集體的自由、平等及福祉方得以獲得保障（施正鋒，2000：6-7）。

由於nation有時被譯為「民族」，有時被稱為國家（與state同義），因此national identity在不同的學者論述中，會出現民族認同、國家認同、國族認同等不同用詞。施正鋒認為，將national identity譯為「民族認同」，應該是比較一致的譯法。然而，大部分學者的用詞為「國家認同」，也有「國族認同」的用法[6]。

吳乃德則從情感與理性的角度出發，分辨「國家認同」與「國家選擇」，他說：

> 每一個人都或多或少是浮士德。他的許多重要的選擇，

都同時受到兩種力量的牽引：情感的和理性的。國家的選擇也是如此。一方面，有些人將國家的選擇視爲情感性的終極價值，它代表的是一種心理的情感取向，一種歸屬感；另一方面，有些人對國家的選擇則是基於理性的利益考慮。他要不要成爲一個國家的國民，端視那個國家能帶給他何種現實的利益。第一種情感性的國家界定，我們稱爲「國家認同」；第二種理性的國家界定，我們稱爲「國家選擇」。一個極端的國家認同者，他不計較他所認同的國家能帶給他什麼現實的利益。他不願意他的國家和一個更富有、更民主的國家合併，甚至不願意歸化爲它的國民。一個極端的國家選擇者，則可以隨時歸化至另一個國家，只要後者滿足了他的現實要求，也會同意他的國家和另一個更富有、更民主的國家合併（吳乃德，1998：44-45）。

也許我們不一定贊同吳乃德對國家認同／國家選擇的分法，因爲「選擇」本身就包含情感認同與理性現實的成分。社會心理學者常將社會大眾行爲的成因，區分爲動機的、情感的、認知的各方面，因此，對於國家「認同」或「效忠」行爲，當然也包含上述各種因素，只是做選擇時，不同因素的考慮有輕重之分而已。

本文論述的範圍包括族群的認同、民族認同、國家認同等等。大體區分，本文所謂族群認同，指涉台灣地區福佬、客家、原住民、外省（新住民）的族群歸屬感與行動力量；民族認同則指涉「台灣人認同」、「中華民族（或中國人）認同」乃至「新台

灣人認同」；而國家認同則有民族主義式的（台灣vs.中華）；憲
政自由主義式的（民主vs.威權）；後現代、後殖民的多元基進現
象（江宜樺，1998：137-188）。不過，在本文中因不同情況而以
上述各種詞語出現，因而本文主題以較寬廣的概念「族國認同」
涵蓋之。

第二節　台灣威權時期的「教化式融合」：
新族國認同是否確立？

　　一九四五年日本戰敗，結束了對台灣的殖民統治，台灣重歸
中華民國版圖，不論台灣同胞或中國人民的心理都充滿著重聚的
期待。然而，一九四七年「二二八事件」造成的衝突對立，埋下
了近半個多世紀以來台灣省籍對立與族群不安的因素，此一事件
的原因、責任及影響，並非本文討論的重點，但卻必須正視國民
黨在大陸失敗，中央政府遷台後所採取的族群政策與國家治理問
題。

　　王甫昌（1998：56-69）在一九九二年的研討會中提出三種族
群同化的形式，並指明了這三種形勢所隱含的「族群之間社會關
係的假設」或三個理論假設（王甫昌，1998：62）。

　　遷台初期國民黨主導下的政府，核心政治精英（統治階層）
大都是隨政府由大陸來台的外省籍人士，連同其他軍民同胞大約
兩百萬人口，而台灣結束日本統治後的人口數約六百萬人（包括
福佬、客家、原住民）。此種人口結構與多族群現況，使當時政府
採行「族群融合」或「族群同化」（ethnic assimilation）政策。一
般而言，族群關係有數種不同的政策，除了融合論、同化論之

213

外，還包括自決論、獨立論、多元文化主義的尊重與包容等（劉阿榮，2003：1-16），以當時的環境，不可能鼓勵獨立自決[7]，而「多元文化主義」的思潮在當時也未流行，更何況要求「力量集中」，而政府有軍事力量維持有效統治，不必也不會考慮多元文化主義的族群政策，反而視融合、同化為最適政策，加以當時主政者認為中華文化是台灣文化的「母體」，中原為主流，台灣本土文化為分支，因此弘揚中華文化，推行國語文運動等，固然對於戰後「去殖民化」有其必要，卻也影響了日後族群語言文化流失的困境，甚至導致「本土化」反撲而「去中國化」的後效現象。

　　族群融合、同化乃指兩個或兩個以上族群團體，在相遇時所產生的團體界線降低的過程。族群融合到最高程度時，人們將再也無法區辨原先不同的族群團體，因此族群融合是不同族群互動的長程關係形式。融合的方式大致有以下三種（王甫昌，1998：

56-69）：

熔爐式的同化

　　熔爐式（melting pot）的融合方式最早是出於一九〇〇年代左右，對於美國多移民團體之間的族群互動經驗的觀察，而歸納出來的一種融合模式。所謂的民族熔爐式的融合，強調的是相互滲透及文化的雙向或多向融合過程。這種觀點強調的是一種全面的融合，原先不同的團體經過此一過程之後，都拋去了各族群本有的獨特性，而構成一個新的、同質的團體。用簡單公式表示：

　　　甲＋乙＋丙→丁

此種熔爐式同化隱含著「功能論」的觀點。在功能論的觀點下，族群同化是一個自然產生的社會過程，它是不同的族群在形成共同的生產體系之後，連帶產生的社會變化。簡單地說，族群之間共存的需要，是使族群之間造成同化的主要原因。為了使各個群體能夠有效地生活在一起，成員對於基本價值及規範的共識是必須。不同族群如果在價值及規範上有衝突，對於共存將形成威脅，所以各族群、各成員基於共存的必要，自願的融合自然的進行，他們共享相同的生活場域，及生活經驗的交融、共同記憶及歷史的發展。

教化式的同化

教化式的融合最初是源於對一九二〇年代以後，美國新移民團體的族群關係經驗而發展出來的概念。它強調的是單方向的教化過程。在這種狀況下，劣勢的族群將被要求學習優勢族群的文化、生活方式，以便能夠順利地在優勢族群所控制的社會中，正常而有效地生活與工作。這種教化式融合隱含著優勢族群對弱勢族群文化的宣揚與教導，使其適應於優勢族群所定義的文化與生活方式。教化式的同化一般而言，是一單向的融合，也是一個刻意形成的結果。它是以破壞劣勢族群的文化，使其逐漸喪失其文化獨特性的方式，來降低族群的界限。用簡單公式表示：

甲＋乙＋丙→甲

教化式融合包含了「功能論」與「衝突論」的觀點：一方面呈現族群間權力、資源的不平等與衝突；另一方面朝向「單向」

又期望「完全同化的整合」與新的均衡。

結構多元主義

結構多元主義（structural pluralism）是戈登（Milton Gordon）針對所謂的「文化多元主義」的理想而提出的一種觀點。文化多元主義（cultural pluralism）描述了另一種族群同化的型態。它是一個理想主義狀況：各族群保有自己的文化獨特性，但是在和諧及相互尊重的狀態下共存。他們認為各族群的多元文化，將使美國的民主充滿活力及適應力的主要泉源。不過「結構多元主義」和「文化多元主義」在實質上有區別的。文化多元主義在肯認差異、尊重包容下，各族群文化得以共存共榮。但結構多元主義卻必須面對初級結構（非正式結構）同化及次級結構（正式結構）同化問題[8]。

在族群交往、互動中，不同文化固然可以尊重、包容或同化，但結構上卻維持原有的「族群界線」。用簡單公式表示：

$$甲＋乙＋丙 \rightarrow 甲1＋乙1＋丙1$$

此種結構多元主義隱含著「衝突論」的觀點。衝突論認為族群同化可以是族群競爭或衝突的延伸。不過，如果同化是為了維持或保護優勢族群的利益，則完全的同化通常不是優勢族群所希望的最後結果。相反地，它們多半只追求某些特定向度的同化。完全的同化由於將使先前的劣勢族群成員，和優勢族勢成員之間的界限變得不明，因此是違反優勢族群的長程利益的。由族群衝突的觀點來看，較有利於優勢族群的同化方式應該是：一方面使

劣勢族群能夠接受優勢的意識型態或規範，爲其利益而服務，另一方面同時又能維繫優勢及劣勢的族群界限，使剝削的關係能夠維持（王甫昌，1998：66）。這種由階級不平等，剝削、衝突的概念，引申運用來解釋族群間的不平等，剝削、衝突……確實頗具意義。

總之，本文以較多篇幅引述以上三種族群融合的形式，並說明其隱含的功能論、衝突論之族群關係假設，主要基於「教化式融合」爲本節討論威權統治時期新族國認同的理論根據；而「結構多元主義」或「熔爐式同化」，若干概念與本章第四、第五節有關，因此本節一併敘述此三種方式的意涵。

如果上述「教化式融合」方式，在相當程度上能解釋一九五〇年代迄一九八〇年代末台灣威權統治期[9]的族群方式，則本節進一步要探討這種融合、同化論，是否能使「新族國認同」確立？其理由安在？針對上述命題，本文試圖提出幾點看法：

第一、國民黨教化式融合有其主觀意願〔主政者在心態上覺得中華（中原）文化的優美與源遠流長，對中華民族文化及中華民國的認同，可以袪除日本殖民統治的「遺毒」，也可以提升本省同胞的文化與生活水準……〕，也有其客觀環境（內部族群不可分立，國家力量足以維持內在權力支配……）。因此單向、不平等的教化式融合，透過各種制度（教育、傳播、法制……）進行顯性及隱性社會化，進行強制（如推行國語而禁方言）或自願（如族群通婚）的同化。這些同化策略，相當程度的消解了族群對立、鼓勵族群通婚、推動共同語言、增進中華民國的國家認同以對抗中共政權，使得一九五〇至八〇年代台灣地區在外力壓迫、外交困境中，雖然國家處境相當困難，但卻能維持社會安定、經濟發展，而族國整合與族國認同有所增長。政治實體呈兩岸「斷裂」，

但文化命脈則不僅「傳承」不輟，甚至因中共「文化大革命」之破壞，而使台灣成為中華文化的代表。持平而論，此一時期族國認同對統治階層及社會上優勢族群而言還算成功，而在貧困生活中的台灣同胞，解決經濟匱乏問題，改善生活狀況也許是大多數人的心願，至於是否民主？族群文化是否流失？在戰後第一代、第二代的本省人還未深切警覺。

第二、如果統治者及優勢族群，對此一時期「教化式同化」大體滿意，在當時國家機器的威權統治與意識型態「霸權」支配下，大多數人民似乎「不能也不太在意」個別族群的利益及文化發展，「不能」，是因為無力反抗自二二八以來的強制力及其後的「白色恐怖」；「不太在意」，是因生活在持續改善中：每人每年國民所得由平均一百美元，增加到八〇年代末期的八千美元；五分位數家庭所得分配，由八倍降為五‧八倍再降到四‧一七倍；失業率及物價水準均不高（一九五〇年代初及一九七四、七八石油危機，通膨率較高）……這些經濟、社會實績，也許能解釋一般市民社會對威權統治及教化式同化，沒有出現太多的反對與不滿，也是過去國民黨自詡締造台灣發展經驗的說詞。

第三、此一時期的所謂「台灣族群」，雖然表面上有四大族群（閩、客、原、外），但實際上的族群關係只呈現在「本省人」（閩、客、原）／「外省人」（新住民）的關係之中。王甫昌（2003：77-82）持比較批判性的角度[10]認為政府建構「動員戡亂時期中國民族主義」，強制性地將「政治權力不均等，語言文化受壓迫下」之本省族群意識壓抑，不准公開談論，更談不上族群意識動員。他說：

本省人和外省人儘管有明顯的隔閡與對立，但是卻被壓

史的偶然湊在一起，被迫進行社會互動與整合。共同的生活經驗、一起就學、就業、彼此之間的交友、通婚，都使原來在社會生活層面上壁壘分明的省籍隔閡，至少在下一代之間漸漸趨於瓦解。不論是否察覺到、或是否願意，本省人與外省人在這個歷史過程中，已經漸漸成為一個生活在相同主權管轄之下的命運共同體。大陸撤退後台灣和中國的長期隔離，以及不同的發展軌跡，讓台灣所有的民眾逐漸發展出一種過去所不曾存在的國民之間的「社會連帶」（social solidarity）（王甫昌，2003：81）。

甚至他還舉出一九七○年代〈一個小市民的心聲〉、〈南海血書〉兩篇文章[11]是國民黨政權用「民族主義的情操」（民族想像），來打壓日益升高的民主訴求聲浪的例證（王甫昌，2003：92）。

第四、總體言之，本文認為此一時期「新族國認同」的建立有其必要，因為凝聚族群意識、強化國家認同，以對抗中共政權，必須團結全民力量。其次，教化式新國族認同的建立也有一定的成效：消弭省籍、族群界線，建立生命共同體觀念，共創社會經濟實績。再次，當時所不足、不當之處是缺乏省籍平等對待，政治權力分配不均與本省族群文化的流失嚴重，若非被壓抑下去形成「表面和諧」，就是埋下日後「去中國化」的反撲。最後，歷史回溯的觀照固然有抽離現實的客觀，但不考慮「彼一時此一時」的不同環境及條件，欲以此時批判彼時，不但缺乏「同情的理解」，也常見於知識份子的過度理想性格。甚至將這些族群

平等與資源共享的理想，用來要求民主化時期（政黨輪替後）的國家族群政策，亦有所不逮。遺憾的是，若干知識份子在政黨輪替後的批判論述轉弱了，對於族群的嚴重撕裂並未持同樣的關心與要求。

第三節　民主轉型期的「本土化」論述：是族國認同的重構還是解構？

　　前一時期本省族群政治地位及文化語言的不平等現象，在一九七〇年代已出現若干反對聲音，一九八〇年代的政治運動、社會運動（徐正光、宋文里，1990）批判威權統治，迫使威權轉型邁向民主化。一般而言，台灣地區自一九八〇年代末、九〇年代初進入威權轉型，而九〇年代初李登輝總統鬥勝了「非主流派」以後，當時國民黨主流派與民進黨聯手推動「本土化」，更逐漸演變爲「去中國化」。

　　有些學者將威權體制（authoritarian regime）解釋爲國家機關對民間社會的一種控制與支配，但隨著台灣內、外在環境的變遷、市民社會力量興起，這種控制與支配產生轉變。沈宗瑞（2001：128）從「黨國體制」的分解去定義威權轉型：「一方面是黨國體制分解的過程，另一方面則是某些民主型式的確立以及黨國體制某些形式的存續。」歐當納和施密特（O'Donnell & Schmitter）（1986: 2）則解釋，「威權轉型」是一種特別的政治變遷，「轉型」是指從一種政治體制轉變到另一種政治體制之間的間隔。這兩種定義固然隱含了對於轉型過程的動態描述以及結果的規範，卻無法解釋其間的因果關係（孫同文，2003：20-21）。

因此，有些學者從民間經濟力量的擴張、社會抗議事件的興起、突破孤立的務實外交、「去內戰化」等概念來描述台灣的威權轉型（蕭全政，2001：71-79）。這些事件當然有相互關連，但對於本文所探討民主轉型走向「本土化」的論述，最關鍵在於所謂「去內戰化」或「兩個政治實體」的論述[12]。

一九四八年大陸行憲之際，因處於國家緊急狀態，因此政府宣稱「一面行憲，一面戡亂」，因而出現「中華民國憲法」與「動員戡亂時期臨時條款」兩個最高法典，後者不僅是前者之補充，還凍結及更動了憲法中的部分精神。此一「動員戡亂」，標誌著「一個中國」而兩岸各爭「正統」的「漢賊不兩立」狀態，台灣稱大陸是「共匪」；大陸稱台灣是「蔣邦」，雙方都自認其為代表中國的唯一合法政權。但自一九九一年李登輝務實地「終止動員戡亂」，不再將大陸視為「叛亂團體」的「共匪」，而是彼此可以平等對待的「政治實體」。此一「終止動員戡亂，兩個政治實體」原是因應內外環境變化而做的轉變，但其發展的結果卻出現了兩種截然不同的弔詭：第一是兩岸的緩和與統一氣氛；第二是國民黨內部分裂，李登輝成為「一個半的黨主席」[13]，與民進黨共同主導「本土化」及「去中國化」。

首先，就兩岸關係的緩和及統一氣氛而論。一九九〇年選舉總統引發國民黨主流／非主流之爭，為消弭對立心結，七月召開「國是會議」，十月李總統在總統府之下設立「國統會」，十一月，又在行政院下設「大陸事務委員會」。一九九一年元月，政府制訂「國統綱領」，後來又設立「海峽交流基金會」，一九九二年「兩岸人民關係條例」亦制訂通過。這一系列有關統一問題的政策，消弭國民黨內部主流與非主流間的的一些衝突，卻迫使民進黨對台灣主權問題採取更為激烈的態度（容後述）。尤其當時李登輝為了

安撫外省籍人士，並接掌軍隊力量，特別提名郝柏村爲行政院長（1990-1993），郝氏在其「國家最高行政機關」（行政院）的位置上，當然要捍衛「中華民國」以抵抗「中共」及「台獨」。但國際政治氛圍（如蘇聯解體、東歐變天、大陸六四民運後亟思打破孤立）有利於促進中共「和平演變」，因而台灣的「海基會」與大陸的「海協會」開始進行非官方（準官方）接觸，共謀兩岸交流合作事宜。一九九二年「一個中國各自表述」（一中各表）。一九九三年「辜汪會談」於第三地（新加坡）舉行。一九九五年春節前夕，江澤民提出對台的八點主張（江八點），不久李登輝亦以六條原則（李六條）回應。一時之間，兩岸似乎找到了「中華文化」爲共同基點，可以把過去「政治斷裂」透過「文化傳承」接續起來，加強兩岸文化經貿交流，甚至雙方領導人互訪，這是兩岸關係緩和，統一氣氛漸濃的趨向。

然而，另一層的弔詭也差不多在同一時間出現。民進黨反對與中國「統一」而追求台灣「獨立」，是其一貫的立場（從黨外時代迄今）。因此，一九九〇年十月民進黨抵制「國統會」成立，並拒絕受邀。一九九一年國大修憲時，民進黨召回其國代，拒絕參與修憲，並提出「台灣憲法草案」主張制定台灣新憲法，標舉新國號、國旗、國歌。一九九一年提倡公民投票，以「台灣」名義加入聯合國。一九九三年反對「辜汪會談」。一九九六年「國家發展會議」，對於兩岸關係與憲政改革的走向，引起「國民黨內部」及「民進黨內部」的紛爭衝突，皆隱含統／獨的路線衝突。

一九九〇年的總統選舉，國民黨主流／非主流之爭雖告落幕，但一九九二年的修憲卻因「內閣制」或「雙首長制」而重啓黨內衝突。其後總統選舉「委任直選」與「公民直選」再爆衝突，一九九六年修憲「凍省」，更直接被賦予「廢省倒宋」的意

義，亦即在終結李登輝口中的「外來政權」。在歷次的國民黨分裂鬥爭中，李登輝領導的「主流派」為了獲勝，一方面標榜其「本土化」色彩，有別於非主流派的「中國化」色彩；另一方面又拉攏台灣意識的「民進黨」做為奧援。民進黨對於國民黨主流派，亦採「既聯合（對抗非主流），又鬥爭（欲奪國民黨政權而政黨輪替）」的策略，二〇〇〇年的總統大選終於在泛國民黨分裂下，實現「政黨輪替」，二〇〇四年大選更以極微差距，繼續由民進黨獲勝。

　　上述台灣內部的統獨之爭、國民黨的主流／非主流之爭……，均隱含中國化／去中國化的深層意識，而催化內部對立，強化了主流派（本土化）的力量，除了李登輝掌握黨（國民黨主席）政（總統）實權，足以透過權力與資源，進行派系結盟或消解雙方派系力量外，最主要還是外在中共對台「文攻武嚇」，造成台灣人反感，使民眾的族群認同、國家認同產生重大變化。回顧十餘年間（一九八〇年代末迄今），台灣地區由「中國民族主義」（見本文第二節）轉向「台灣民族主義」論述，或「本土化」取代「中國化」甚至「去中國化」，它所代表的是「族國認同」的重構或解構？值得進一步思考。

　　首先，吾人以一九九〇年代台灣民眾的「政黨認同」（**表7-1**）之變化來分析：

　　表7-1顯示，一九九一至一九九八年，國民黨（**KMT**）受民眾認同雖略有起伏，但大都維持在30%以上；民進黨（**DDP**）則由不足10%上升至20%左右；新黨則起伏甚大，九五至九六年達10%以上，九八年以後弱化到5%以下。值得注意的是，中間選民一直居較高的比例約30%至50%（除新黨強盛時中間選民比例降低）。政黨認同固然與掌握政權及資源，藉由文宣造勢有關，但中

表7-1　台灣民眾的政黨認同變動情形（一九九一至一九九八）

年月份	國民黨	民進黨	新黨	中間選民	無反應	人數
1991.11	34.4	2.5	— —	52.8	10.4	3035
1992.12	36.0	5.7	— —	44.4	13.9	1002
1994.07	30.2	12.1	6.2	32.8	18.7	1209
1995.04	34.4	10.8	8.2	28.0	18.6	1216
1995.11	32.4	16.4	11.7	22.5	16.9	1150
1996.03	33.3	14.2	13.9	27.2	11.5	1223
1996.10	35.5	12.5	10.7	31.8	10.0	1176
1997.05	26.0	19.1	8.9	40.3	5.8	1194
1997.07	27.7	17.4	7.7	40.2	7.4	1586
1998.02	30.7	21.6	4.2	35.5	8.1	1226
1998.03	32.2	23.7	4.4	34.4	5.3	1614
1998.04	26.2	19.2	4.5	40.9	9.1	3426
1998.07	35.6	22.0	4.0	32.8	5.7	1606
1998.08	24.3	23.1	4.5	42.5	5.5	1089
1998.10	31.2	20.8	2.8	38.2	7.0	1204

資源來源：政治大學選舉研究中心歷年電話訪問，此引自劉義周（2001：
　　　　　101）。

間選民未表態往往較多隱向在野黨。當國民黨執政並獲更多認同
時，許多學者還冀望其改變一黨獨大，落實台灣的真正民主化與
自由化，似乎未料到國民黨在短期內會淪為在野的可能
（Winckler, 2001: 19-62）。

　　其次，吾人再以大約同時期「民眾的國家認同」（**表7-2**）來
參照：

　　表7-2明顯的看出民眾自認為是「中國人」的，由一九九三年

社會學與現代社會

48％降到一九九七年23％（一九九六年中共飛彈威脅更降爲20.5％）；同時期自認爲是「台灣人」的由16.7％上升到36.9％，這兩項（中國人／台灣人）認同的變化均呈「倍數」的消長。至於自認是「中國人也是台灣人」的變化則維持在32％至49％之間。這些數據尙未統計到二〇〇〇年政黨輪替，近年來各項民調顯示「台灣人認同」已明顯的超越「中國人認同」及「是中國人也是台灣人的認同」。

其三，本時期的族群認同遠比上一時期（威權教化式）更形多元且複雜。之前所謂台灣族群雖然早已存在「國、客、原、外」四大族群，但族群關係形式只呈現「本省人」／「外省人」的二元對立（本文第三節已述），到了民主轉型期台灣的族群分化更多元（四大族群各有族群認同）、也更複雜（有反威權體制而結盟的

表7-2　台灣民眾的國家認同變遷（一九九二至一九九七）

年月份	自己是中國人	自己是台灣人	既是中國人也是台灣人
1992.9	44.0	16.7	36.5
1993.1	48.5	16.7	32.7
1994.2	24.2	29.0	43.2
1994.5	22.5	23.8	49.5
1994.7	21.7	28.4	49.9
1995.6	23.8	27.9	43.6
1996.11	20.5	24.9	49.5
1997.5	21.8	32.8	45.4
1997.9	23.1	36.9	34.8

資料來源：行政院陸委會（1997），引自郭正亮（1998：123）。

政治社會運動：有因資源競爭的原／漢、閩／客、本省／外省人之爭；更因不同政黨的政策綱領，對族群的分、合起了重大影響），這種複雜多元的族群政治，直接、間接影響了族國認同的態度與族群關係。

其四，如果前一時期（威權時期）國民黨採「教化式同化」方式，則此一時期似乎也學會了「從掙脫到宰制」的「新教化論述」。此一歷程分為三階段：第一階段是批判、消解國民黨「黨國意識型態」，使其從官定、獨占的意識型態退位甚至消失；第二階段以「本土化」取代「中國化」進而「去中國化」，例如中小學教科書對台灣意識的提倡，對中國意識的批判，或國家考試對中國文化的消減。更進一步把「全球化」做為「國家治理」的新思維（Peters, 2000: 29-57），由台灣出發直接面向全球國際社會（刻意略過大陸或兩岸互動的各種可能關係）。而兩岸關係自一九九五、九六年迄今，政治交流互動近乎停滯（經貿、文教尚能維持順暢），李登輝主政晚期「戒急用忍」，民進黨的「閉鎖政策」似乎以「斷絕」鞏固台灣內部的「台灣人主體」論述；第三階段更建構出「愛台灣」的狹隘性定義與壟斷性詮釋，將「台灣族群」限定於本文第二節所述之「原生論」或「本質論」，考察其是否「出生於台灣」，以集體記憶（如二二八、美麗島事件）或結構性失憶（只擷取外來政權的宰制支配，不承認過去的經濟社會發展）來宣稱某一政黨或某些政治人物才是「愛台灣」，其他政敵（或政黨）可能是「賣台集團」或「中共同路人」……。至此階段「本土化台灣人」的族國建構大致確立，而整個台灣地區甚或海外華人，族國認同的解構與重構似乎同時在進行著。

第五、本文所謂本土化台灣族國認同的「解構」與「重構」，包括「解構中國民族主義」（去中國化）、「重構台灣本土化的主

導地位」，本文對此一趨勢僅作事實描述，無法，也不欲進行價值判斷，因為筆者是正港的世居台灣十幾代的「台灣人」，對於台灣主體性建立，以及提升本省人地位，使占人口比例絕大多數的台灣人，比過去威權時期擁有更多的政經資源與語言文化發展，自然是「喜悅」與樂見的，然而，張揚本土化而「去中國化」，狹隘且自製壟斷的「愛台灣」定義，導致族群對立、認同紛歧，甚至外力加劇，豈不「可悲」？此種「憂喜兼俱」，是當前許多人思考「新族國認同」或「新文化論述」的一些動力，也是本文所謂「雙重斷裂」的轉化：是否復歸於「傳承」的未來課題。

第四節　結論與討論：「雙重斷裂」的轉化，是否復歸於「傳承」？

　　本文所謂「雙重斷裂」，係指台灣地區大多數族群來自大陸的原鄉，地理阻隔與政治分裂形成近半個世紀的「斷裂」（第一重斷裂）；近十餘年來的「本土化」而「去中國化」，又產生台灣內部族群關係對立，使國家認同「斷裂」（第二重斷裂，亦可稱撕裂）。此一現象不論執政黨或在野黨、獨派或統派、學界或非學界……大抵都承認其存在且相當嚴重，所不同的僅是把「責任歸諸於對方」而已。要如何尋求出路？似乎還莫衷一是。

　　其實在稍早之前（一九九五年三月），許信良出版《新興民族》一書，已對台灣族群出路提出思考，他認為：台灣人民相較於其他民族，已經在國際經貿的競爭中，證明了「知道更多，活動更強」的優越能力，頗有機會繼主導二十世紀世界的美國人和日本人之後，成為二十一世紀世界的新興民族。問題是，逐漸主導台

灣的「台灣民族主義」既然強調台灣人民的主體性，何以在台灣人民最具能力的經貿競爭上，反而缺乏經略中國市場的自信？面對中國時何以表現出不安與退縮？因此，他主張台灣民族能否崛起的關鍵，並不在台灣人民的認同能否得到內部鞏固的主觀共識，而在台灣人民的能力能否得到外部發展的客觀空間。該書的論點，與其說鼓舞台灣人民成為「新興民族」，毋寧說台灣人民如要成為世界新興民族（有這種條件及理想），必須有「經略中國的自信」，有「得到外部發展的空間」。具體的構想是，海洋台灣、經略中國、奔向世界（成為二十一世紀世界的新興民族）。此一構想與一九八○年代中共改革開放，欲打破「鳥籠經濟」[14]的限制，由一群主張開放的學者，透過《河殤》劇集，說明農業草原文化，如果要成為強大的中國，須放眼世界，「奔向蔚藍色」的海洋（蘇曉康、王魯湘，1998），亦即對外開放，全球布局。在某種程度上，許信良認為台灣內部「獨立建國」的觀點，雖能得到「內部鞏固的主觀共識」，卻缺乏向外發展、經略中國（大膽西進）的雄心與策略。

差不多相同的時間，李登輝總統也提出「經營大台灣，建立新中原」的構想[15]（李登輝，1996：5-11）。李氏認為：「台灣地理位置的特點，更成為大陸文化與海洋文化交會貫通的樞紐。在多元文化長期而充分的輻輳整合下，使台灣在中國文明的總體發展趨勢中，躍居為最先進的新生力量，成為中國文化的『新中原』……」（頁10）他不僅認為台灣成為中國文化的「新中原」，還要進一步確立這種「新中原」的優勢地位，「進而透過兩岸和平的交流與互惠，增進雙方人民的瞭解與友愛，對中國大陸正面臨的文明更新困境，注入新的激素與活力，重建二十一世紀中國文化的新內涵。」（同前，頁11）

回顧前面引述許信良、李登輝之言論主張，與今日的主張比較對照，九年來何者變了？爲何變了？實有待於思考與討論者，一也。其次，以台灣的「新興民族」、「新中原」所表現的自信與走出去的決心，和大陸《河殤》影集，欲突破「鳥籠經濟」奔向蔚藍色海洋開放，兩相比較，近十餘年來兩岸的「向內鞏固」與「向外開放」形成強烈對比，利弊得失如何？值得思考討論者，二也。再次，許信良主張由台灣「經略中國」；李登輝主張台灣作爲新中原，「透過兩岸和平的交流互惠……重建二十世紀中國文化的新內涵」。二者似乎都將台灣文化與中華文化視爲「傳承」而非「斷裂」，台灣與中國是政治上的分立，而非文化上的「斷裂」與袪除（去中國化）。然而，發展到今日的情勢，卻是兩岸族國的斷裂，台灣內部族國認同的斷裂，這雙重斷裂可從本章第三節**表7-1**、**表7-2**的政黨認同與國家認同之變化得知。此一變化固然使台灣的主體性更強化、更確立，弔詭的是，內部的分裂、撕裂也日益嚴重，爲當前亟待思考解決者，此其三也。

　　二〇〇四年「三二〇總統大選」後的對立紛擾，藍綠陣營將責任歸於對方，並不能解決問題，無助於撫平裂痕。根據報載（《聯合報》，2004年5月16日，A4版）：民進黨青壯派立委展開「國家認同與新文化論述」，主張把中華民國國號、國旗這些圖騰象徵「拿回來」，使有疑慮的民衆放心，有助於族國和諧安定。國民黨「五六七大聯盟」則批評這種新文化論述是「執政」、「競選」策略，以建構「台灣國族主義」爲目標的「軟性建國策略」。而國民黨「五六七大聯盟」提出「新社會關係」的價值論述，主張包容的在地化論述（按：不突顯本土化）以「反撕裂」；民主教育的「公民啓蒙運動」以「反民粹」；打造無憂慮的「新安全價值」以「反恐懼」。

上述綠、藍陣營的「新論述」雖然尚未形成黨內共識，也沒有太大交集，但有若干共同特點，即「從內部看內部」，欲意針對台灣內部的斷裂、撕裂做修補，尋出路。然而，問題是，今天台灣內部的撕裂對立，如果不僅是內部問題，還涉及外在環境制約（中共、美國等），則僅著眼於內部的反省或「選舉論述」，如何能產生實質效果？事實上，本文觀點以為台灣族國認同的紛歧主要來自外部。試想，如果客觀環境允許台灣自由、自主決定自己的地位、命運、前途，則我們以民主程序的「公民投票」，選擇一個與世界其他任何國家不同名稱來「自我命名」（不論台灣也好，中華民國也好，或其他名稱），則以台灣各族群的聰明才智，必能立足台灣、放眼世界。然而，外在環境的限制，是台灣必須思考族國建立與族國認同的基準點在哪裡？藉用王明珂跳脫「族群內部本質」，改採「邊緣外在」的觀點，從整個國際形勢來觀照，也許復歸於台灣民族文化與中華民族文化的「傳承」，作為凝聚台灣內部共識與兩岸復歸交流合作的基點，逐漸紓解台灣內部的壓力，處理兩岸緊張對峙的關係，這是危機中的契機。此時我們對於民族主義（nationalism）抱持著安德森（Benedict Anderson）（1991）所謂「想像的共同體」（imagined communities）第十一章所述「記憶與遺忘」。

　　當很大一群人能夠將自己想成在過一種和另外一大群人的生活相互平行的生活的時候——他們就算彼此從未謀面，但卻當然是沿著一個相同的軌跡前進的——只有在這個時候，這種新的、共時性的嶄新事物才有可能在歷史上出現。……人們可以完全知道他們和另外的一群人擁有相同的語言和（不同程度的）相同的宗教，但卻又

不會太期待要和這些夥伴們相會（吳叡人譯，1999：
209-210）。

　　或許，這段話語可以作為本文論述「傳承與斷裂：台灣族國
認同的轉化」，最簡明扼要的「結論」或「註腳」，更提供關心台
灣族群問題者，進一步深入思考與討論。

註釋

1 其實台灣地區目前除了原住民、閩南人、客家人、外省人等所謂「四大族群」外，愈來愈多的外籍人士、外籍配偶，均逐漸形成「五族」的社會型態。有關「外籍新娘」請參閱夏曉娟（2002：1-28），而外籍勞工之近況，請參見薛承泰、林昭禎（2004：212-221）。不過本文討論之台灣族群認同，尚未涉及此「外籍族群」，擬日後再專文論述之。

2 無可諱言，一九七〇年代以前，「剛性威權」時期，中央層級政治精英台籍人數比例甚低。一九七〇年代以降，拔擢本土青年才俊之所謂「崔苔菁」政策，台籍人士參與中央政治者增多，但主要職位還是「外省籍」為多，一九九〇年代以降之「本土化」，本省籍政治精英大幅躍升，近年來反造成外省籍之不安。

3 此類「二分法」並不完全一致，也無法完全涵蓋，例如：認同「中華民國」的未必完全贊成「統一」。又如有些人主張「不統」、「不獨」、「是台灣人也是中國人」……這些思想紛歧反映在族群認同上的混沌複雜。

4 此所謂「原鄉文化傳承再造」，並不限於台灣早期移民的閩、粵原鄉，而是包括一九四九年移入台灣的各省人士，因此，「原鄉文化」廣義的範疇，涵蓋整個中華（中原）文化。

5 過去國民黨執政，常會以「蘆溝曉月的礮聲」、「南京大屠殺」、「十萬青年十萬軍」……來喚醒歷史記憶，而對於「二二八事變」則視為禁忌（taboo），希望大家「向前看」（歷史失憶），反之，民進黨則以「二二八事件」，「美麗島事件」……作為凝聚族群的集體記

憶，而在文史教育上「去中國化」，意欲造成族群的結構性失憶。

6 施正鋒（2000：7-8）列舉了鄭欽仁，1989；張炎憲，1993；張茂桂等人，1993；李筱峰，1994；石之瑜，1995；徐火炎，1996；吳乃德，1997；江宜樺，1998等用「國家認同」。而盧建榮，1999；王家英、孫同文，1999；蕭新煌、尹寶珊，1998；趙剛，1994用「國族認同」。上述著作見施正鋒所列書目（同前，頁34-40）。

7 蔣中正總統念念不忘「反攻大陸」、「反共復國」，既不會以台灣獨立為目標，更不可能鼓勵島內族群自決。

8 Milton Gordon指出，結構同化可以發生在兩個層次，一是初級的結構同化，指不同的族群開始在較非正式的結構中（交友、結婚對象的選擇）交融；一是次級的結構同化，指的是在正式的結構中（例如教育機構、工作場所等）有交融的現象。二者之間在概念上是完全獨立的，不同族群成員可能進相同學校、在相同的地方工作，但放學及下班之後仍然只和同族群的人來往、也不通婚（Gordon 1964，引自王甫昌，1998：60）

9 有關台灣近代政治發展的解釋，有各種不同學說，但晚近比較常被提到的大抵分為威權統治、威權轉型、民主鞏固等階段，其意涵及歷史劃分可參見Winckler（1992；2001）；黃錦堂（1999：19-46），蕭全政（2001），劉阿榮（2002：162）。

10 此所謂「批判性角度」，並不涉及客觀與否的價值判斷，而是突顯政策的不公平、不合理。他不考慮當時主客觀條件與現代情況（二十一世紀）是否一致？當時如不推行「國語」，族群如何溝通？（當然，因推行國語而禁母語是不當的，是吾人反對的）當時如果不建立新的「族國認同」（王甫昌稱為「動員戡亂時期中國民族主義」，應如何凝聚島內族群？（當然，如能建立「台灣民族主義」更適當，但在那時有可能嗎？）另外，所謂「外省人」似乎也不能

233

簡化爲「同質性」的一體概念，尤其在強調權力及資源優勢時，適用於「外省籍」上層統治階層，但不適用於中下階層，尤其許多半生戎馬的老兵，其社經地位普遍不如本省人。

11 這兩篇文章爲一九七二年、一九七九年在《中央日報》刊載，筆者正在唸大學及研究所階段，其內容訴求：安定才能發展，一味的追求民主自由，不考慮國家處境，會使國家社會沈淪。在當時引起了不同的評價。

12 蕭全政（2001：77）並未明確界定「去內戰化」的意涵。本文提出「兩個政治實體」的論述，是根據終止「動員勘亂時期」，廢除「臨時條款」，回歸憲政體制，承認兩岸爲「政治實體」。

13 一九九○年代中期，國民黨李登輝爲主席，民進黨爲對抗國民黨統派，在許多政策上支持李登輝之主流派或本土派，共同鬥爭非主流派，因此被戲稱爲「一個半的黨主席」。

14 所謂「鳥籠經濟」主要是中共元老陳林所倡，因爲改革開放後引起社會主義體制的變化，造成開放幅度太大的不安，因此希望在社會主義基礎上開放市場經濟，被形容爲「鳥籠經濟」：鳥抓在手中會捏死（死守社會主義），放開手會飛走（自由市場開放），最好是放在鳥籠裡不會飛太遠也不會捏死（社會主義市場經濟）。

15 許信良《新興民族》四百多頁，一九九五年三月出版，其寫作應在九四、九五年間。李登輝演講〈經營大台灣，大家一齊來——我心目中的台灣未來圖像〉，爲一九九五年一月，稍後出版，九六年一月有新刊版。兩者（新興民族、新中原）的時代大致相同。

問題與討論

一、什麼是族群（ethnic groups）？請分別從主觀、客觀的定義；
　　核心主體、邊緣觀點去描述「族群」的各種概念。

二、「熔爐式同化」和「教化式同化」有何不同？台灣「威權統
　　治時期」的同化採何種模式？有何影響？

三、台灣地區「民主化」過程中，提倡「本土化」、「台灣優先」
　　有何重要意涵？您是否贊同以「本土化」取代「中國化」？
　　或更進而「去中國化」？贊成或反對所持的理由何在？

四、思考當前乃至未來台灣的族群關係與國家認同，您參考國
　　內、外情勢，比較傾向「鞏固內部」，建立台灣獨立自主，而
　　抗拒中共政權？還是擱置內部爭議，「向外開展」加強兩岸
　　交流合作，讓族群與國家認同，經由歷史文化自然逐漸地紓
　　解？或有其他不同意見？請提出討論。

第七章　族群、記憶與國家認同

參考文獻

Anderson, B. (1991). *Imagined Communities: Reflections on thwe Origin Spread of Nationalism*. London: Verso.

Brubaker, R. (1996). *Nationalism Reframed: Nationhood and the National Question in the New Europe*. Cambridge: Cambridge University Press.

O'Donnell, Guillermo & Schmitter P. C. (1986). *Transitions From Authoritarian Rules:Tentative Conclusions About Uncertain Democracies*. Baltimore: The Johns Hopkins University Press.

Peters, B. G. (2000). "Globalization, Institutions and Governance". in Peters, B. Guy & Donald J. Savoie (eds.), *Governance in the Twenty-first Century: Revitalizing the Public Service*. Montreal: Mcgill-Queen's University Press, pp. 29-57.

Winckler, E. A. (1992). "Taiwan Transition?". in Cheng, Tun-Jen & Stephan(eds.). *Political Changes in Taiwan*. London: Lynne Rienner.

Winckler, E. A. (2001). *"Regime Type and Regime Change on Taiwans: Some Conceptual Issues and Comparative Implications."* 載於中研院台灣研究推動委員會主編《威權體制的變遷——解嚴後的台灣》。台北:中研院台史所籌備處出版,頁19-62。

Anderson, B.著,吳叡人譯(1999)。《想像的共同體:民族主義的起源與散布》。台北:時報文化。

王明珂(2001)。《華夏邊緣——歷史記憶與族群認同》。台北:允晨文化公司。

王甫昌(1998)。〈省籍融合的本質:一個理論與經驗的探討〉,載於

　　張茂桂等著，《族群關係與國家認同》。台北：業強出版社，頁
　　　53-100。

王甫昌（2003）。《當代台灣社會的族群想像》。台北：群學出版社。

江宜樺（1998）。《自由主義、民族主義與國家認同》。台北：揚智文
　　　化，頁137-188。

吳乃德（1998）。〈省籍意識、政治支持和國家認同：台灣族群政治理
　　　論初探〉，載於張茂桂等著，《族群關係與國家認同》。台北：業
　　　強出版社，頁27-51。

李登輝（1996）。《經營大台灣》（新刊本）。台北：遠流出版公司。

沈宗瑞（2001）。《國家與社會——中華民國的經驗分析》。台北：韋
　　　伯文化。

林恩顯（1997）。〈族群認同與族群關係〉，載於洪泉湖、劉阿榮等編
　　　著，《族群教育與族群關係》。台北：時英出版社。

施正鋒（1998）。《族群與民族主義——集體認同的政治分析》。台
　　　北：前衛出版社。

施正鋒（2000）。《台灣人的民族認同》。台北：前衛出版社。

夏曉娟（2002）。〈流離尋岸：資本國際化下的「外籍新娘」現象〉。
　　　《台灣社會研究叢刊》，第9期，第1章，頁1-28。

孫同文（2003）。《從威權政府到民主治理：台灣公共行政理論與實務
　　　之變遷》。台北：元照出版社。

徐正光、宋文里合編（1990）。《台灣新興社會運動》。台北：巨流圖
　　　書公司。

郭正亮（1998）。《民進黨轉型之痛》。台北：天下遠見出版公司。

張茂桂等（1998）。《族群關係與國家認同》。台北：業強出版社。

連橫（1992）。《台灣通史》卷二（建國記）。台北：幼獅文化。

黃錦堂（1999）。〈民主化對環保政策之衝擊與因應之道〉。《理論與

237

政策》，第13卷，第3期，頁19-46。

劉阿榮（1997）。〈民族主義基本概念的解釋：認同及國家認同條詞〉，載於洪泉湖、劉阿榮等編著，《族群教育與族群關係》，台北：時英出版社。

劉阿榮（2002）。《台灣永續發展的歷史結構分析：國家與社會的觀點》。台北：揚智文化。

劉阿榮（2003）。〈多元文化與族群關係：台灣的抉擇〉，載於國家展望文教基金會主辦，《迎接全球化，超越二○○八系列研討會》論文，頁1-16。

劉義周（2001）。〈解嚴後台灣政黨體系的發展〉，載於中研院台灣研究推動委員會主編，《威權體制的變遷：解嚴後的台灣》。台北：中研院台史所籌備處出版，頁89-118。

蕭全政（2001）。〈台灣威權體制轉型中的國家機關與民間社會〉，載於中研院台灣研究推動委員會主編，《威權體制的變遷：解嚴後的台灣》。台北：中研院台史所籌備處出版，頁63-88。

蕭高彥（1995）。〈愛國心與共同體政治認同之構成〉，載於陳秀容、江宜樺主編，《政治社群》。中研院中山人社所專書（38），頁271-296。

薛承泰、林昭禎（2004）。〈外勞數量與台灣勞工就業的關係〉。《國家政策論壇》，2004年1月。

蘇曉康、王魯湘（1998）。〈河殤〉。《中國時報》。1998年8月11至14日，18版。

第八章　網際網路與資訊社會

元智大學社會學系專任副教授

王佳煌

作者簡介

　　王佳煌，國立政治大學中山人文社會科學研究所法學博士，美國密西根州立大學社會學博士，現任元智大學社會學系專任副教授。研究領域為政治經濟學、都市社會學、資訊社會學。著作有《資訊社會學》、《資訊科技與社會變遷》、《手機社會學》等書。

教學目標

一、透過各種統計數字，認識網際網路的成長與發展。

二、以網際網路為中心，瞭解資訊社會的主要議題與趨勢。

三、論述網際網路、資訊社會與時空壓縮、時空重組的關係。

摘要

　　本章主體分成三個部分。一是列舉各種與網際網路相關的調查發現與統計數字，二是介紹資訊社會研究的各種領域與主題，三是討論網際網路與時空關係，並特別著重時空壓縮與時空重組的概念。

　　在第一部分，各種與網際網路有關的調查發現與統計數字均顯示：資訊社會的確在逐漸成形、擴展，成為我們日常生活中揮之不去的成分。在第二部分，我們看到資訊社會學的研究主題與領域包羅萬象，國家資訊基礎建設、電子民主、電子化政府（電子政府或數位政府）、數位落差、電子商務、監視與隱私權、資訊法律、虛擬社群，都有資訊社會學的研究論著。在第三部分，論述網際網路、資訊社會與時空壓縮、時空重組的關係。網際網路固然促成資訊社會時空關係的壓縮與重組，但與其說網際網路是時空壓縮與時空重組的導因，不如說網際網路與時空關係的壓縮、重組都是後現代社會的表現、趨勢與模式。

241

網際網路已經成爲許多人社會生活中重要的部分，也是資訊社會不可或缺的基礎建設與象徵。以網際網路爲基礎的各種軟體、硬體與應用，也如雨後春筍，紛至沓來。我們社會生活的各個層面，都與網際網路形成不同程度的關係與鏈結。政治、經濟、文化、心理、犯罪、軍事、社會互動與社會關係，都因爲網際網路與相關應用，產生各種用途、習慣與問題。無論是報章雜誌、街談巷議，還是學術研究，網際網路與其他資訊科技引發的社會議題與問題的討論、辯論、詮釋，幾乎無日無之。

　　網際網路、資訊社會的論著汗牛充棟，本章撰寫宗旨又以介紹爲主，加上篇幅有限，因此以下的論述分成三部分。第一部分列舉各項有關網際網路的調查發現與統計數字，確認資訊社會正在逐漸成形擴展。第二部分介紹網際網路引發的資訊社會學各種研究領域與主題，追溯資訊社會的根源。最後，本章以網際網路爲中心，討論資訊社會時空壓縮（temporal-spatial compression）與時空重組（temporal-spatial realignment）的意義。

第一節　網際網路的成長與發展

　　從統計數字來看，網際網路的成長大致可分成三個階段。第一個階段是少數人開始試用；第二個階段是網路人口逐漸增加，突破臨界點，網路成爲社會生活的一部分；第三個階段則是網路應用逐漸多樣化，包括無線上網、行動上網、電子商務、線上遊戲等。在網路人口與網路應用的過程中，數位落差（年齡、職業、性別等）與應用區隔（各種終端設備的普及度）也顯現出

來。

　　根據台灣網路資訊中心（TWNIC）的統計調查，該中心與交通部統計處的資料顯示，台灣上網人口逐年增加。二○○一年三月為八百三十四萬人（十五歲以上），此後逐年增加，二○○四年十二月達一千三百三十一萬人（○至一百歲）。截至二○○四年十二月，全台灣約一千三百萬人使用過網路。十二歲以上的民眾使用過網路的比例占64.14%。以性別來看，男性占67.55%，女性占60.64%。以年齡層來看，十二至十五歲、十六至二十歲、二十一至二十五歲三個年齡層的上網比例均在九成以上，二十六至三十五歲占85.16%，三十六至四十五歲則降至68.74%，此後逐層急減，五十六歲以上占15.19%。在寬頻網路方面，十二歲以上民眾有53.78%，即一千零三十一萬人用過寬頻上網，其中使用ADSL寬頻上網的占77.4%，付費電話撥接僅占8.17%，非在家中與cable modem的比例更僅各占4.21%與3.9%。就無線上網而言，十二歲以上民眾有12.44%（兩百三十八萬人）使用過無線上網。主要無線上網地點為家中與工作場所，各占44.59%與32.75%，學校與網咖各僅占18.94%與11.89%。在行動上網方面，十二歲以上之民眾使用過行動上網者僅有6.66%（一百二十七萬人）。行動上網主要方式為GPRS，占58.75%。其次是WAP與PHS，各占17.64%與13.95% [1]。

　　中國在二○○三年的網路用戶達到八千萬，成長率52.5%。寬頻用戶在二○○一年為七十八萬戶，此後每年即大幅成長。從二○○二年到二○○五年，依次為三百二十八萬、一千七百四十萬、三千兩百九十萬六千、四千三百八十一萬七千。不過，大陸網路用戶集中在沿海地區（遼寧、河北、山東、江蘇、浙江、福建、廣東七省與北京、天津、上海等直轄市），占56.8%（李欣

243

岳，2004），社會經濟與區域發展的數位落差相當明顯。

　　網路的成長也發生排擠與互補效應。網路已超越多數傳播媒介，成爲台灣民衆主要傳播媒介之一，僅次於電視。根據市調業者「創市際」與「台灣易普索」（Ipsos Taiwan）於二〇〇五年三月進行的電話調查（分層隨機抽樣），台灣地區民衆使用媒體的狀況仍以電視爲主（比較二〇〇四年之調查），占74.3%；其次是網路，占44.9%；雜誌期刊與報紙各占34.5%與28.5%，廣播則占21.2%[2]。

　　在電子商務方面，經過第一波電子商務泡沫化的衝擊，電子商務似乎有東山再起的趨勢。根據業界調查與估計，全球B2C電子商務金額已從二〇〇二年的一千三百三十六億美元逐步成長到二〇〇三年的兩千零三十七億美元與二〇〇四年的兩千九百七十四億美元，預估二〇〇五年將成長到四千一百七十六億美元與二〇〇六年的五千六百一十八億美元。台灣線上購物的市場在二〇〇二年的交易金額僅占傳統零售金額的0.5%，次年即逐漸增加到0.68%。線上購物的金額在二〇〇二年爲新台幣八百八十九億元，二〇〇三年即增至一千五百七十五億元，二〇〇四年爲兩千兩百零九億元。預估從二〇〇五年到二〇〇八年，每年金額爲三千五百五十四、五千一百八十八、七千零四、八千六百八十六億元（高子羽，2004：92）。中國大陸電子商務市場交易金額在二〇〇一到二〇〇三年間每年成長率都超過四成。預估從二〇〇五年開始，成長率才會降到四成以下，並逐年減少，但交易金額仍將逐年成長，從二〇〇五年的五千五百四十億元（人民幣）增加到二〇〇八年的一萬零七十八億元（二〇〇一年只有一千零八十八億元）（陳慕君，2004a）。

　　在線上遊戲（online game）方面，線上遊戲已經成爲年輕群

體的主要新興休閒活動之一，也是網路業者的主要利潤來源。根據業界調查，二○○三年亞太區域的線上遊戲會員召募所得達七億六千萬美元，其中南韓即占三億九千萬美元，占總金額一半左右。台灣與中國大陸則分占一億七千萬與一億六千萬美元。不過，台灣線上遊戲市場有其獨特之處：一是台灣線上遊戲會員營收在華人世界首屈一指；二是台灣線上遊戲玩家以青壯年為主，二十一歲到二十五歲之間占總數24.8%，二十六到三十五歲之間占23.4%，均比二十歲以下的19%還多；三是台灣線上遊戲玩家練功時間平均每月四十九・六小時，略低於大陸的五十三小時，但比靠線上遊戲東山再起的南韓二十三・六小時多一倍左右（陳慕君，2004b）。中國二○○三年的線上遊戲用戶數為一千八百五十萬人，成長率為48.5%。二○○四年為三千兩百萬人，成長率72.1%。預估二○○五年線上遊戲用戶數可達四千八百三十六萬人，成長率51.1%。二○○六年可達七千萬人，成長率約44.7%。二○○○年，大陸線上遊戲市場規模只有人民幣三千八百萬元。二○○一年即遽增至三億兩千五百萬元，二○○二年再跳升至十億兩千萬元，二○○三年再急增至十七億八千萬元，成長率74.5%（伊芸，2004）。

繼個人網站、聊天室與電子郵件之後，即時傳訊（instant messaging）的用戶也急速成長。二○○二年第一季的即時傳訊使用者有四十一萬三千人，成長率6.3%。次年第一季的使用者增加近一倍，達到七十四萬九千人，成長率9.8%。二○○四年第一季，使用者人數呈現爆炸性成長，躍升至兩百七十九萬兩千人，成長率36.1%。最早出現的即時傳訊軟體ICQ用戶比例則從二○○二年的55.8%急降到8.1%，Yahoo! Messenger則急增至68.5，其次是MSN Messenger從二○○二年第一季的31.0%緩增至二○○四

年第一季的48.2%。相對來說，Yahoo! Messenger的使用者以二十歲以下的學生為主，MSN Messenger的使用者則以二十歲到二十九歲年輕人、大專教育程度為主（陳慕君，2004c）。

另一個急速擴增的網路應用是部落格。部落格或網誌是blog的中譯名稱，blog則是weblog的縮寫，意指一種近年新興的書寫（writing）網站或線上日誌（online diaries）。部落客或播客（blog-ger）是書寫網站的作者，部落格空間（blogspace）或部落格宇宙（blogsphere）則是部落格網站集合而成的社群空間或虛擬空間。根據市調業者「創市際」的調查，在二〇〇五年三月，已有四成九的網路人口造訪過部落格的相關網站與頻道，比起二〇〇四年十二月的28.6%，成長約20.4%。也就是說，在二〇〇五年三月，一千多萬不重複上網人口中有五百一十三萬人上過部落格網站[3]。國外的統計調查則顯示，在一九九九年，部落格總數約五十個，二〇〇四年的估計在兩百四十萬與四百一十萬之間。一家顧問公司則估計到二〇〇五年，部落格總數將超過一千萬個（Drezner & Farrell, 2004: 33）。二〇〇二年的部落格只有十萬個，二〇〇四年有四百八十萬個部落格。網路人口中有11%或五千萬人經常閱讀部落格，其中三分之一會書寫回應（Gard, 2004）。另一個調查數字指出，在二〇〇四年，美國一億兩千萬網路使用者中有7%或八百萬以上的人已經製作部落格或網路日誌。27%網路使用者或三千兩百萬人說他們讀部落格。不過，只有38%網路使用者聽過部落格[4]。

第二節　網際網路與資訊社會

上述這類國內外與網際網路相關的統計數字還可以再繼續列舉。不過，本章的重點不是抄錄所有與網際網路有關的統計資料，而是藉由這些數字，勾勒資訊社會在數量上的成長。在社會生活當中，數量的成長與層面的質性轉變密切相關。用比較粗糙的話來說，可以說是量變導致質變，一個全面的資訊社會已經成形壯大。

這並不是說，資訊社會是一個全新的發展趨勢與社會結構。事實上，從歷史的觀點與時空的脈絡來看，資訊社會不宜說是全新的產物，而是長期的發展表現。只要我們肯花一點時間回顧歷史，即可發現：資訊社會不只是近十年來的科技與社會產物，它更可以說是百年波濤中的新高峰。

網際網路與資訊社會的發展歷程

一般而言，論者介紹網際網路的歷史，或是界定資訊社會的起點，多半是以美國先進研究計畫局的Advanced Research Projects Agency Net（ARPA Net）為論述起點（王佳煌，2000：56-57）。但這只是網際網路的開端，其實網際網路的原始構想與資訊社會的起點還可以往前追溯。

先把眼光移到一九七〇年代末期與一九八〇年代初期。當時

法國為改善電信通訊問題，積極發展迷你電（minitel）系統與服務。迷你電系統以teletel為通訊標準，使用者透過小螢幕終端機與電話，撥打四位數簡碼，即可使用各項服務。迷你電可以說是法國版的網際網路，也是手機加值應用服務的先驅。現在網際網路與手機的各種（加值）應用與社會問題，包括查詢資料（電話號碼與生活資訊）、網路訂票（車票、戲票）、虛擬社群、情色服務、聊天室、電子商務、網路依賴等，都是以迷你電為中心而發展出來的使用與互動模式。

迷你電介面簡單，容易操作使用，但它的問題是本身構造與技術標準封閉，難以推展。加上網際網路在一九九〇年代初期興起，迷你電的優勢逐漸喪失，只能在法國及英國、德國的少數區域使用，並發展出新的技術，鏈結網際網路，成為網際網路中極小的環節。

如果再把時間往前推到十九世紀末與二十世紀初期，我們即可發現，電話的使用並不像現在這樣，只是單純的連絡工具與簡單資訊（查號、交通、氣象等）的提供。當時就已經有人構思、推動我們現在所說的加值服務。他們透過電話播放音樂（會）、笑話、戲劇（廣播劇）、商業廣告，報導新聞與股價指數，製作語言教學節目，傳播宗教訊息，從事宗教崇拜（Briggs, 1977: 44, 51-59）。

電話之前，還有電報。雖然電報現在看起來是老古董，但誠如菲立普（Philip）（2000: 269, 272-276）所言，從某個角度來看，電報「開」與「關」的原理也可以說是一種零與一的數位概念。而且電報這種「數位」科技最早可以追溯到十七世紀，最晚可以前推到摩斯（Samuel F. B. Moses）於一八三八年發明電報碼。根據菲立普的論述，整個十九世紀的中期與後期，各種電報

技術與業者互相競爭，各擅勝場。政府尚未全面介入管理之前，許多人更因通訊需要，「訂閱」電報線。軍隊用電報傳遞訊息，金融業、報社與鐵路公司用電報傳遞營運資訊。當時的電報業者爲提升業績，更推出各種優惠措施，包括降價、單一費率，吸引客戶打電報。他們打的電報包括祝賀、安慰、悼念電報，也就是社交電報（social telegram）。

儘管如此，迷你電、電話、電報、無線電，乃至於更早之前的活版印刷、信鴿、旗鼓、烽火台、驛站系統，都是人類資訊社會成形壯大前漫長的序曲小節。以網際網路（有線與無線）、行動電話、個人數位助理（personal digital assistance, PDA）、隨身碟等行動裝置爲中心的資訊社會畢竟還是有許多趨勢、議題與模式，值得討論與研究。

資訊社會在各方面的探討

在政治方面，國家資訊（通信）基礎建設（National Information and Communication Infrastructure, NII or NICI）、電子化政府（電子政府、數位政府）、電子民主、公共領域的研究與報導引發許多問題，值得追問與討論：各國推動NII或NICI的計畫、體制與政策是什麼？電子化政府是否能夠利用網際網路，以更有效率、更有效果的方式，處理眾人之事？人民是否能藉由網際網路，反映民意，與政府首長、公務員達成有意義的溝通？電子化政府的建構與運作能否促成電子民主？選舉、罷免、創制、複決能否全盤搬到網際網路上？網際網路是否能幫助我們繞過現有報章雜誌、廣播電視的守門與過濾機制，直接促成意見表達與理性

溝通？

在社會經濟方面，資訊經濟、電子商務（供應鏈管理、客戶關係管理、網路購物、網路行銷、網路廣告、網路拍賣）、數位資本主義的報導、討論與研究無日無之。從社會學的觀點來看，或許可以追問：網際網路或資訊科技在數位資本主義中的地位、角色與功能是什麼？網際網路究竟是增加資本家的力量，還是增加勞工的力量？網際網路對資本主義企業組織的生產與管理有什麼影響？什麼是數位落差？網際網路與數位落差的關係是什麼？數位落差與社會經濟結構的關係又是什麼？有什麼政策與策略能夠解決或緩和數位落差的問題？

在文化方面，數位文學、模控機體（cyborg）的報導、討論與研究日益增多。我們可以追問：數位文學與一般媒介呈現的文學作品有什麼異同？數位文學是否真的能突破出版產業的局限，把每個人都變成作家？如果我們生活當中的每個部分都離不開網際網路與資訊科技的裝置，那麼我們是否可以說每個人已經變成人與機器合成或半人半機的生物體，變成模控機體？在這種合成體的結構當中，究竟是人主導網際網路，還是網際網路吞噬人？

在法律與犯罪方面，我們可以追問：網際網路對法律體系的刺激與挑戰是什麼？網路造成或促成的法律議題與問題有哪些？網路犯罪與一般犯罪有什麼異同？所謂網路犯罪，究竟是網路造成犯罪，還是犯罪在網路上找到新的媒介、空間與管道？現有的法律體系與實踐是否能保護我們的隱私，維護我們的隱私權？網路引發的監視效應與影響是否妨礙到我們的權益？

在心理方面，我們看到網路與個人心理（孤立、疏離等）之間關係的報導、討論與研究。那麼我們要問：網際網路與個人心理轉變的關係是什麼？是前者導致後者的因果關係，還是前者影

響後者的媒介關係？網際網路與群體心理的關係又是什麼？

在社會互動與社會關係方面，我們也看到各種虛擬社群〔包括聊天室、網路論壇、線上遊戲、電子商務消費者社群、電子布告欄、部落格blog、即時傳訊（instant messaging）等〕的討論、研究與報導。我們要追問的是：何謂虛擬社群？虛擬社群如何形成？有哪些種類？虛擬社群中的社會組織與社會互動呈現什麼樣的面貌與模式？成員如何認知、詮釋他們所處的虛擬社群環境？

社會學的觀點

既然以網際網路為中心的資訊社會已經確定成形鞏固，不再只是以前資訊科技專家與夢想家塑造的烏托邦，既然社會生活的各個層面或多或少都與網際網路形成鏈結關係，那麼我們應該從什麼樣的觀點切入，才能深化、廣化我們對資訊社會的認識、討論與理解？報章雜誌與街談巷議只有告知、宣傳與引起注意的功能，它們很難引領我們進行深度思考。以學科分類而言，政治學、公共行政科學偏重的網路研究議題多為電子民主、電子化政府或數位政府、網路民調與網路投票、電子化公文等政治、行政的應用與議題，其他社會生活與網際網路相關的議題，不容易納入政治學的研究範圍。經濟學、管理科學、傳播科學關心的議題與研究領域以電子商務、資訊管理、知識管理、資訊傳播等為主，主要目的是追求更高的效率，更低的成本與更安全的資訊處理與資訊傳輸。相形之下，社會學的觀點就比較廣泛，也比較深入。這不是說社會學比其他學科優秀，只是說從社會學的觀點研究資訊社會，可以切入、著手的層面與角度比較多樣、廣泛。

251

以虛擬社群爲例。我們在網際網路上可以掩飾自己的社會身分與外表。性別、職業、年齡、階級、教育程度與高矮、胖瘦、美醜等，都可以在某種程度上予以掩飾或假造。我們也可以跨越時空的藩籬與障礙，與各地（網際網路可及之處）的人們溝通交往，組成虛擬社群，進行一對一、多對多、一對多、多對一的社會互動。這種社會互動可以是個人欲望與需要的滿足（網戀、網交、拍賣），可以是精神與感情的慰藉與交流（如同志社群、同好社群），也可以是政治衝突、政治競爭與政治矛盾的舞台（如網路選戰、政治辯論與網路叫罵）。這些都需要我們從社會學的觀點切入，進行社會學的想像。

　　然而，正因社會學討論的社會事實、社會現象、社會議題多如牛毛，資訊社會學的研究反而更加困難。社會學其實是一個很大的學科，內部分成許多領域、次領域與次次領域，學術研究過度專門化的結果，往往很容易導致社會學家彼此各分畛域，難有交流統合。即使是著名的社會學家，對古典社會學理論大家的認識與瞭解，也常有概念錯漏與刻板印象的表現[5]。

　　即使把焦點集中或縮小到資訊社會學，只討論資訊社會與網際網路，也會因爲社會生活與社會結構資訊化、網路化的廣度與深度越來越強，以致大多數投入資訊社會研究的學者只能選擇其中幾個部分或領域，進行研究，很難像柯句特（Manuel Castells）那樣，用網絡社會（network society）這類單一的理論架構綜括、涵攝所有的現象、趨勢、模式與主題。就算只是專研幾個領域，研究成績也已日積月累，形成龐大的研究文獻。以台灣爲例，投入資訊社會學研究的社會學家各有其專研領域，有的集中在駭客與黑客，有的集中在海德格與資訊科技，有的集中在數位落差，有的集中在線上遊戲，有的集中在網路與法律的關係，有的討論

網路與社會運動。由此觀之，資訊社會學研究既是新興的、刺激的領域，也是需要投注大量心力的領域。

第三節　網際網路、資訊社會與時空關係

前面說過，網際網路的出現與普及，對社會的影響既有廣度，也有深度，造成各種社會影響，促成各種研究領域與討論主題。限於篇幅，本章無法全部陳述，這裡僅討論網際網路與時空關係的議題。

就時空關係而言，網際網路最主要的意義是時空的壓縮與組合。所謂時空壓縮，是指人們在某種程度上跨越時空的限制與障礙，進行傳播與互動。所謂時空重組，是指人可以將時間與空間切割，依照彼此的需要，運用組合，完成傳播與互動。這可以說是用時間消滅空間（annihilation of space through time），也可以說是用空間節省時間（saving time by means of controlling space）。透過網際網路，我們運用電子郵件、視訊會議、網站瀏覽、電子布告欄（bulletin board system, BBS）、聊天室、即時傳訊、網路電話，進行同步、非同步、主動、被動、單向、雙向、多向、全面開放或選擇性的互動與傳播。透過網際網路，社會互動不一定只能局限在同一個時間點與實體空間，人們在點、線、面彼此交叉組合，形成多層次與錯綜複雜的網絡結構，虛擬空間與實體空間就在這種網絡結構中交叉重疊。網際網路構築的虛擬時空與現實時空之間的界限看起來有明確的虛實之分，實際上兩者之間有緊密的、多重的、疊合的、交叉的關係。虛擬時空之中建立的關係

253

可以轉移到實體時空之中，實體時空之中的關係也可以在虛擬時空之中延續或增強。

電子郵件與BBS

電子郵件兼具一對一、多對一、一對多、多對多、同步與非同步的傳播功能。透過電子郵件地址、電子信箱，每個使用者都成為網際網路上的節點，克服時間落差與空間阻隔造成的障礙與限制。使用者不但是網際網路上的收發中心，更是活動的收發中心，這是因為透過網頁郵件、無線網路與行動電話，使用者收發電子郵件的地點不再受限於固定的上網地點。

BBS在台灣已成為大專院校、高中，甚至國中學生重要的通訊工具。BBS也兼具一對一、多對一、一對多、多對多、同步與非同步的傳播功能。雖然BBS的通訊範圍沒有嚴密的界限，但它經常與校園的時空環境結合，彼此交互為用。BBS的內容往往反映出校園內學生的社會互動狀況，校園內的社會互動也透過BBS，減少通訊傳播的成本與負擔，提升互通聲息的效率與效果。就個人生活策略而言，BBS也是學生節省手機通話成本的重要工具。

即時傳訊與網路電話

即時傳訊是近年來年輕世代新興的傳播通訊方式。使用者運用即時傳訊軟體，可以和數十萬，甚至百萬以上的人即時交友、

聊天。可以設置個人超大容量的名片通訊錄。可以玩線上遊戲。可以玩網路視訊和語音聊天。即時傳訊讓現實時空之中互動的人們在虛擬時空中延伸或接續其社會互動，也可以讓現實時空之中無緣互動的人們在虛擬時空中相會來往，甚至將互動從虛擬時空中轉移或延伸到現實時空。

　　網路電話在網際網路興起之初，曾熱門過一段時間，但因電信政策法令不夠完備、電信業者抗拒，以及設備技術不夠成熟（最主要是網路頻寬不足與軟硬體受限）等因素，並未一舉推翻電信業者的產業霸權。近年來，寬頻網路逐漸普及，相關軟硬體也有業者研發出新產品，並積極行銷，網路電話似乎又有再度盛行之勢。網路電話也許不像電子郵件、BBS那麼便利，但網路電話還是有其特殊之處。它和電子郵件、BBS一樣，有助於時空壓縮與時空重組。網路電話在非同步傳播通訊方面的功能不如電子郵件與BBS，但網路電話語（影）音通訊的優勢卻非電子郵件與BBS所能及。雖然電子郵件可以傳送影音檔案，雖然電子郵件與BBS可以用文字表情與各種符號傳情達意，但網路電話能夠讓使用者在線上同步、即時對話，甚至看到對方的影像。也就是說，網路電話可以在虛擬空間中營造虛擬的實體空間，讓使用者暫時感覺到脫離電腦螢幕前的實體空間，透過網路電話的時空壓縮與重組，在虛擬的實體空間中相會。

　　這並不是說時空壓縮、時空重組完全是網際網路造成的，而是說網際網路促成、加快時空壓縮、時空重組從量變轉為質變的速度、強度、廣度與深度，或者說網際網路其實是後現代社會時空壓縮與重組的某種技術與物質表現。

時空觀念的壓縮與重組

　　大略來說，在現代社會或現代性（modernity）興起之前，中古社會或歐洲的封建體制的時空觀念相當固定，這種時空觀念則與羅馬教廷、封建制度宰制的社會秩序相得益彰，交互爲用。然而，天文學的新發現開始挑戰，甚至撼動地球中心論的觀念。航海技術的進步與地理大發現，讓西歐政治與社會體制見識到怪異新奇的世界。資本主義生產方式確立商品生產與資本累積的體系，逐步將傳統社區的社會關係與連鎖的社會紐帶轉變爲原子化的、個體化的社會關係。以鐵路（十九世紀）、航空（二十世紀後半期）等交通工具與系統爲中心的運輸體系，配合鐘錶技術的發展，促成時間的標準化、系統化與差異化。民族主義與民族國家的興起、壯大，在舊有社群之上建立全新的政治想像與政治社群，社會關係不再只是主奴的權利義務關係，而是政治國家與市民社會的關係，以平等、自由、法治爲訴求。

　　這些現代性的社會趨勢與其他現代性的社會現象（如城鄉分立與分工等）象徵標準化、均一化的時空認知與觀念架構。但是，就在時空認知與時空的觀念架構標準化、均一化的過程中，時空壓縮、時空重組的種子也應運而生。既然時空關係可以用系統化、標準化的方式（鐵路時刻表、格林威治標準時間、時區體系），予以安排、組織、操控，那麼時空關係應該也可以用系統化、標準化的方式，打散、切割、重組。這種時空關係的轉換有其基礎建設與技術背景，包括電話、無線電與電報技術的發明與發展，建築與設計技術、材料的進步與發展，電力與照明技術、

裝置的發明與布設。傳播技術與運輸系統的進步，搖撼各地社會成員的時空認知與感覺。建築與設計技術的進步有助於人群上天下地，複製、分割、組合自然空間，在自然空間中形成各種社會空間，彼此交往互動。

時空關係的轉換、壓縮與重組在所謂後現代社會表現得更加明顯，是爲後現代性（postmodernity）的一部分。大致而言，後現代性與現代性是兩種相互對照的理念類型。現代性強調一元（uniformity）、標準（standard）、中心（center）、體系（systemic）、總體性（totality），後現代性強調多元或多樣（multiplicity or diversity）、異端（heterodoxy）、去中心化（de-centering）、反體系（anti-systemic）。現代性聚焦於單一的時間順序與單一的空間環境，過去、現在、未來形成直線關係，各種空間的界限明確易辨。後現代性聚焦於多重的時間循環與多重、多樣的空間環境，過去、現在、未來彼此平行並進，各種空間的界限模糊，甚至重疊。

257

以迪士尼這種主題樂園爲例。本來迪士尼是一個幻想的空間，與樂園之外的實際生活空間應有明確的界限，遊客只是從外面的城市空間進入這種虛擬的空間。主題樂園中的建築物與營造環境把過去、現在與未來的世界揉合成一個完整的空間環境。遊客透過各種旅遊設施與環境，在各種時代、環境之間遊走。他們可以看到恐龍世界、海盜船，使用遊樂設施（雲霄飛車、碰碰車等），觀賞歌舞（風中奇緣、米老鼠卡通與童話人物）與特技表演（西部槍戰、法櫃奇兵），感受電影特效與電動道具（虛擬實境、魔鬼剋星、大地震，以及各種怪物，如大金剛、大蜘蛛、大鱷魚、大白鯊等），參觀博物館（歷史、考古與未來博物館），在園中商店購買各種紀念品（鑰匙圈、明信片、玩偶等），到園中古堡

逛遊，在園中的麥當勞或食品店吃漢堡、嚐點心、喝飲料，然後在黃昏傍晚之際觀賞煙火表演與人偶、樂隊遊行，之後坐接駁電車，離開園區，回到停車場，開車或坐公車回到現實世界。

　　然而，在後現代社會，虛擬時空與現實時空之間的界限卻越來越模糊，甚至彼此交疊、重合。迪士尼這類主題樂園營造的複雜時空所代表的思維已逐漸回頭影響現實的城市時空。古蹟與文物保存、文化產業、嘉年華活動、街頭藝術表演、街道家具與裝置藝術，搭配都市裡的摩天大樓、購物中心、百貨公司、地鐵或捷運等大眾運輸系統，在實體的城市中壓縮、組合過去、現在與未來的場景、想像與記憶。主題樂園的虛擬時空越來越真實化，城市中的現實時空也越來越虛擬化。主題樂園與實體城市之間的界限有逐漸泯沒之勢。

註釋

1 參閱TWNIC網站提供之資料：http://www.twnic.net.tw/download/200307/0502c.doc。

2 參考「創市際」網站資料：http://www.insightexplorer.com/news/news_05_18_05.html。

3 參閱創市際@市場研究顧問公司網站：http://www.insightxplorer.com/news/news_04_28_05.html。

4 參閱Pew Internet & American Life Project網站http://www.pewinternet.org/pdfs/PIP_blogging_data.pdf。

5 舉例言之，有的社會學家批評馬克思的階級定義無法解釋當代許多社會現象，包括股份制度造成的生產資料所有權與控制權分離，又說以生產工具所有權劃分資本家與勞工階級的單向度階級觀過度狹隘，現代社會階級結構也沒有極化傾向，故馬克思預言錯誤（謝雨生、黃毅志，1999：164、176）。其實，如果我們肯花時間好好地啃讀馬克思的《資本論》，再考慮他所處的時空脈絡，就不會一面倒地受到韋伯學派論著的影響，提出這種刻板印象式的批評。這裡要順帶嘮叨一句，如果對社會學有興趣，想投入社會學的研究，就要在心理上準備閱讀古典與當代社會學大理論家天書一般的經典著作。不讀經典、原典，僅靠其他學者的介紹、詮釋與批評，就想完全掌握其理論精髓，恐怕是緣木求魚。如果沒有興趣讀經典，只想做實證研究、量化研究與量產研究，也沒有關係。但請謹記：知之為知之，不知為不知，是知也。對馬克思或其他古典理論大家沒興趣，更不想啃經典、原典，不算大錯特錯，但批評時即應有所保留，以免妄言造成更多誤解。

第八章　網際網路與資訊社會

問題討論

一、舉例說明您參與各種虛擬社群的經驗與感想。

二、究竟資訊社會是真的代表一個新的時代與生活方式，還是延續既有的社會結構與行為模式，只不過加上一點資訊科技的包裝？理由為何？

三、請您和好友運用所有的電腦軟體與知識，各創作一首數位現代詩或一篇數位小說，並彼此賞析比較。電腦與網路是否能助您文思泉湧，創造舉世無雙的文學作品？

四、請寫一封電子郵件給您所住地區的行政首長（縣市長或總統、行政院長均可），提出您的意見或申訴。請評析對方回信的內容與處理方式，探討這種電子郵件的互動對電子民主有何幫助或電子化政府的影響。

參考文獻

Briggs, A. (1977). "The Pleasure Telephone: A Chapter in the Prehistory of the Media". in Sola Pool(ed.). *The Social Impact of the Telephone.* Cambridge, Massachusetts and London, England: The MIT Press.

Drezner, D. W. & Farrell, H. (2004). "Web of Influence". *Foreign Policy,* 145, pp. 32-40.

Gard, L. (2004). "The Business of Blogging". *Business Week,* 3912, pp. 117-119.

Philip, R. J. (2000). "Digital Technology and Institutional Change from the Gilded Age to Modern Times: The Impact of the Telegraph and the Internet". *Journal of Economic Issues* 34(2), pp. 267-289.

王佳煌（2000）。《資訊社會學》。台北：學富文化。

伊芸（2004）。〈大陸網路遊戲市值，去年超過七成〉。《e天下雜誌》，第35期，頁158-159。

李欣岳（2004）。〈中國Internet再聚焦，五年衝上全球第一〉。《數位時代雙週》，第83期，頁42-43。

林士蕙（2003）。〈線上旅遊市場發燒、網路機票紅不讓〉。《e天下雜誌》，第25期，頁36-37。

高子羽（2004）。〈電子商務從網路泡沫中反敗為勝〉。《數位時代雙週》，第87期，頁90-93。

陳慕君（2004a）。〈大陸網友也愛上網血拼？〉。《e天下雜誌》，第41期，頁158-159。

陳慕君（2004b）。〈愛玩撲克、打麻將，台灣稱霸華人線上遊戲市

場〉。《e天下雜誌》，第43期，頁158-159。

陳慕君（2004c）。〈網上即時通，Yahooo!奇摩擊敗MSN〉。《e天下雜誌》，第44期，頁158-159。

謝雨生、黃毅志（1999）。〈社會階層化〉。頁157-197，收入王震寰、瞿海源主編，《社會學與台灣社會》。台北：巨流圖書公司。

社會學與現代社會

第九章　專業倫理與台灣現代社會

東海大學通識教育中心副教授

王崇名

作者簡介

　　王崇名，東海大學社會學博士，曾任中山醫學大學通識教育中心副教授、東海大學東亞社會經濟研究中心博士後研究，現任東海大學通識教育中心副教授、思與言人文社會雜誌常務編輯。著有《法律與社會——西方法律文明與未明的韋伯》、《社會學概論：蘇菲與佛諾那斯的生活世界》等專書，以及〈歐洲福利國家的整體史理解〉等論文數篇。

教學目標

一、讓學生理解專業倫理作為現代社會核心規範的意義。
二、讓學生在現代社會之中找到安身立命之道。

摘要

　　本文主要藉由批判台灣當前對於專業倫理的誤解，誤解為一種傳統的道德，進而古典社會學對於這個議題的重視，以及闡述專業倫理的社會學意義。專業倫理不是一種道德，而是一種知識與實踐合一的價值，進而成為現代社會的主要規範。台灣邁向現代社會往往在這層意義上未能把握清楚，所以一路走來跌跌撞撞，格外辛苦，本文認為有必要回到古典社會學傳統再把這條路釐清楚，以助於掌握現代社會的精神。

265

第九章　專業倫理與台灣現代社會

國內的醫療專業與專業倫理教育一直被窄化為道德教育（黃俊傑，1999；沈清松，1996，皆是認為專業倫理就是倫理道德的問題）[1]，或是對於專業團體的過分期待（葉匡時等，2000）[2]，對於西方古典社會學的關懷竟是到處陌生。國內社會學界對於專業倫理的研究未能珍惜古典社會學的傳統：積極建構專業倫理作為社會實踐的理論。其實，這個傳統是西方社會長期的問題，是歷史的問題，也是一個整體的問題。即便是當前美國醫療專業倫理的問題，還是得放入長期的歷史，作為一種整體來理解，才可以體會出其獨特性的意義。

第一節　國內有關專業倫理論述的批判

　　專業倫理只是純粹道德良知的發揮嗎？西方職業團體難道就只是一群具有專業技術人士的聚集嗎？不瞭解西方專業倫理的整體發展，對於台灣專業倫理的想像恐怕多是隔靴搔癢，或是過分天真的期待。如果專業團體的形成如此簡單！為何台灣的專業團體一直無法發揮功能？如果德性可以相信！為何要靠國家的力量來支撐專業的倫理體系？又為何傳統的人情網絡如此簡易地侵入專業團體之內！？

　　如黃光國（1999：31）所言：「……不但要瞭解西方專業倫理的精神，而且要瞭解如何將這種專業倫理和東方的文化傳統接準……」。對於西方專業倫理之意義的理解，相較於葉匡時、沈清松與黃俊傑等人，黃光國有更深入的理論反省與理解。黃光國（1999：24-27）首先借用康德自律性道德的觀念，說明職業倫理

的第一特質是「普遍立法的意志」，一種「以人爲目的，而不只以人作爲工具」——以價值理性作爲工具理性之基礎的倫理精神[3]。職業本身的專業知識便是深具工具理性，如何與價值理性調和，是康德倫理學未及處理之處：心存倫理的自明性格要讓工具理性自律，不是如此單純之事。黃光國（1999：26）借用哈伯瑪斯的「對話倫理」作爲西方專業倫理的第二特質，也以此作爲第一特質的實踐基礎：「某一行業的從業人員，根據本行的專業知識，經過不斷溝通與對話，而逐漸形成。」不過，一位專業人員爲何有那個意圖去與他人進行對話與溝通，這是中國社會很難想像的事。這個問題，如前所述一直困惑著韋伯：工具理性與價值理性的調和，韋伯提出責任倫理的觀念以對抗當時日益猖狂的工具理性。賴賢宗（2000）雖然未直接批評黃光國理論的落差，但是運用許路赫特（Wolfgang Schluchter）「責任對話倫理」的觀念，補強了哈伯瑪斯「對話倫理」限制，將康德與韋伯的倫理學結合起來，注入哈伯瑪斯的對話倫理。很成功地點出當前專業倫理理論建構的方向：西方所追求的專業倫理，是一位專業人員在知識的工具理性，是建立在自律的責任倫理之上，然後進行對話與溝通的社會實踐，將兩者調和起來[4]。

黃光國也注意到法律作爲西方專業倫理特質的關鍵性角色，但是並未處理的很理想。他很簡單地運用了康德的法律哲學，將道德看成自律性，而法律是他律性。他只是指出專業倫理法律化的限制，而又回到專業倫理的自律能力。事實上如d'Entréves（1992）所言，康德是自然法的集大成者，在自然法的傳統的確是一直試圖區辨道德與法律，但是區辨的過程與目的所在，並不是要將兩者作涇渭分明，更自奔流，反而是企圖將法律建立在道德的基礎上，這是自然法的傳統——作爲西方法律文明的基礎。

第九章　專業倫理與台灣現代社會

專業倫理如何建立在法律的基礎上，又具有道德的使命感與價值，不是自律或他律的討論可以解決的。d'Entréves固然看到西方法律文明的特質，但是他只是將法國大革命的自然權利視為自然法的傳統。事實上恰恰相反，權利請求才是自然法的傳統，也是近代自然法與希臘羅馬時期之自然法的不同之處[5]。

第二節　必須重返古典政治經濟學與古典社會學

若稱涂爾幹與古典政治經濟學家間的論戰，是一種「倫理運動」的戰爭，其實也不為過。就涂爾幹認為：「傳統經濟學家在處理倫理問題及政治經濟學間的關係時，不是將倫理問題視為是一個不具有確切意義上的問題，抑或直接排除倫理問題與政治經濟學之間的關連」（Durkheim, 2001）。對於涂爾幹嚴厲評擊經濟學家如此散漫的對待倫理與經濟之間的關連性，本文想要探討的就是：傳統經濟學家真如涂爾幹所言如此忽視倫理與經濟的關係？抑或傳統經濟學家其實是利用了其他的方式來探討倫理與經濟之間的密切關係？本文將先探討涂爾幹對於傳統經濟學家的批判與其認為經濟與倫理學間應有的聯繫，並再探討涂爾幹評擊的兩大學派曼徹斯特學派及德國經濟學家中，以亞當斯密與韋伯與為代表人物，來探討傳統經濟學家在面對倫理與經濟學之間關連性時所抱持的理念態度。

涂爾幹論專業倫理作為現代西方社會的重要基礎

一、涂爾幹對曼徹斯特學派的抨擊

就涂爾幹認為的曼徹斯特學派來說，「政治經濟是用以滿足個體需求的……個體是經濟關係唯一關注的目標，一切都是由個體、也是為個體而作的。另一方面，社會是科學家可能並應該忽視的一個抽象概念，是一個形而上的實體。這個術語讓人想到的只是個體行為的相互關係，他是一個整體，但只不過是其組成部分的總和」（Durkheim, 2001），由此個體組成的總合乃是所謂的社會，因此就算這個社會失去了所謂整體的概念，例如國家、民族等，社會仍可繼續依照所謂的經濟法則繼續運行，因為所謂的道德也僅不過是政治經濟運行下所衍生出來的產物，涂爾幹認為「他們像盧梭（Jean Jacques Rousseau）一樣，在社會聯繫中看到的只是由相互利益決定的表面關係」、「對他們來說，集體的利益只不過是自我利益的一種形式，利他主義也僅不過是利己主義的偽裝……倫理學和政治經濟學之間有什麼共同之處的話，那就是兩者都還原成了利己主義的手段」（Durkheim, 2001）。在涂爾幹論述中的曼徹斯特學派，其僅僅是利用所謂的利己主義來簡單論述倫理學與經濟學之間的問題，倫理的問題不僅是被包含在利己的行為裡頭，社會整體也僅是社會個體的總和，社會整體無法創造屬與自己的需求與功能，這一切都是包含於個體的行為當中。

然而對涂爾幹而言，其一個極為重要的中心命題為：個體的

269 ●●●●●●

總合並不等同於整體。就涂爾幹認為，社會是一個有機體，其間各個的組成個體由一定特定的方式，將彼此之間組織起來。由於這種有機體的特性，這個由各個組成單位組成的有機體，將形成一個完全不同於個體總合的新複合體。而就此複合體而言，它具有自己獨特的屬性、存有自己本身的需求。面對於自己本身的獨特，此一複合體，將會創造屬於自己有組織的經濟活動，也就是所謂的「國民經濟」——「它是一個真正的整體，私人經濟不是它的組成部分，而是它的成員，國民經濟也不是一種邏輯抽象，而是真實確定的現實」（Durkheim, 2001）。透過整體的概念，社會才有可能去實現其本身最大的利益，這種社會整體絕非如曼徹斯特學派所簡單化約的個體總和概念，而社會個體的最大總合利益也決非等同於社會整體的最大利益。

二、涂爾幹對德國經濟學家的抨擊

相較於曼徹斯特學派，涂爾幹認為德國的經濟學家雖然認同個體利益與社會利益並不總是一致的觀念，但其認為倫理學以及政治經濟學要做相關性的連貫是不可能的，因為其認為「社會的每個功能都有自己的目標，都無限超越於個體目標，甚至不屬於同一個類型。他們不是我們的目標，即使我們注定要為之奮鬥。即使我們有義務去履行國家所要求的經濟服務……如果我們去履行了這些服務，那也不是出於任何個人利益，而是出於無私；如果說政治經濟與道德之間密切關連，那也是因為兩者付諸實施的是無私的情感」、「所謂的工業進步與道德進步，其所運行的軌跡並不一定相等，這兩種學科可謂是兩種不同的行為模式」（Durkheim, 2001），似乎德國經濟學家已間接否認了經濟與倫理之

間的關連性。

　　然而就涂爾幹的觀點看來，道德與政治經濟這兩門學科之間的聯繫就像是容器和內容的關係一樣沒什麼區別。涂爾幹藉由施莫勒（Schmoller）的說明來解釋：當人們在日常生活中不斷的重複活動，活動便可以以同樣的方式來重新發生——也就是所謂的習慣。當人的行為得以形成一種形式，就會發生一種力量將形式加諸於我們的意志，使得人們不得不遵照同樣的模式行動，經過時間的穩定，也就產生了所謂的民德，這就是法律和道德形成的最初模式。所謂的法律及道德都只是集體習慣，而就如他們對其他事務的影響一樣，經濟行為也必受到其變化的影響，因此經濟模式也僅是一種道德現象的展現。在涂爾幹看來，德國經濟學家想要否認社會有機體的經濟功能，此前提就必須先證明社會集體作用的不存在，但這樣的命題至今依然無人可以做出證明來應證。

三、涂爾幹對於倫理與政治經濟關連的回應

　　對於經濟學家將倫理與政治經濟現象之間的關連，簡化到將倫理現象包含於政治經濟現象之內而不予重視，或甚至直接將倫理問題排除於政治經濟現象之外，涂爾幹認為倫理與政治經濟間的關連絕不如經濟學家所論及的那般簡單。就涂爾幹認為「倫理學和政治經濟學之間究竟有什麼區別呢？一個是實質，另一個是實質的形式。真正從屬於道德的義務形式，這種形式把自身附屬於特定的行動類型，為這些行動類型貼上標記……而在經濟現象的集體效用得到社會意識的認可後，經由加諸於群體意識的過程後，經濟現象將表現出其責任意識，轉變成法律或道德的規定」

（Durkheim, 2001）。經由這種義務形式的表現，經濟現象的轉變也象徵著道德的轉變，社會現象的變化是不會如經濟學家簡單的想像般，試圖透過有條理的反思來創造社會變化，因為「絕大多數的社會事實都太複雜了，不論人類智力的範圍有多廣，都無法完全的容納他們」。涂爾幹也認為「社會是一個真實的事物，當然不會存在於組成它的個體之外，但同時它也具有自身的性質與特性……因為這些組成部分事實上確定的關係，並以一定的方式聚集在一起，結果會產生某種新的東西：無疑它是一種復合體，但是它又具有特殊的屬性，在一定的條件下甚至具有其自身的意志」、「社會存在具有自己的需求，其中有些是物質需求，所以它為滿足這些需求創立和組織了一種經濟活動，這種經濟活動既不像個體的活動，也不像大多數市民的活動，而是國家整體的經濟活動，這也就是所謂的國民經濟」（Durkheim, 2001）。由以上我們可以總結出涂爾幹對經濟現象與倫理之間的看法：唯有透過社會集體意識作用的過程，透過將經濟習慣的道德化，經濟形式才可以成為其所謂。若如經濟學家般，將經濟與倫理分開來討論或者根本不加以討論，或者將倫理觀念狹隘於利己行為之內，這將無法窺見經濟現象之所以可以成為經濟形式的根本原因，而這也是涂爾幹對傳統經濟學家大加抨擊的原因所在。

韋伯論專業倫理與西方現代社會的重要關連

　　若以涂爾幹的觀點來看，德國經濟學家中將倫理置於政治經濟學之外——韋伯無疑的將會是其中的一大將員。從韋伯論述經濟現象與倫理間的關係來看，我們會發現到，韋伯在討論資本主

義起源等問題中，幾乎沒有探討到倫理的問題，倫理的問題似乎已被韋伯關注的宗教問題所取代了，並且似乎將倫理問題與經濟問題置於兩個時空中般，絲毫不相關。但若我們將韋伯的觀點拉至韋伯探討資本主義精神起源的論述——《新教倫理與資本主義精神》一書看來，我們將可以發現韋伯的觀點其實蘊涵了經濟與倫理間深層的關係。

韋伯在其《新教倫理與資本主義精神》論述中，精采的描述新教徒的宗教倫理如何成為了資本主義精神的主要動力。韋伯首先將前資本主義與資本主義的差異做出分別：前資本主義是一種「獲利的欲望，對營利、金錢的追求，這本身與資本主義並不相干。……對財富的貪欲，根本就不等同於資本主義，更不是資本主義的精神。倒不如說，資本主義更多地是對這種非理性欲望的一種抑制……資本主義確實等同於靠持續的、理性的、資本主義方式的企業活動來追求利潤並且是不斷再生的利潤……」（Weber, 2001）。

韋伯認為對於金錢的狂熱，世界各地皆然，但為何獨獨僅有西方社會可以建構出理性的資本主義精神？韋伯在《新教倫理與資本主義精神》論述中以本傑明・富蘭克林（Benjamin Franklin）具有「倫理色彩的勸世格言」如：「切記，時間就是金錢……」、「切記，信用就是金錢……」來呈現典型的資本主義精神。並且韋伯認為「這種倫理所宣稱的至善——盡可能地多爭錢，是和那種嚴格避免任憑本能衝動享受生活結合在一起的……」、「人竟被賺錢動機所左右，把獲利做為人生的最終目的。在經濟上獲利不再從屬於人滿足自己物質需要的手段了。」（Weber, 2001）韋伯認為這種倫理含帶著「一種與某些宗教觀念密切相關的情緒」（Weber, 2001）。在此韋伯抽絲剝繭的分析西方社會的宗教歷史後，他認為

新教的出現，夾帶著的嚴格教義改變了新教徒的經濟活動及行為。如馬丁路德（Martin Luther）對天職觀念的重視，這樣的職業思想引出了新教教派的核心教理：「上帝應許的唯一生存方式，不是要人們以苦修的禁慾主義超越世俗道德，而是要人完成個人在現世裡所處地位賦予他的責任和義務，這是他的天職。」（Weber, 2001）

在路得將入世的天職觀念帶入基督教世界中後，喀爾文教派以預定論、入世的禁慾主義及天職的觀念為基礎，將其對於宗教的信念發揚於個人的經濟活動之中。其中韋伯認為喀爾文教中的預定論「這一教義因其極端的非人性……每個個人感到空前的內心孤獨……生活中至關重大的是他自己的永恆救贖……誰也無法幫助他」（Weber, 2001），透過預定論的發展使西方社會將「魔力」從世界中排除出去，而達到了一種「理性」面對其宗教的必然邏輯性。而也透過預定論對於人內心的孤獨眾壓下，喀爾文教派的信徒唯有堅信「整個塵世的存在只是為了上帝的榮耀而服務。被選召的基督徒在塵世中唯一的任務就是盡最大可能地服從上帝的聖誡」、「只有在上帝通過選民們而工作並且他們也意識到這一點時，選民才有可能與他們的上帝成為一體，他們才能感覺到這一點」（Weber, 2001）。

新教徒對於經濟活動及財產觀念就像是「受託管理者上帝恩賜給他的財產，他必須像寓言中的僕人那樣，對託付給他的每一個便士都有所交代」、「完成主所指派於他的工作，直到白晝退隱」、「虛擲時光是萬惡之首，因為虛擲一寸光陰既是喪失一寸為上帝之榮耀而效勞的寶貴時辰的」（Weber, 2001）。因此新教徒因為對預定論感到的無力感，透過以入世的禁慾主義的奉行，以職業為榮耀上帝的手段，並輔以預定論所帶來的「理性」，新教徒的

信仰帶來了一種新的經濟活動精神及組織。其與資本主義的精神產生一種「選擇性的親近」，而成為資本主義精神發展的主要動力。

在韋伯《新教倫理與資本主義精神》的論述中，我們可以明顯的看到韋伯對於社會中個人經濟行為的轉變，並不將其視為僅是簡單經濟利益的「表象」，而是將其置於社會文化結構之下來仔細探討經濟行為背後引導的「理念」。在此韋伯舉了一個有趣的例子：雇主希望透過提高工資來提升生產力用以增加產量，但最後雇主所得到的結果竟然是生產力的下降而非上升，而這個例子背後所隱藏的事實真相是，一個社會的經濟現象是展現於其倫理觀念的基礎之上。

韋伯透過對新教徒與天主教徒進行職業上的比較，其中「商業領袖、資本家以及高級的熟練勞工，甚至現代企業裡受過高度技術與商業訓練的人員，幾乎都是新教徒」（Weber, 2001）的統計資料，得出教派中對於教義思想的差異，進而導致教徒對於經濟活動、生產活動上差異的實證。其中新教徒因其嚴格的宗教倫理，導致教徒改變其經濟行為，採取一種更為「理性」、更有組織的經濟活動。其嚴格的經濟活動理念，成為資本主義精神萌發的一股動力，而這股動力也間接的塑造出今日我們隨處可見所謂「資本家」的形象。因此所謂經濟活動的轉變也僅是遮蓋住其社會上文化、倫理、宗教思想等社會組成物轉變的一層布蓋，透過社會組成物彼此的交互作用，社會組成物中組成物的轉變才得以賦予真實的意義，而此也像如涂爾幹所言的「所有社會功能在促進生產的同時，也促進了經濟現象必須服從的形式的生產」中倫理與經濟活動相互變動影響的社會有機體的概念。

275

亞當斯密論倫理與經濟間的關連

　　若說德國經濟學家的健將為韋伯，那麼英國經濟學界最出色的經濟學者無疑的是那位被稱為經濟學之父的亞當斯密。亞當斯密在其大作《國富論》中論述財富的來源及經濟發展的原理，其中最著名的也就是那隻所謂「看不見的手」，世人將其視為經濟市場最高的自然法則。而在亞當斯密的另外一本巨作《道德情操論》中，亞當斯密似乎是令人出乎意料之外的，大聲談論著普及於世的道德觀念。從涂爾幹的觀點來看，若由一般對這兩本書的概念，其中最令涂爾幹觀點詬病的，也許是亞當斯密將道德問題置於個人觀念之內，其甚少涉及到集體意識的建構，似乎社會是單靠一隻所謂「看不見的手」進行建構，其中「看不見的手」所包含的單位是個體的總和，而非如涂爾幹所認為的社會複合體。單由個體藉由追求個人的最佳利益，靠著經濟法則中那隻「看不見的手」，社會自然會趨向於社會總體福利最大的方向進行。就涂爾幹而言這無疑是天方夜譚，因為社會集體擁有其本身的屬性，有其自己的功能與目的，而透過個體的努力所達成的總和，是無法滿足社會這個有機體的需求的。這種利己主義的延伸，就涂爾幹觀點認為是不可能滿足社會整體所欲追求的目標。

　　乍看之下亞當斯密的論述的確是充滿了利己主義的氣息，並且忽視社會集體運作的作用力。但是如果我們由亞當斯密的《道德情操論》著手，我們可以發現亞當斯密所要建構的倫理並不僅僅是利己主義的延伸，其中亞當斯密認為支配人類行動的有自愛、同情心、正義感等，而其中又以自愛心最為重要，透過自愛

心的引導，人們努力去追求自我利益的最大（Adam Smith, 1999）。但亞當斯密在其中有一個十分重要的觀點就是：支配人類行動的自愛、同情心等心理狀態是建立在社會認同的合宜性之上（Adam Smith, 1999）。所謂的合宜性，是一種建立在社會集體對某一狀態所應該表現出的適當行為，而隨著時代人心、習慣、風俗等現象產生改變，每個時代的每個行動所展現出來的合宜性也是大不相同的。也唯有透過符合合宜性的行動，人們才可能獲得大眾的讚美或尊崇；相反的，一個人的行為舉止如果脫離了社會認可的合宜性，那麼其將會受到社會的鄙視及不諒解。

就亞當斯密認為，能帶給個人快樂的就是大眾對其行為的讚美，反之帶給個人痛苦的就是社會大眾對其的輕視，而所有的快樂與痛苦都是建立於行為的合宜性與否。亞當斯密舉了一個有趣的例子來說明人們在其行為中對於合宜性的追求，亞當斯密認為人之所以喜於追求財富，而厭惡貧窮，其主要的原因在於人們對於財富是採取一種讚美、欽慕的態度，但對於貧窮人們大多抱持著一種厭惡、無法諒解的想法。透過人們追求社會認同的利己心態，人們會趨向於追求財富而且厭惡貧窮（Adam Smith, 1999）。所以我們可以看出，亞當斯密將人的利己心建立在社會集體意識之上，透過集體意識的運作，社會得以建立起合宜的行為準則，人們得以更正、調整所謂的自我利益。而若我們願意放寬更大的範圍，我們將可以發現亞當斯密力倡的「看不見的手」其實所包含的範圍可以廣達到整體社會的習慣、認知、經濟法則等，藉由「看不見的手」——一種社會集體的表徵，以一種無形的姿態來調整人們的利己行為，從而人們努力追求所謂最佳的「自我」利益，在此整體運作之下，社會逐漸的走向了整體社會利益最大之途。由此我們可以看見，所謂的利己行為不是單獨的將利己觀念

抽離世間的集體意識，將所謂的經濟原則抽離了世間現實，而單純的存在於抽象的事物之上，而其實是一種先建立於社會集體觀念的形塑，而以一種所謂「看不見的手」來創造個人及社會整體利益最大的有機體概念。

第三節　專業倫理作為現代社會的基礎：知識作為一種社會實踐

　　金融社會無疑已是現代西方社會的主幹，有時候簡直可以將金融社會與西方現代社會畫上等號。台灣社會也正要從工業社會轉向金融社會，在工業社會的形成過程，輔助工業社會發展的許多金融制度與商品已經形成，不論銀行或是股市，乃至保險都已開展。以保險業的發展為例，在工業化的過程，台灣社會並未繼受日治時期的保險制度與保險社會的形成，反而是退化到人情保，整個保險業所累積資本，是靠人情的不斷窮盡所累積而成的，保險在當時尚未形成一種專業，僅僅是許多人情的結連疊床架屋而成。

　　台灣經濟社會學的研究對於台灣經濟發展的解釋也多重於工業社會形成的解釋，一方面受到古典社會學的影響，一方面也是來自於對古典社會學理解的不足。在工業社會的解釋與批判幾乎未曾思考專業倫理在工業社會所扮演的意涵，過分徘徊於人情與合理化制度之間。以保險業為例，台灣的經濟社會學幾未涉足解釋，保險業的發展已經逐漸脫離人情保，正準備走向更為專業的保險制度與經營方式，究竟是市場開放使然，還是因為個人主義所致，本文尚無法分辨。不過可以確定的一件事，就是保險業的

專業性與日俱增。保險業的專業倫理已經不僅僅是一種職業道德，更為重要的是，知識在這個行業變得異常重要，不論是保險商品本身的特性，保險商品本身作為節稅理財之道，保險營業員或代理人都必須瞭解，對於各種可能變成保險的對象，都必須有所瞭解。保險公司與保戶之間關係，必須有各樣的法律、理財與風險評估的專家參與。

　　很可惜在台灣工業社會的階段，並未形成西方現代意義下的專業倫理，僅僅停留在道德或簡單的責任倫理觀念，形成一種勤勞主義觀念。這種觀念讓金融社會遲遲無法在台灣社會快速形成，至今依然屬於殘存傳統社會性格的工業社會。本文討論了古典社會理論與古典政治經濟學的看法，發現它們不約而同強調倫理作為經濟社會的重要基礎，當然它們的經濟社會指的是工業社會，不是金融社會。雖然涂爾幹宣稱了社會學的研究與經濟學最大的差異就在於重視整體性的研究，在經濟領域的整體性研究就是要研究專業倫理。韋伯與亞當斯密也都十分重視倫理在社會所扮演的重要角色，值得強調的是，亞當斯密在那隻看不見的手與道德情操的矛盾與關連，正是韋伯在茲念茲的問題所在——整個工業社會背後的倫理基礎，當然也是涂爾幹的關懷所在。韋伯從喀爾文教派的身上找到工業社會的基礎——責任倫理的觀念，不過在《新教倫理與資本主義精神》一書的論述中，韋伯隱含著一種矛盾，責任倫理將被形式理性所吞沒，但是他又極欲從責任倫理尋找出路。金融社會隱藏在工業社會裡，唯有齊美爾的貨幣哲學道出金融對於金融社會即將興起的歡喜與憂愁。當金融就要像神一樣作為社會的主宰，齊美爾又是一番矛盾，一方面喜見於金融對於人的解放，一方面卻又懼於金融對人的宰制。

　　從台灣的保險業發展過程看來，台灣應該開始要學著從工業

社會轉向金融社會，產業的空洞化讓台灣沒有任何選擇，必須要加快步伐邁向金融社會。但是台灣尚遠遠落後於香港的金融社會，在全球生產體系不斷重新洗牌的過程，台灣要麼完全屈服與被吸納於以中國大陸為核心的產業結構，要麼就是開始走一條早就該走了路：成為金融社會。齊美爾與韋伯之間，恰好形成一個理論上的問題，責任倫理究竟如何解決貨幣哲學的憂慮？也就是說，責任倫理如何讓貪婪的個體，在滿足欲望之餘，尚可以確立個體的存在價值，不完全役於錢。

　　從台灣的保險業與西方的金融體系發展看來，簡單責任倫理已經無法駕馭金融社會，但是金融社會的興起絕不會是空中樓閣，它的社會基礎是什麼？作為一位保險營業員或是保險代理人，乃至於保戶，已經無法完全僅僅是人情決定一切，專業的知識變得很重要，同時這種知識不僅僅只是知其然而已，社會實踐的意涵顯得格外重要。一方面保險營業員獲取新知，向客戶推銷保險，一方客戶也要根據知識來辨別保險的合理性，同時保險公司也要分析環境創造新的商品。金融社會的出現，必須將知識作為一種社會實踐，不僅僅是懂得保險知識，而必須運用保險知識推銷保險與服務客戶。這種以知識作為一種社會實踐的意涵，也必須轉化為責任倫理，也就是說將知識作為一種社會實踐，成為工作本身的最高價值。過去台灣社會並未將這種專業倫理全盤托出，在被迫邁向金融社會的過程，將知識作為一種社會實踐，的專業倫理必須形成。這種專業倫理也將改變社會學的知識型態，不再是過去那種類型的社會學知識，僅僅知所以然而已，必須將社會學的知識勇敢加入社會實踐的意義。或許是再回到馬克思的宣稱，但是已經是全然新意。

註釋

1 沈清松的論文點出沒有專業倫理的專業是一種虛無主義，對於社會學而言，這種論點一點也不陌生，這是馬克思的擔憂，事實上也是涂爾幹與韋伯的關心所在。沈清松比黃俊傑有更深入的討論，透過對效益論、義務論與德性論的比較討論，認為「德性論的專業倫理可謂專業倫理的冠冕，因為從德性論的專業倫理看來，專業人員可以透過在專業中，養成良好習慣與道德判斷力，實現專業理想，並藉此達至個人能力的卓越，與良好關係的滿全」（沈清松，1996：14）。

2 葉匡時（2000：516）認為國家應該淡出對於專業認證的干預，同時認為專業團體的自主性要增強，形成專業團體的規範，進而制定專業倫理。台灣的專業團體不僅無法發揮功能如同西方的專業團體，更淪為政治人情網絡建構的場域。

3 本文第一作者的衍生闡述，黃光國該文並未引用這樣的概念，不過這兩個概念曾在其他論文討論過。

4 黃崑巖（1999：188）教授同時作為一位醫師，他曾對台大學生解釋何謂專業時，認為西方（美國）的醫療專業不僅僅是professional，還有一種意義叫做sophisticated，他對台大的學生表示這個意義很難翻譯。如果單從profession要來理解專業往往會陷入一種困境，為甚麼這個職業是專業，另外一個職業不是專業，站在權力平等或是自持的德行能力的基礎上，實在很難分清楚，例如醫師長期以來被認為比護理與醫佐更專業。從表象看來，的確是看到這樣的事實：醫師占據了醫院裡最大的權力——從醫學院的入學到醫師資格的取得。醫師公會都極力從「資源分配的稀少性」來控制醫療資源，進而讓醫

師成為醫院裡最具權力的職業。

5 由於涉及的議題過於龐大，本文在此僅點到為止，可參考本文的另一篇論文：〈西方法律文明與現代中國〉一文中，在相關部分的陳述。

一、我為何要讀大學？為何要讀現在所讀的科系？是我在讀大學
　　還是我的父母在讀大學？

二、我們讀大學求知識是為了找工作還是為了求知識？還是兩者
　　都是追求的目標？若是，如何達成？

三、如果現在要放棄大學的學業去追求自己想從事的工作，你願
　　不願意？

四、試著想一想工作與自己存在的意義。

283

參考書目

Bodenheimer, E. 著，范建得、吳博文譯（1997）。《法理學》。台北：漢興書局。

d' Entreves著，李日章譯（1992）。《自然法導論》。台北：聯經出版社。

Durkheim, E.著，渠東等譯（2001）。《職業倫理與公民道德》。上海：上海人民出版社。

Plato著，張智仁、何華勤譯（2001）。《法律篇》。上海：上海人民出版社。

Simmel, G. 著，陳戎女等譯（2002）。《貨幣哲學》。北京：華夏出版社。

Smith, A.著，蔣自強等譯（1999）。《道德情操論》。北京：商務印書館。

Weber, M. 著，于曉等譯（2001）。《新教倫理與資本主義精神》。台北：左岸出版社

Weber, M. 著，簡惠美譯（2000）。《宗教社會學》。台北：遠流出版公司。

王崇名（2000）。〈西方法律文明與現代中國〉。台灣社會學年會研討會。台北：國立台北大學。

王崇名（2002）。〈合理化的理性言說做爲西方法律文明的社會基礎：西方社會思想史與社會理論的整體理解〉。《思與言》，第40卷，第3期。

江宜樺（1995）。〈「政治是甚麼？」──試析亞里斯多德的觀點〉。

《台灣社會研究季刊》，第19期，頁165-194。

沈清松（1996）。〈倫理學理論與專業倫理教育〉。《通識教育季刊》，
　　第3卷，第2期，頁1-17。

許文雄（2001）。〈台灣結拜兄弟〉（1600-1900）。台灣歷史與文化研
　　討會。台灣省文獻委員會與東海大學通識教育中心合辦。

黃光國（1999）。〈專業倫理教育的基本概念〉。《通識教育季刊》，第
　　3卷，第2期，頁19-32。

黃俊傑（1999）。〈專業倫理與道德教育的共同基礎：心靈的覺醒〉。
　　《通識教育季刊》，第3卷，第3期，頁1-10。

黃崑巖（1999）。〈黃崑巖〉。《我的學思歷程》，第1集。國立台灣大
　　學共同教育委員會，頁181-202。

葉匡時、賴賢宗（2000）。〈論專業倫理〉。《人文及社會科學集刊》，
　　第12卷，第3期，頁459-526。

賴賢宗（1999）。〈阿培爾的言談倫理學中「理性事實」與其對康德倫
　　理學的批判〉。《思與言》，第37卷，第1期，頁73-96。

賴賢宗（2000）。〈許路赫特對康德倫理學的闡釋及信念倫理學當中的
　　規範與共識的建構問題〉。《思與言》，第38卷，第3期，頁217-
　　240。

285

第十章　兩岸社會發展的比較：政治優先與經濟優先的轉變

元智大學社會系教授兼人文社會學院院長

劉阿榮

作者簡介

　　劉阿榮，男性，一九五三年出生於台灣省桃園縣。台灣大學社會科學博士。曾任省立高中教師，國立中央大學講師、副教授、教授，並曾兼任通識教育中心主任及客家社會文化研究所所長等職。擔任教育部第一梯次提升基礎教育計畫「松竹楊梅（中央、交大、陽明、清華）多元智能學習圈」之總計畫主持人；第二梯次「中大語文提升與永續發展學程」之總計畫主持人。現任元智大學社會系教授兼人文社會學院院長，曾出版《意識型態與社會變遷》、《台灣永續發展之歷史結構分析——國家與社會的觀點》、《思想解放與公民社會》等書及論文六十餘篇。

教學目標

一、瞭解「社會發展」的意涵，並以杭廷頓（Samuel P. Huntington）及尼爾森（J. M. Nelson）所謂「難以抉擇」的概念，認識政治體系與經濟體系的相輔相成或難以兼顧，在台海兩岸的發展過程中，不同階段的優先、主導力量。

二、瞭解半個多世紀以來兩岸社會發展的不同取向：台灣地區由經濟優先轉向政治優先；大陸地區由「政治掛帥」轉向「改革開放」的經濟發展之原因、歷程及影響。

三、比較兩岸社會發展的異同，並思考兩岸未來可能的發展方向。

摘要

　　海峽兩岸由於歷史因素而形成分隔治理，經歷半個多世紀（一九四九年迄今）的發展，在不同的意識型態及發展策略引導下，兩岸社會發展呈現不同的風貌與實績。

　　杭廷頓及尼爾森在《難以抉擇》（*No Easy Choice: Political Participation in Developing Countries*）一書中指陳：開發中國家的政治民主化與經濟發展，常難以兼顧，因此有些地區在政治優先與經濟優先的取捨上，做了不同程度的選擇，發展結果也不相同。

　　大抵言之，台灣地區在一九五〇至八〇年代末期，以經濟發展為重，呈現了經濟快速成長與社會繁榮的景象，當然也出現了若干社會問題。而一九九〇年代迄今的政治改革與民主化歷程，在「拼政治」、「拼選舉」的紛擾中，民主與人權雖有進步，社會經濟卻不安與弱化。相對而言，一九七九年以前，中國大陸把政治議題列為首要，在各項政治、社會運動中，影響了經濟發展與民生安定。近二十多年的「改革開放」、「發展才是硬道理」，使經濟生活有了長足進步，當然也衍生若干必須克服的難題。

　　在「中國現代化」的研究中，兩岸社會發展之比較，不僅有助於兩岸交流之增進，更可從彼此發展過程中的利弊得失，汲取經驗教訓，實踐 孫中山所謂「造一莊嚴華麗之新民國，為民所有，為民所治，為民所享者也。」（一九二一年，〈軍人精神教育〉，第一課）。

第十章　兩岸社會發展的比較：政治優先與經濟優先的轉變

所謂社會發展（social development）有廣義、狹義兩種範疇，藉用社會系統（social system）的主要系統及次級系統的觀點來分析：廣義的社會系統包含了四個次級系統：政治系統、經濟系統、文化系統及社會系統（Parsons, 1951; Turner, 1986；劉阿榮，2001：51-53）。因此，廣義的社會發展可視爲整個國家及社會各個層面，包括政治、經濟、社會、文化的發展；而狹義的社會發展則以社會層面的變革爲指涉，例如人口及家庭的變遷、社區與民間團體的發展、都市化過程及農村社會的轉變、城鄉流動與社會階層的流動、個人或社會價值觀的變化等等。

　　社會發展可以是一種自然的變遷，也就是社會現象的改變，這種變遷的過程或型態，可能是進步、不進步；變好、變壞，有計畫或無計畫地演變，如果「爲達到社會期待的某些目的，而作的有意識的選擇，和爲達成所選擇的目標而採取的明智決定」，或是「按照某些明確目標而進行的社會合理計畫……」這些可稱爲「社會導進」或「社會推進」（龍冠海主編，1976：113）。

　　海峽兩岸經歷不同歷史時期的分合與發展，自一九四九年迄今，分隔治理達半個世紀以上，在不同的意識型態與發展策略引導下，兩岸社會發展呈現不同的風貌與實績。爲了比較兩岸社會發展過程中的策略與評價其得失，本文對「社會發展」一詞採用前述較爲廣義的範疇，涵蓋了政、經、社、文各個次級系統。然而，在不同系統的發展過程中，常以不同的策略或分期作稱謂。以台灣地區近五十多年爲例，經濟的發展過程可分爲進口替代、出口擴張、第二次進口替代、產業結構升級等階段；政治的發展過程常分爲威權統治（剛性威權及柔性威權）、威權轉型、民主鞏固等階段；社會文化發展則以傳統社會、現代社會、後現代或後工業社會等劃分。而上述各層面的發展階段，不僅內涵不同，起

訖時間點也有差異。本文所欲比較的社會發展，著重於兩岸的政治優先與經濟優先之轉變，因此不採取上述多元的分期方式，而僅就「政治優先」與「經濟優先」兩個明顯的不同發展策略，作為劃分階段的時間點。須特別指出的是，本文認為台灣地區為經濟優先轉向政治優先，大抵在一九八〇年代末、九〇年代初；而大陸地區由「政治為上綱」轉為「經濟的改革開放」則為一九七九年、一九八〇年代初。兩邊的轉換時間點相差將近十年，而兩岸政經優先之轉變對政治、經濟、社會、文化……各層面整體的「社會發展」都產生了明顯的影響。因此本文將進一步闡述這些轉換的原因及影響。

總之，本章之目的有三：第一、探討台灣地區整體社會發展由過去經濟優先轉變為政治優先的原因、歷程與影響。第二、分析大陸地區整體社會發展由「政治掛帥」轉向「經濟掛帥」的原因、歷程與影響。第三、比較兩岸近半個世紀分裂分治下，整個社會發展的異同。在研究方法上，採取宏觀的視野，依據兩岸發展的客觀事實與統計數據為基礎，參考相關文獻，難免亦呈現筆者主觀的判斷與取捨，而提出以下各節的論述架構與若干結論或討論的議題。

本文共分四節：第一節探討台灣地區社會發展的轉變：由經濟優先轉向政治優先的原因、歷程與影響。第二節分析大陸地區由政治優先轉向經濟優先的社會現象。第三節比較兩岸整體社會發展的異同。第四節為結論及討論。茲依次論述如下：

第一節　台灣地區社會發展的轉變：由經濟優先到政治優先

　　一個國家的發展本就難以兼顧，有時為了軍備、外交之擴張，將犧牲社會福祉與經濟發展；有時為了經濟發展，必須有安定的政治與社會環境，因而人民的自由與民主權利會受到限制。杭廷頓及尼爾森在《難以抉擇》一書中即指出：「開發中國家的經濟發展與政治上的自由平等難以兼顧的現象」（Huntington & Nelson, 1976），台灣地區過去的整體社會發展也有此種現象。

　　事實上，中國國民黨領導的政府自一九四九年退守台灣，面臨著「百廢待舉」（內部族群省籍的對立、戰後重建緩慢、高度通貨膨脹的壓力……）而外部面對中共「解放鬥爭」陰影下的生存危機、外交孤立的困境……此時整體國家發展策略必須有輕重緩急之取捨，政府的策略是全力發展經濟以供給民生必需品，並充實國防軍備，作為政權維持的首要基礎。此即本文認為一九五〇至一九八〇年代，台灣地區整體社會發展以「經濟優先」為主軸的策略。

經濟優先的發展策略

　　國民黨來台初期，治理台灣採行「經濟優先」的發展策略有其基本原因：
　　首先，戰後復元重建的世界潮流。二十世紀的兩次世界大戰

帶來極大的破壞，台灣地區自一八九五年至一九四五年爲日本殖民統治，雖未受第一次大戰波及，但第二次世界大戰日本捲入戰爭，台灣地區在二次大戰後期的太平洋戰爭之役，不僅是日軍作戰糧食兵源之補充地區，也直接承受美軍之轟炸，而一九四五年日本戰敗投降，國民政府「接收」台灣演變到一九四七年的「二二八事變」，被部分人士稱之爲「劫收」（若林正丈，1994），且在中國大陸國、共內戰方殷，無力顧及台灣重建。一九四九年政府遷台，一方面懍於「退此一步，即無死所」（蔣介石語），另一方面亦順應戰後各國復元重建的世界潮流，積極發展經濟，充裕民生，因此自一九五○至一九八○年代，東亞的日本快速復元，強勁成長，而台灣作爲「半邊陲」的世界體系位置，步趨日本之後，在技術面及市場替代的承接（日本產業升級，有些產品不符生產效率，由台灣接替；而其原有勞力密集產業的市場，部分亦由台灣發展所承接）台灣地區過去能締造快速的經濟成長經驗，其原因雖多，掌握世界發展潮流與產業升級契機，實不可忽視。

其次，住民結構與維持統治正當性的考量。一九五○年代台灣地區居民約八百萬人，其中近兩百萬人爲隨著政府撤退而來的軍民同胞，在住民結構上，外省族群約占20%，本（台灣）省各族群占80%以上，此種比例如果以族群人口占多數爲民主統治的基本模式，則政權將不易爲遷台之外省族群所掌控。因此政府在憲政民主的實施上採取了林茲（J. Linz）所謂的「有限且非責任式的政治多元主義」（limited , not responsible, political pluralism）（Linz, 1975；趙建民，1994），一方面限制了其他競爭性的政黨組成，另一方面也將「民主運作」限定在地方基層的選舉與政治參與。因此，一九五○年開始在台灣推行「地方自治」，開放鄉鎮、縣市長、議員及省議員的人民直接選舉，但省長（省主席）、直轄

市長仍由官派。中央民意機構也以原大陸選出者爲主體，再依自由地區中央民代之「增補選」及「增額選舉」，作漸進緩慢的改變，一直到一九九〇年才終止了第一屆的中央民代，而全面開放改選。採行上述「有限且非責任式的政治多元主義」雖然不能將其視爲極權獨裁，卻被一般政治學界稱之爲「威權體制」（author-itarian regimes）。此種制度既不動搖統治階層的統治基礎，又能在有限的「政治參與」及「社會動員」下，維持一個較爲穩定的政治社會環境，使經濟發展由政府強力主導財政、金融、貿易……各項政策，並限制罷工及社會運動，掌控意識型態傳播，獲得較爲快速的成長以改善民生。同時，大多數人民由貧困而獲得溫飽，也較不在意是否達到全面徹底的民主實施。因此，這一階段政府推行「經濟優先」的策略，具有滿足民生基本需要，維持「相對少數族群」統治正當性的效果。換言之，以「經濟成果」彌補了政經民主化的不足。

　　其三，積極發展經濟可以作爲國防外交的後盾。中華民國在一九七一年退出聯合國以前，雖然有聯合國席次及若干邦交國，但主要還是以美國、日本等國爲重要的國際夥伴，照國民黨政府的說法是，獲得美國的軍、經援助，逐漸自立更生而成長茁壯，並且鼓勵美、日各國的外資，帶動亞洲及台灣的經濟成長。李國鼎先生在一九六九年提出〈亞洲經濟成長對美國之重要性〉；一九七一年〈美國投資的新優先考慮——一個亞洲人的看法〉；一九七三年說明〈二十年來中美經濟合作及其展望〉……都指出了台灣經濟發展可以促進美國合作的夥伴關係（李國鼎，1979：139-161）。相對而言，也有若干持「依賴理論」批評台灣陷入美、日核心地區的「依賴情境」：原料輸出與市場出讓，但大多數認爲，台灣地區應屬於依賴的「異例」（丁庭宇、馬康莊譯，

1986：68-83）。

另外，台灣的「經濟優先」策略，初期能提供軍需民食，後來（一九七一年退出聯合國之後）更以經濟實力維持與各國的實質外交關係。這些都是全力發展經濟的原因。

全力發展經濟或經濟優先的策略，固然能改善民生、充實國防、維持外交，並取得人民支持，維持統治的正當性與合理性。但也產生若干負面影響，例如憲政民主的實施受到「動員戡亂體制」及「戒嚴」的縮限，而呈現「有限且非責任式的民主」；壓抑社會運動使弱勢族群的權益無法伸張，如農、工、婦女、兒童的福利與企業財團的利潤嚴重失衡；原住民、客家族群母語文化流失；經濟發展所付出的環境代價與社會正義，失去了「永續發展」的基本需求……這些都在一九八〇年代末，九〇年代初暴露出「策略」轉向的端倪。

295

轉向「政治優先」的發展策略

如果說前一階段台灣發展的主軸在於「經濟優先」，且帶來了經濟成長、所得分配平均的「均富」社會，是值得稱道的地方，則富裕後所要求的政治權利與社會、文化品質提升，是一九九〇年代以還台灣人民的期盼，也是主政者必須正視的根本問題。

一九八六年台灣的「民進黨」在危疑中建黨；一九八七年蔣經國總統逝世前已解除台澎地區之戒嚴；一九八八年經國先生逝世，李登輝先生繼任，一方面基於其個人主觀意識，另一方面適應社會客觀環境的需求，進行更大幅度的政治社會改造工程。一九九一年宣布終止「動員戡亂時期」，廢除「臨時條款」，而以

「憲法增修條文」取代之。憲政改革有其必要性與正當性：

　　第一、大陸時期所制定的「中華民國憲法」是以整個中國為對象而設計，目前適用地區卻是海島台灣，且數十年未改選之中央民意代表，早已不能真正反映現代民意，甚至年歲老邁，無力行使職權，此一憲政架構及民意代表自當進行合理的修正。

　　第二、長期以來受「國家」壓抑而無法正常發展的「市民社會」或「公民社會」必須獲得合理的紓解。因為「公民社會」的啟蒙、凝聚，並發揮其對公共事務的關懷，是民主政治重要的條件。林茲及史德本（A. Stepan）認為要達到「民主鞏固」的程度，有五個相互強化關連的條件，而其中第一個條件便是「發展出一個自由且活潑的市民社會」（田弘茂、朱雲漢等編，1997：69）。因此，一九八〇年代末、九〇年代初，台灣的市民社會逐漸興起茁壯，促成了「威權轉型」，同時，台灣的「威權轉型」民主化歷程，更加速了社會發展，朝向「開放多元化的社會」邁進。

　　第三、政治權力的鬥爭與經濟利益的爭奪，是近代資本主義民主制度的普遍現象，而且，往往掌握政治權力，即間接擁有經濟利益與資源分配的優勢力量。因此，一九九〇年代以還，隨著台灣民主化的趨勢，更多的政治權力追逐者在政治場域中攫取了政治及經濟資源，進而開啟了台灣政治與經濟整合下的「政商關係」或「金權政治」（劉阿榮，1996；2003）。

　　第四、政治、政黨、族群的特殊複合體，成為當前台灣社會集體心靈的想像與記憶，也是媒體關注的焦點。於是任何事都以「泛政治化」去解讀，頻繁的各項選舉，使舉國上下都在「拼政治」、「拼選舉」，反而把經濟發展、社會福祉冷落一旁。

　　此一階段既然以「政治優先」為主軸，十餘年來經歷了六次修憲、凍結了台灣省及「政黨輪替」……等重大政治事項，至於

是否達到眞正的「民主鞏固」？則仍有待觀察。

由經濟優先轉向政治優先的影響

台灣地區由經濟優先轉向政治優先，直接的影響是整個憲政體制與政治版圖出現了大幅的重組。例如「憲法增修條文」凍結了原來憲法的若干不合於本島時空環境的設計，能依據新的民意、新的時代需要產生政府組織架構。然而，也因憲政修改、設計，太過遷就某些人的意志（例如李登輝時代後期的修憲，往往體現其個人意志，並不符合權責相稱的制度安排）；頻繁而無主軸的修憲，造成社會大眾及朝野政黨對於「憲法」的「崇高」與「根本大法」性質之輕忽及不尊重，甚至被學者批評爲「冤洗筷」的心理，「修憲」用完即丟棄。

其次，政治版圖的重構表現於：國民黨由「獨占型政黨」逐漸走向「競爭型政黨」，與新成立的民進黨相互競逐，甚至到了二〇〇〇年被政黨輪替而淪爲在野黨。主要是國民黨內部的不斷分裂出走，弱化了黨的力量，而爲了政權維繫，提名地方派系、金權、黑道等政治「濁流」，讓選民失望而轉向民進黨。

再次，自由人權的大幅放寬也是「政治優先」、「威權轉型」的重大改變。解除了「政治黑名單」，開放人民集會、結社的權利，使社會發展朝向多元開放的社會。當然，相伴而至的是有些人民素質太差，將自由視爲「無規範」的爲所欲爲，不瞭解民主的本質在於尊重與包容，將政治導向詆毀、排他、仇恨的深淵。

第四，過分熱中於政治，或以「政治優先」爲台灣地區近十餘年來的「全民運動」，政治人物藉機挑起省籍、族群矛盾，使台

表10-1　兩岸經貿統計表年別　　　　　　　　　　　　　金額單位：百萬美元

年別	台灣對大陸間接出口（1）		台灣對大陸間接出口（2）		核（備）准赴大陸間接投資（3）		民間小額匯款（4）	
	金額	增減%	金額	增減%	件數	金額	件數	金額
1991	6,928.3	66.1	1,126.0	47.1	237	174.16	57,706	82.02
1992	9,696.8	40.0	1,119.0	-0.6	264	246.99	90,290	204.47
1993	12,727.8	31.3	1,015.5	-	9,329	3,1680.41	73,665	238.34
1994	14,653.0	15.1	1,858.7	83.0	934	962.21	99,658	358.14
1995	17,898.2	22.1	3,091.3	66.3	490	1,092.71	104,326	391.09
1996	19,148.3	7.0	3,059.8	-1.0	383	1,229.24	107,966	378.56
1997	20,518.0	7.2	3,915.3	28.0	8,725	4,334.31	113,349	425.13
1998	18,380.1	-10.4	4,110.5	5.0	1,284	2,034.61	103,967	350.97
1999	21,221.3	15.5	4,526.3	10.1	488	1,252.74	122,180	365.06
2000	26,144.0	23.2	6,223.3	37.5	840	2,607.14	142,666	511.05
2001	24,061.3	-8.0	5,902.3	-5.2	1,186	2,784.15	172,572	678.07
2002	29,446.2	22.4	7,947.4	34.7	5,440	6,723.06	234,946	941.56
2003	35,357.7	20.0	10,962.3	37.9	1,837	4,594.99	328,541	1,405.38
2004' 1-7	21,455.2	34.1	7,624.0	56.1	671	2,077.28	157,601	870.44
總計	273,533.6	-	62,481.1	-	34,791	38,121.68	1,909,433	8,338.37

資料來源：財團法人海峽交流基金會出版（2004：57）。

灣近年來的社會發展充滿了族群對立與社會不安，更加深了投資人的疑慮，導致經濟成長趨緩與產業外移的現象。

　　第五，兩岸關係在一九九〇年代初期曾露曙光，但隨後由於政策轉向而互不信任，李登輝主政末期的「戒急用忍」及陳水扁執政後的兩岸關係緊張，更令外資裹足，台商外移。政治因素影響台灣經濟發展日益加深，而兩岸經貿依存則日益增加。如**表10-1**所示。

社會學與現代社會

第六，因政治優先，為選舉而亂開支票，國家財政枯竭，債台高築，估計在二〇〇〇年政黨輪替時中央政府之赤字達新台幣兩兆四千億，二〇〇四年更接近三兆九千億元，形成債台高築、人民負擔沈重的窘境。

第二節　大陸地區社會發展的轉變：由政治優先到經濟優先

　　中國共產黨自一九四九年「建國」以後，亟思將中國改造為一個社會主義的國家，因此通過種種「運動」或「改造」，試圖解決原有社會的「私有化」、「個人化」與「家族化」傾向，過渡到「公有化」和「集體所有制」的方向。然而，由於社會潛層結構與權力的取得、流失都會影響到「社會主義」國家建設的方向與進程，因而路線鬥爭、權力鬥爭為不可免之勢。

　　一九五六至一九六六年之間，「文革十年動亂」正是整個中國社會發展以「政治掛帥」、以「階級鬥爭」為綱的最熾烈階段，在廣泛的政治鬥爭下，民生經濟與國家建設嚴重滯後。經歷了十年文革浩劫及其後的過渡階段，中國政府選擇了以經濟發展為主軸的「改革開放」政策。因此，如果前一階段發展（一九五〇至一九八〇年）是政治優先時期，則一九八〇年代以還，中國社會發展是以經濟優先為主軸。

299

政治與社會運動接踵而至

　　中共政權建立以後，自一九五○年代迄一九七六年毛澤東逝世為止，一連串的政治、社會運動接踵而至：

一、 五大運動

　　中共從一九四九年十月至一九五二年所發動的「土地改革運動」、「抗美援朝運動」、「鎮壓反革命運動」、「三反五反運動」和「思想改造運動」稱為「五大運動」（中共術語彙解編輯委員會編輯，1977：150-151）。

二、三大改造

　　一九五三年，中共宣布「國民經濟恢復時期」已告結束，「民主主義革命」已告完成，並進入了「社會主義革命」，意即「過渡時期總路線」的階段，開始採取對「農業、手工業和私營工商業的社會主義的改造工作」，稱為三大改造（中共術語彙解編輯委員會編輯，1977：80）。

三、三面紅旗

　　一九五七年冬，中共在「十五年內趕上英國」的口號下，推動工農業生產的「大躍進」。一九五八年五月，中共八屆二次全會

會議上通過了「社會主義建設總路線」，同年八月，中共政治局擴大會議通過「關於在農村建立人民公社問題的決議」，全面推行「人民公社化運動」，將原有農業生產合作社在併社的基礎上改建為人民公社，集政治、經濟、軍事、文教為一體。上述「大躍進」、「社會主義建設總路線」和「人民公社」，中共稱之為建設社會主義的「三面紅旗」，是毛澤東左傾冒進路線的「傑作」（中共術語彙解編輯委員會編輯，1977：90-91）。

四、文化大革命

「文化大革命」由於其背景複雜，性質奇特，因而他的名稱也非常難產，而且曾加修正，最早叫做「社會主義文化大革命」，後來又改為「無產階級文化大革命」。當一九六五年十一月十日姚文元在上海《文匯報》發表〈評新編歷史劇「海瑞罷官」〉一文之時，掀起了「文化大革命」的序幕，一九六六年四月十四日，中共新華社發表一條簡訊謂：「全國人民代表常務委員會舉行第三十次擴大會議，聽取了文化部副部長石西民作的關於高舉毛澤東思想偉大紅旗，堅決把社會主義文化大革命進行到底的報告。六月六日，「解放軍報」又發表「高舉毛澤東思想偉大紅旗，把無產階級文化大革命進行到底」，於是由「社會主義文化大革命」發展到「無產階級文化大革命」。

「無產階級文化大革命」的任務，依照「十六條」的規定，「就是一鬥（鬥垮走資本主義道路的當權派）、二批（批判資產階級的反動學術權威、批判資產階級和一切剝削階級的意識型態）、三改（改革教育、改革文藝、改革一切不適應社會主義經濟基礎的上層建築）。從這三大項目看來，其任務實遠超過文化的範圍

（中共術語彙解編輯委員會編輯，1977：208-209）。

五、 批判陳伯達及批判林彪運動

　　一九六九年四月，中共召開第九次全國代表大會，會中通過黨章將林彪明定為毛澤東的繼承人。林彪為在毛澤東死後順利繼承其權力，自「九大」後即與陳伯達互相勾結，利用設置「國家主席」問題進行反毛活動，一九七〇年八月「廬山會議」後，毛澤東即在內部展開「批陳整風」活動，將陳伯達整肅。一九七一年九月，林彪因暗殺毛澤東未果，事敗在乘飛機逃往蘇俄途中發生墜機死亡事件，事後毛澤東通過中共中央發出「絕密文件」批判林、陳反黨、反革命（中共術語彙解編輯委員會編輯，1977：348-349）。

六、 粉碎四人幫事件

　　毛澤東於一九七六年九月九日死亡後，中共黨內領導階層發生了激烈的權力鬥爭，以毛妻江青為核心的「文革派」企圖全面接班，準備由江青繼任中共中央主席、王洪文充任「人大」委員長、張春橋充任「國務院」總理，但事機不密，為中共中央第一副主席兼國務院「總理」華國鋒所獲悉，乃聯合了葉劍英、李先念、陳錫聯、汪東興、許世友等於十月七日將「四人幫」及其羽黨逮捕，並經由中共中央政治局會議通過，任命華國鋒為中共中央主席、中央軍委主席，會中並指責「四人幫」為「反黨集團」（中共術語彙解編輯委員會編輯，1977：236）。

　　從上述一連串的政治、社會運動中，實際的本質是權力的鬥

爭、路線的鬥爭，許多重要領導人如彭德懷、劉少奇、林彪……在各項鬥爭中失去了權力或死亡。可以總結的說：中共建政後的三十年（一九四九至一九七九）間，以政治掛帥，以鬥爭爲綱，造成人性扭曲、民生凋弊。根據中國大陸的一些報導，文革引起的災難和人民之反感，是日後大陸走向「改革開放」，不願再搞動亂鬥爭的社會心理反映。

> 「文化大革命」是人民共和國歷史上最黑暗的一頁，它給中華民族帶來的慘重災難罄竹難書。粉碎「四人幫」之後，葉劍英在一次講話中沈痛的說：「文化大革命」死了兩千萬人，整了一億人，浪費了八千億人民幣。隨著「文化大革命」深入發展，特別是林彪事件之後，廣大幹部和群眾對這場「史無前例」的運動更是十分反感和痛恨，採取各種行動加以抵制（馬立誠、凌志軍，1998：9）。

303

揚棄政治鬥爭、轉向經濟發展

一九七六年「四人幫」及其黨羽被逮捕後，政治鬥爭暫告一段落，但嚴峻的經濟形勢仍難克服。事實上，長期的政治鬥爭不僅經濟停滯，而且自「一九五三年第一個五年計畫開始，便推行高累積及偏重發展重工業的政策，經濟結構已極不平衡。一九七六年四人幫倒台時，國民經濟結構更嚴重失調，故在一九七八年底，中國提出長達五年的經濟調整政策，直至一九八四年才正式結束，故經濟調整是這段時期最重要的經濟方針」（張家敏，1998：675）。

一九七八年底，「十一屆三中全會」開始進行改革措施，發展農業、滿足農民的實際需要，調整經濟失衡的危機。一九七九年三月，陳雲、李先念聯名給中共中央寫信，指出國民經濟嚴重失調，為將來穩定的發展，應注重綜合平衡，按比例發展，避免再出現反覆局面，並提出要進行兩三年的調整工作，四月，中共中央召開各地方第一書記和主管經濟負責人出席的中央工作會議，李先念作了關於國民經濟調整的報告，會議正式確定「調整、改革、整頓、提高」的八字方針（張家敏，1998：675）。

經濟的發展，雖然為中共政權找到了一個新方向，但並不是非常順利或毫無爭議地進行，而是各種矛盾循環的陣痛。有學者提到：

> 「一管就死，一死就放，一放就亂，一亂就管」，這是對中國政治惡性循環整個過程的生動描述。這一描述首先表明了一個關係，即中國政治的惡性循環是以中央政府為一方，以百姓民眾為另一方的相互作用、相互制約的產物，是中央政策的不穩定性及社會心理素質嚴重失調的集中反應（周雪光，1992：149）。

政治的不放心與經濟發展方向的爭議，使改革開放之初面臨著「姓社」（走社會主義路線）或「姓資」（走資本主義路線）的爭議。尤其一九八九年民運及「六四天安門事件」，更引發政治與經濟的保守退卻心理。

一九七九年至一九八九年的「十年改革」，一方面標誌著社會經濟的發展，另一方面也呈現了長期以來國家對社會控制能力的減弱，當時在如何解決極權社會危機問題上，中共領導階層大致

分為三派（謝文，1992：110）：

一、頑固守舊派

雖然贊同放鬆對社會的控制，卻反對縮小對社會的控制範圍。他們開出的藥方，只不過是改善經濟計畫管理、引進外資與技術、改善黨和群眾的關係、加強思想政治工作之類的措施，並不準備向人民追求自由的願望做出實質性的讓步。

二、部分改革派

主張國家縮小對社會控制的範圍，在部分社會領域，尤其是經濟領域內向人民讓步。他們能夠容忍市場改革和多種所有制的存在，但堅持政治上的一黨專制制度。

三、徹底改革派

他們認識到，放鬆和減少國家對社會的控制並不能從根本上解決極權社會面臨的危機，從而主張在社會各個領域中徹底改變國家與社會的關係，進行政治改革，允許私有產權的確立。當然，他們並不是希望失去中共的執政黨地位，但又不自覺地推動極權社會向公民社會的轉變。

當各種意見紛歧之際，一九九二年一至二月，鄧小平視察南方的重要談話，傳達了一個訊息，當時「深圳特區報」記者陳錫添撰了一篇〈東方風來滿眼春——鄧小平在深圳紀實〉的文章，

把鄧的「南巡講話」重點摘錄下來。鄧小平在南方談話中，精闢地分析了國內外形勢，科學地總結了十一屆三中全會以來社會主義現代化建設的基本經驗，並回答了幾年來經常困擾人們思想的許多重大理論問題和認識問題，為中國經濟制度改革確定了市場經濟的目標模式。鄧小平說：

> 「發展才是硬道理」，這個問題要搞清楚。如果分析不當，造成誤解，就會變得謹小慎微，不敢解放思想，不敢放開手腳，結果是喪失時機，猶如逆水行舟不進則退（馬立誠、凌志軍，1998：158-159）。

此後中國社會發展的主軸仍在於經濟，所謂「發展才是硬道理」，一直延續到後鄧時代的江澤民、胡錦濤主政時期迄今。

由政治優先轉向經濟優先的影響

共產中國建政五十餘年來，在廣大的土地範圍內，由五、六億人口增長到十三億多。前一階段（一九八○年以前）的政治掛帥、慘烈鬥爭，使人民陷入貧窮、恐懼的痛苦之中，因此近二十餘年來（十一屆三中全會以降），雖然國內外仍有不少困擾問題，但中共仍以積極發展經濟為主軸，其所帶來的影響頗深遠。

首先，全國脫貧致富生活改善的情形十分明顯。近二十年來中國為世界上經濟成長率最高的國家之一，吸引大量外資進入，促進各項產業發展。甚至到了二十一世紀這三、四年，整個中國經濟投資過熱（**表10-2**），不得不在二○○四年採取「降溫」的措施。

表10-2　中國一九九八至二○○三年投資率　　　　　　單位：億人民幣

年　份	全社會固定資產投資（A）		國內生產總值（B）		投資率（A/B）（%）
	總額	增長率（%）	總額	增長率（%）	
1998	28406.2	13.9	78345.2	7.8	36.26
1999	29854.1	5.1	82067.5	7.1	36.38
2000	32917.7	10.3	89468.1	8.0	36.79
2001	37213.5	13.0	97314.8	7.3	38.24
2002	43499.9	16.1	104790.6	8.1	41.51
2003	55118	26.7	116694	9.1	47.23

資料來源：1.「二○○四中共年報」，頁2-57。
　　　　　2.「二○○四中國統計年鑑」。
　　　　　3.二○○四年二月二十六日國家統計局「統計公報」。

　　其次，由「無產階級」逐漸出現「中產階級」甚至「資產階級」。而且國家對社會的控制能力逐漸弱化，市民社會或公民社會的興起成為必然趨勢。學者統計（謝文，1992：111）一九八一至一九八八年這七年之間，社會勞動力快速的由國營或國家控制中轉向「非國營企業」，而近十餘年來，更加速了民營企業的蓬勃發展。

　　第三，隨著經濟發展，「社區建設」也逐步受到重視，並且由點到面的發展。中國大部分省（自治區、直轄市）制訂了「社區建設五年發展規劃」把社區建設納入地方國民經濟和社會發展「十五」規劃。全國社區建設呈現出由點到面發展，由大城市向中小城市延伸，由東部發達地區向中西部推進的良好態勢（中國民政部基政司編著，2004：59）。

　　第四，經濟發展過程中仍須克服「體制轉軌」（由計畫經濟走向市場經濟）所衍生的問題。厲以寧指出中國經濟改革仍存在許多問題，「要使中國經濟形勢根本好轉，必須抓緊企業經濟效益與

農業狀況這兩個主要環節，進行改革，促進發展。隨著體制轉軌的實現，隨著企業改革的深化與農業狀況的改善，通貨膨脹也將自然而然地趨於平穩，並且會逐步下降」（厲以寧，2003：5）。

第五，經濟社會發展不均，城鄉差距、地區差距擴大造成的隱憂。劉國光指出中國經濟的情形是：

> 中國不僅人均收入水平較低，而且地區之間收入差距相當大。一九九一年全國人均國民收入爲一千四百二十六元人民幣，收入最高的上海市爲五千四百二十三元，爲收入最低省分（貴州、安徽兩省人均國民收入只有八百八十八元）的六‧二二倍。地區差距的擴大，是八〇年代以來推行的「讓一部分人和一部分地區先富起來」政策的結果，這無疑是中國通向高效增長和共同富裕的必經之路，但是它帶來目前地區間的不平衡是一個事實（厲以寧，2003：38）。

另外，胡鞍鋼等人所著《中國地區差距報告》也指出：

> 從我國經濟發展過程看，地區間人均收入和人均產值的絕對差始終是擴大的，而其相對差距卻歷經了「先擴大、後縮小」的過程。建國初期至七〇年代中期，地區經濟相對差距呈擴大趨勢，改革以來這一相對差距呈縮小趨勢，但「八五」期間有出現重新擴大的現象。因此，在「九五」期間開始採取有效措施控制相對差距進一步擴大，進而縮小這一相對差距，既有必要，也有可能（胡鞍鋼等，1995：34）。

最後，「人性」與「價值觀」也在改革開放中起了變化。前

一階段一連串的鬥爭，把人民（尤其幹部）捲入疑惑、不信任的社會氛圍中，人性受到扭曲，尤其對傳統倫理道德的破壞，也影響了價值觀的改變。知識、成就……不是最高價值，「成分」與「思想正確」決定了人的社會地位與發展可能。（諷刺的是，今日台灣也有類似傾向，由「政治正確」取代「專業能力」；黨派屬性決定個人前途）中國大陸在改革開放二十多年後，人性的扭曲獲得某種程度的返轉，但對政治的冷漠疏離感增加；對經濟現實功利取向增強，所謂「一切向錢看」的社會價值觀，也許是改革開放後的新思維。

第三節　兩岸社會發展的異同

　　兩岸社會發展歷經了不同的轉換歷程，有其相同的現象，也有不同的地方，茲略為比較如下：

相同之處

一、意識型態逐漸消退，社會控制也逐漸弱化

　　兩岸之間本來即存在著意識型態的對立：三民主義與共產主義思想為各自的「黨國意識型態」，但隨著社會發展，兩岸對原有意識型態的信仰已見消退，尤其台灣地區對三民主義的信仰，自

威權轉型以還更為沈寂。另外，政黨及國家機器的控制也逐漸消弱。當然，就程度上而言，中國大陸比台灣在黨國意識型態及社會控制上仍較緊。

二、公民社會的啟蒙日漸萌芽

台灣在一九七〇、八〇年代，社會政治運動勃興，市民社會力量逐漸抬頭；中國大陸則隨著經濟發展與改革開放，一九九〇年代末迄今，公民社會的啟蒙與興起也逐漸明顯。

三、傳統文化對社會發展的影響相當明顯

兩岸對傳統文化的評價雖曾有極大的差別，例如大陸「文革」時「破四舊」，台灣則推動「中華文化復興運動」，但實際情形是，傳統文化仍深刻地影響著兩岸各自的社會發展。例如對家庭倫理、家族企業、人情面子……的重視；對權力陰暗面（權謀）的發揮；法治觀念之不彰；公德心的不足都是兩岸社會發展的共同現象。

四、兩岸關係的停滯不前也是雙方共同的特徵

一九八〇年代以前，兩岸對峙表現於意識型態對立、制度差異與軍事緊張，一九九〇年代以降，雖稍有交流互動，但政治、外交各層面的較量仍未稍歇，僅停滯在若干非政治性的民間交流，而且「兩岸人民關係條例」所規範的還是消極的約束多於積極的鼓勵（行政院陸委會，2004）。

相異方面

一、發展程序與轉變方面迥異

台灣地區的發展是由「經濟優先」轉向「政治優先」；大陸地區則是由「政治掛帥」轉向改革開放。在本文前兩節的論述中已充分的表達了。

二、促動社會發展轉向的力量不同

台灣地區由經濟優先轉向政治優先，基本上體現了西方資本主義與民主政治並轡而行的本質，因此，其促動的力量大致上來自民間社會（市民社會）。換言之，一九五〇至八〇年代台灣的經濟發展與教育普及，使「社會力」勃興，人民對國家機器、黨國資本主義的批判，加速了社會發展從經濟優先轉向政治優先，憲政改革與政黨輪替則是發展的部分過程或方式。大陸地區經歷了長期的政治動亂，人民望治心切，但其改變的主動力量，還是來自中共黨政上層的決策。換言之，如果中共「四個堅持」徹底的「堅持」下去，則近二十餘年的經濟與社會發展，也許不是現在的風貌。

三、對社會解組與社會動亂的疑懼不同

國民黨自大陸撤退來台，在大陸失敗的原因很多，未能掌握社會大眾的心理，未獲得廣大農工群眾的支持是主因之一，加以一九四七年台灣「二二八事件」的衝擊，因此在台執政期間，對於社會的動亂有很深的疑懼。一九七〇年代，因退出聯合國及一連串外交失利，國內要求民主化、自由化改革聲浪高漲，然而「一個小市民的心聲」、「南海血書」之類的文宣，訴求的重點是「安定」、不可有社會騷動，否則將使社會解組或國家動亂。一九八〇、九〇年代以還，民主化、自由化所展現的「多元社會」現象，預示了社會動盪的時代來臨，加上選舉頻仍所造成的族群、社群撕裂，朝野各黨及民眾似乎不太在乎社會發展到了騷動不安的危險時刻。

反之，中共建政之後，視各項「運動」、「鬥爭」為常態，也是無產階級革命的必經之路，因此，一九八〇年代以前對於社會的動盪比較缺乏正視。然而，改革開放之後，一方面人民渴望安定，厭惡鬥爭、動亂；另一方面為了發展經濟而維持一個安定局面是最高的指導原則。因此，「八九民運」被壓抑下來，九二年「南巡講話」高舉「發展才是硬道理」，正說明了對社會解組與動亂的疑懼。事實上，中國近半個世紀以來的動亂以一九八〇年代以前居多，之後則僅有「八九民運」表現較為劇烈，而近年來民主運動的時間也不會太長（王嘉州，1997：21）。

四、社會規模與發展條件不同

　　雖然本文以兩岸做比較，實際上不論人口、面積、社會規模都不成比例。台灣的情形正如一九五〇年代，尹仲容先生所稱的「淺碟經濟」，少一分則見底，多一分則滿溢。因此，在此島上的政府與民眾，同心協力很容易締造出政治經濟的實績，所謂「小而美」的亮麗。當然，如果內耗國力，也很快將過去的成果消耗枯竭。反之，大陸幅員廣大、人口眾多，如鄧小平所謂中國發展條件受到「底子薄」、「人口多」所限制，因此發展之初速度較慢，等到各省或各地區均發展起來，全國的規模就很容易在國際社會中舉足輕重，這是「欲飛不易，欲小也不易」的現象。若以大車小車作比喻，小車載運有限，但起步加速及減速停止都比大車容易，而大車操控不易，載運量則甚多。

313

五、國際因素的影響不同

　　過去台灣地區的經濟實績，獲得良好評價並足以拓展國際關係，而大陸在鎖國鬥爭階段，國際政經互動較少，評價也不高。近年來兩岸各自轉向拼政治（台灣）及拼經濟（大陸），結果兩岸在國際地位及外交處境上呈現懸殊的對比。當然，台灣處境不利，政府及民眾常歸因於中國的打壓，但此亦證明了中國在國際上影響力大增（能打壓）的事實。

　　另外，國際因素對大陸內部的影響小於對台灣內部的影響。換言之，台灣的發展因素受國際制約十分明顯，大陸的發展因素受國際影響遠不及國內因素之明顯。

六、發展的結果不同

一個有趣的對比是，台灣「拼經濟」的階段，隨著經濟成長而所得分配日趨平均，實現「均富」的社會，轉向「拼政治」的階段，由於民主選舉與金權政治造成了貧富差距的擴大，而且經濟發展趨緩。相對而言，中國大陸在「拼政治」的階段，將「地、富、反、壞、右」黑五類列為鬥爭的對象，並且以實現「共產」為目標，結果趨向「一窮二白」的「均貧」社會，改革開放後，採市場經濟，並且讓一部分的人先富起來，讓某些地區先富起來，因此經濟發展過熱，且貧富差距擴大，城鄉差距擴大。

七、未來的可能趨勢不同

以目前觀察，半個多世紀以來，台灣由經濟優先轉向政治優先，整體社會呈現弱化的趨向。展望未來，政府與人民的關注焦點還是會轉回經濟優先的道路，因為台灣未來只有堅實雄厚的經濟實力，才能支持教育、國防、社會……各方面的發展。反之，中國大陸由政治優先轉向經濟優先，但經濟起來之後，對現存政治體制及運作模式將出現極大的衝擊。換言之，可以預見的將來，中國的政治改革與民主化，也許是繼經濟發展之後整個體系的主軸，也有可能步向台灣「威權轉型」的道路。不過，這個趨向應該不會回到文革以前的老路，也不全然像台灣這十幾年來的民主道路，而是另一種「中國特色的民主」吧？

第四節　結論與討論

　　本文從宏觀的角度、動態的觀點，比較了兩岸近五十多年的整體社會發展。特別以政治優先vs.經濟優先作為討論對象。

　　台灣地區由過去的「經濟優先」（全力發展經濟），以提供其他「次級系統」（如國防、外交、政治、社會、文化）的發展基礎。近年來過份聚焦於政治改革與政黨競爭，雖然民主化程度提高，但經濟趨緩、社會動盪、產業外移、外交頓挫⋯⋯，整個社會有弱化消退的現象。

　　相反地，中國大陸從政治鬥爭的泥淖中走出來，邁向改革開放，積極發展經濟，帶來了生活改善、國家富強，但也擴大了城鄉差距、貧富差距、功利主義盛行、腐敗加劇等困境。

　　也許，正如杭廷頓及尼爾森所論述的《難以抉擇》在什麼階段應以何者為重，這是一個很難一概而論的問題，雖然最具體的方案是依環境情況作決策，但對於環境與條件的判斷，仍有許多不同的爭議。例如，應該先將階級敵人消滅，才不會掠奪了革命的果實？還是先讓一部分的人富起來，才能帶動更多的人富裕？再如，台灣發展到一九九○年代，是應該徹底改造政治環境，才能提供產業升級與社會發展的條件？還是維持某種限度的威權或社會控制，才能使經濟持續成長，產業結構順利轉型，維持國家競爭力的優勢？凡此種種都很有爭議，也是值得進一步討論的地方。

　　社會發展有主觀的願景，也受客觀的條件所制約。例如台灣

315

有些人希望建立一個小而美的「國家」（如東方瑞士），但中國堅持台灣是中國不可分割的領土；中國希望兩岸和平「統一」，但截至目前，兩岸發展的趨勢似乎與此目標不一致。

本文認為：兩岸社會發展雖因時空背景、優先順序、基本條件……有所不同，但和平穩定地繼續發展下去，終究可以在雙方的社會發展過程中尋得「最大公約數」，作為思索一個比較適切、合理、可行的方案或模式。

社會學與現代社會

問題討論

一、 整個社會體系的次級體系各有不同的發展階段或歷程,請略述台灣近半個多世紀的政治體系及經濟體系的發展歷程。

二、 何以國民黨政府來台初期,治理台灣採「經濟優先」的發展策略?有何利弊影響?

三、 大陸地區自一九五○至七○年代末,較重要及影響較深遠的政治、社會運動有那些?請略述之。

四、 大陸地區近二十餘年的「改革開放」(由政治優先轉向經濟優先)產生了那些重大的變化或影響?

五、 兩岸社會發展有那些相同之處及相異之處?請略述之。

第十章 兩岸社會發展的比較:政治優先與經濟優先的轉變

參考文獻

Huntington, S. P., & Nelson, J. M. (1976). *No Easy Choice：Political Participation in Developing Countries.* Massachusetts: Harvard University Press.

Linz, J. J. (1975). "Totalitarian and Authhoritarian Regimes", in Fred Greenstein and Nelson W. Polsby(eds.). *Handbook of Political Science, vol.3,* Reading. Mass: Addison-Wesley Publishing Company.

Parson, T. (1951). *The Social System.* New York: Free Press.

Turner, J. H. (1986). *The Structure of Sociological Theory.* Chicago: The Dorsey Press.

丁庭宇、馬康莊譯（1986）。〈依賴理論與台灣：一個異例的分析〉，《台灣社會變遷的經驗》。台北：巨流圖書公司，頁65-138。

中共研究雜誌社編（2004）。《二○○四中共年報》。台北：中共研究雜誌社。

中共術語彙解編輯委員會編輯（1977）。《中共術語彙解》（增訂再版）。台北：中國出版公司。

中國民政部基政司編著（2004）。《中國社區建設年鑑，2003》。北京：中國社會出版社。

王嘉州（1997）。〈中國大陸歷次民主運動之分析〉。《東亞季刊》，第28卷，第3期，頁107-123。

田弘茂、朱雲漢等編（1997）。《鞏固第三波民主》。台北：業強出版社。

行政院陸委會編印（2004）。《台灣地區與大陸地區人民關係條例暨相

關許可辦法》（修訂八版）。台北：行政院陸委會。

李國鼎（1979）。《台灣經濟快速成長的經驗》。台北：正中書局。

周雪光（1992）。〈論「一管就死，一放就亂」〉。《當代中國的國家與
　　社會關係》。台北：桂冠圖書，頁149-169。

胡鞍鋼等著（1995）。《中國地區差距報告》。瀋陽：遼寧人民出版
　　社。

若林正丈（1994）。《台灣：分裂國家與民主化》。台北：月旦出版
　　社。

馬立誠、凌志軍（1998）。《交鋒──當代中國三次思想解放實錄》。
　　北京：今日中國出版社。

張家敏（1998）。《中華人民共和國史：建國以來（1949-1997）》。香
　　港：香港政策研究所出版。

趙建民（1994）。《威權政治》。台北：幼獅文化。

劉阿榮（1996）。〈戰後台灣政商關係之演變：理論架構與經驗意
　　涵〉。《社會文化學報》，第4期，頁1-42。

劉阿榮（2001）。〈孫中山社會變遷思想與台灣的社會變革（1945-
　　2000）〉。《國立國父紀念館館刊》，第7期，頁45-61。

劉阿榮（2003）。〈跨世紀的台灣政商關係：一九九○年代迄今〉。
　　《社會文化學報》，第16期，頁97-126。

厲以寧（2003）。〈世紀之交中國經濟面臨挑戰〉。《中國國情報告：
　　1998至2001年的中國》，序篇，頁1-20。

龍冠海（1976）。《社會學》。台北：三民書局。

謝文（1992）。〈中國公民社會的孕育和發展〉，載於周雪光主編，
　　《當代中國的國家與社會關係》。台北：桂冠圖書，頁107-121。

319

第十一章　全球化與國家治理

交通大學通識教育中心專任副教授

孫治本

作者簡介

　　孫治本，一九八六年畢業於國立政治大學社會學系，一九八九至一九九七年在德國科隆大學和波昂大學修習社會學、哲學、文化人類學和漢學，一九九三年獲科隆大學人文碩士，一九九七年獲波昂大學哲學博士。現任交通大學通識教育中心專任副教授及傳播與科技學系兼任副教授。二〇〇〇及二〇〇一年夏曾任德國波昂大學歐洲整合研究所visiting senior fellow。

　　作者的主要研究興趣包括全球化、生活風格與消費文化、網路文化、科技社會學、經濟與企業社會學、社會學理論。著有《個人化與生活風格社群》、《全球化與民族國家》等專書，譯有《全球化危機》，論文則有〈消費研究中的政治經濟學爭議〉等篇。

教學目標

一、 瞭解全球化的效應及其給國家治理帶來的困難。

二、 以公民社會補充國家治理的可能性。

摘要

　　全球（跨國）資本主義正嚴重衝擊民族國家架構，摧毀國家
疆界。在全球競爭中，國家治理雖然與國家的競爭力相關，但國
家政治已不足以規範跨國經濟活動，必須建立起跨國政治機制，
才能解決全球資本主義及其他跨國行動、跨國現象所帶來的問
題。而國家治理一方面受到全球化的挑戰，它方面也受到國家內
部個人化、社群化的威脅，因為個人化、社群化使國家社會的整
合出現了困難。然而，國家治理功能式微的同時，新興社會力量
也正在興起，以公民社會補充國家治理可能是解決問題的一種方
案。

323

第十一章　全球化與國家治理

什麼是全球化？全球化又是從什麼時候開始的呢？從人類的發展史而言，人原本即是全球性的動物：人類起源於非洲，之後遷移繁殖於世界各地，能在多種生態環境下生存。不過從前散布於五大洲的人類，相距較遠者鮮有往來，甚至不知彼此，要到十五世紀西方開啟大航海時代並殖民全球，五大洲之人類才逐漸納入全球資本主義體系中。有些人因此認為全球化始於十五世紀。

　　然而十五世紀後西方亦逐漸進入民族國家（nation state）時代。歷經英法百年戰爭、一六四八年之西發利亞合約和法國大革命，現代民族國家之性質逐漸確立，其特色有「以民作族」，即一國之成員共成一族（nation，中文譯為民族、國族）；國家在其疆域內主權獨立，不受外來干涉（主權獨立之疆域國家）；政治權力幾全收歸於國家體系之下，政治成為國家之專利，從此政治即指國家政治。

　　民族國家之概念於十九世紀起逐漸普及於世，尤其二次世界大戰後新興民族國家如雨後春筍般成立，人類世界為國家之疆界分割，加以二次世界大戰後社會主義與市場經濟陣營之對抗形成，兩大陣營間界線分明，跨越不易。如此一個被國家疆界和意識型態界線分割的世界，並不適合稱其為全球化的世界。但當一九九〇年起東歐國家出現了大變革，且以新科技為後盾之各種跨國流動使國家疆界愈來愈難限制和規範人類之活動，人類便進入最新一波的全球化。與從前相比，這最新一波的全球化有兩大特色：第一、技術的發展使人類獲得前所未有的移動性和遠距溝通的可能。第二、二十世紀中以後始逐漸普及於全世的民族國家架構開始因最新一波的全球化而鬆動，民族國家疆界的逐漸毀壞帶來了新的可能和問題。

　　有些學者用概括性的形容來定義全球化，例如德國社會學家

貝克說，全球化是「距離的消失；被捲入經常是非人所願、未被理解的生活形式」（Beck, 1999: 30）。貝克的說法實與英國社會學家吉登斯對全球化的定義相呼應。吉登斯認為全球化指涉的是空間與時間（概念）的轉變，是一種「對遠方的效應」（fern-wirkung），而全球通訊與大眾交通系統強化了這種「對遠方的效應」（Giddens, 1999: 23）。不論是「距離的消失」或「對遠方的效應」，都意味著「疆界毀壞」；民族國家、文化的界線，愈來愈無法限制人員、資訊、資金的流動。

如同前面所說，在一九九〇年以後新一波的全球化中，「疆界毀壞」主要指民族國家間的疆界毀壞，因此可以說，新一波全球化的核心問題是民族國家的式微，或者說民族國家愈來愈難在種族的純粹性上，在政治、經濟、文化上固守其疆界。這是晚近全球化現象與「世界體系」概念的主要差別，因為在世界體系理論的分析架構中，民族國家仍是基本的單位。

前面說過，民族國家興起後，政治成了國家的專利，亦即管理眾人之事的任務只能由國家來承擔。一旦民族國家式微，政治治理便出現了很大的問題。這便是本文要探討的全球化時代的國家治理問題。

第一節　民族國家的式微

什麼是民族國家呢？依筆者的看法，民族國家最大的特色在於：國家既是最高的權力架構，又是最高的認同單位（所謂的民族或國家認同）。兩種性質集於一身，這在人類歷史上是一種較新

的現象。此外，民族國家有固定的疆域，而現代的民主制度、社會福利制度都是在民族國家的範圍內形成的（換句話說，尚未有跨國的民主制度、社會福利制度）。

法國大革命後，民族國家逐漸主宰了世界舞台，然而全球化使民族國家遭遇了對手，這些使民族國家開始沒落的力量包括各種跨國組織、地方（甚至社區）的再興起以及跨國社會。當然，民族國家的架構式微但並未消失，以民族國家為互動主體的國際架構亦依然存在，但是當上述新興力量躍升於世界舞台後，「多中心世界政治」（polyzentrische Weltpolitik）出現了，民族國家必須與各種跨國力量競爭或合作。

尤其甚者，當經濟、文化事件，甚至於對生態的破壞，都已跨國地進行，民族國家對這些跨國事件，不但無能規範，還必須承擔其負面後果（例如日益增加的失業與貧窮），日顯疲態也就不足為怪了。

衝擊民族國家架構的，不只是各種跨國的勢力，地方、社區的再興起，也挑戰著國家的權威。事實上，（再）地方化與全球化是當今同時發生的兩股趨勢。尤其是使全球化成為可能的通訊科技和運輸系統，可以使任何一個地方都不再「偏遠」，使地方得以（越過國家）直接與全球（某個地方）相連。地方受著全球的影響，但地方也登上了全球舞台，這就是羅伯森（Roland Robertson）所說的「在全球中的地方、在地方中的全球」（Robertson, 1998: 203；參閱Albrow, 1998b: 308）。大眾傳播媒體、全球行銷體系，使地方文化、地方產品有可能風行全球。再從前述想像力的重要性而言，跨國文化工業為了不斷推出「新穎」的產品，必須從地方發掘舊的素材，包裝成全球性的新商品（比如狄斯奈的「花木蘭」卡通電影）。這不能簡單地用「文化帝國主

義對地方文化的剝削」來形容；事實上，當地方可與全球直接相通後，文化帝國主義就必須面對文化多元主義的挑戰。而全球化也使各種地方的、民族的文化，彼此間遭遇頻繁。

當民族國家在全球化浪潮下式微，使全球化成為可能的客觀條件，例如前述通訊科技和運輸系統，以及普遍的富裕（雖然仍有相對的貧窮）、教育程度的提高，卻使地方、社區的實力增加。例如網路、有線電視，不但是一種大眾傳播媒體，能讓世界走進家庭；也是一種小眾傳播媒體，使地方、社區的內在聯繫緊密起來。

全球化和地方化同時興起，此一看似矛盾的現象，可用起源於日本經濟界的概念──「全球地方化」來表示（參閱Robertson, 1998: 197-203）。

全球化和地方化同時發生，所以並非像世界體系理論設想的那樣，全球市場只是使世界形成了中心──半邊陲──邊陲的分工架構，而是全球化同時有「中心化」和「解中心化」兩種作用，前者指資本、權力、資訊的集中過程，後者指地方、社區分享原中心區域資源的能力愈來愈強（Beck, 1999: 69）。不過，全球化也可能瓦解某些現有的地方或社區脈絡。全球化產生了跨國和跨洲的「社群」，這些社群建立起了新的社會相關性，使不同的人可以在不同的地方共同生活，這是全球化的「結合」作用。然而此種跨國結合，也「分解」了某些傳統的共同生活和共同工作。全球化不但威脅著國家的資訊和財稅主權，它那種使天涯若比鄰的力量，也可能使直接的鄰居關係凋零，因為「遠方的鄰居」愈來愈重要（Beck, 1999: 68-69），特別是網路所支持的跨國聯繫，會產生這樣的效應。

然而社區的傳統層面固然受到衝擊，卻可能獲得新的需求與

力量。不僅僅是因爲全球地方化現象能使社區從更大的範圍獲取資源，也因爲國家功能的減低，使得地方、社區，或者總括地說——公民社會的各種團體，必須承擔起解決問題的責任。也就是說，全球化引起的諸多問題及民族國家處理這些問題的能力式微，迫使（民主）政治必須向國家層次以上〔跨國（民主）政治〕及國家層次以下（基層民主、公民社會的各種社會團體）發展。或者可以這麼說，當民族國家還興盛時，公民社會的範圍與國家的範圍是一致的。然而全球化浪潮使民族國家式微後，公民社會一方面向下分解於各種小社團中，一方面向上跨國地形成跨國公民社會（各種跨國非政府組織）。

第二節　國家治理與擴大中的全球貧富差異

　　全球化可以促進經濟的繁榮，但也可能擴大貧富差異和區域間的不均衡發展。單單靠全球競爭和自由貿易，是無法使世界各區域協調發展的。以下筆者將分析全球化所帶來的機會與不均衡發展，並指出不均衡發展的部分原因是政策的良窳，因此協調發展必須靠政治的力量。然而經濟的全球化，特別是全球金融資本主義，已削弱了傳統國家政治的力量，因此也需要發展新型態的跨國政治、公民社會政治。

　　始發於一九九○年代初，廣度和深度前所未有的新一波全球化，鬆動了原本分割世界的各種疆界，這種疆界毀壞效應給競爭帶來了新的局面：由於國界愈來愈難限制人力、資金、技術、工作位置等的轉移，競爭因此也愈來愈難被限制在一國之內，企業

和個人被迫面臨愈來愈多的全球競爭，即使蟄居於國界之內，亦無法逃避這種新的競爭壓力。

全球競爭的結果是各國、各區域均獲得公平的機會，而使世界的發展逐漸趨於區域均衡的狀態？還是富者愈富、貧者愈貧？這其實並無簡單的答案。

歐洲人於十五世紀開始發動其全球探索和殖民大業，結果是資本主義全球體系的逐漸成形。此一體系又從十八世紀的工業革命獲得了巨大的新動能。工業革命是擴大還是縮減了全球各區域間的貧富差異呢？據麥迪森（Maddison）的研究（如**表11-1**所示），工業革命發生以前，全球各地區平均每人國內生產總毛額的差異不大，後來富甲天下的西歐甚至還曾落後於亞洲、非洲，而西元〇年至一〇〇〇年，西歐的平均每年成長率是負數（-0.01%）。然而工業革命之後的一八二〇年，西歐和西方人主要的移居區域（如美國、加拿大），其平均每人國內生產總毛額已經是亞洲（不包括日本）的兩倍多，非洲的三倍。到了一九九八年，西方世界與其他地區的差距更大。不過另一方面，一九九八年時全球所有地區的平均每人國內生產總毛額均較西元〇年時高出甚多，且所有地區一八二〇年至一九九八年的平均每年成長率均是正的。這表示，資本主義全球體系和工業革命，提高了全球所有區域的生產力和生活水準，但也擴大了區域與區域間的貧富差異。

如果我們將焦點置於一九九〇年後，則新一波的全球化，是否更使富者愈富、貧者愈貧呢？答案視我們比較的是哪些國家而定。一方面，某些開發中國家如中國，創造出良好的投資環境，使其後進優勢得以發揮，亦即其較低之工資使其生產成本較低；其技術水準較低，使在較進步國家已逐漸失去競爭力的企業或技

表11-1 不同地區之平均每人國內生產總毛額及成長率

西元〇至一九九八年（依一九九〇年之美元價值計算）

	西元〇年	一〇〇〇年	一八二〇年	一九九八年	〇至一〇〇〇年平均每年成長率	一〇〇〇至一八二〇年平均每年成長率	一八二〇至一九九八年平均每年成長率
西歐	450	400	1232	17921	-0.01	0.14	1.51
西方人主要的移居區域（如美、加）	400	400	1201	26146	0.00	0.13	1.75
日本	400	425	669	20413	0.01	0.06	1.93
以上三區平均	443	405	1130	21470	-0.01	0.13	1.67
拉丁美洲	400	400	665	5795	0.00	0.06	1.22
東歐和前蘇聯	400	400	667	4354	0.00	0.06	1.06
亞洲（不包括日本）	450	450	575	2936	0.00	0.03	0.92
非洲	425	416	418	1368	-0.00	0.00	0.67
以上四區平均	444	440	573	3102	-0.00	0.03	0.95
世界	444	435	667	5709	-0.00	0.05	1.21

資料來源：Maddison, A. (2001). 轉引自Altvater(2003).

術，轉移至此後能獲得新的競爭力；而其市場開發程度低，亦可能意味著高市場開發潛力，這些後進優勢加上良好的人力資源和公共建設，對外來直接投資便很有吸引力。而當中國多年維持7%以上的經濟成長率，某些其他東亞國家表現亦不差時，許多西方工業國家近年的成長率卻不高。尤其歐盟預估今年（二○○三年）歐盟十五國和美國、日本的成長率，只有希臘和愛爾蘭高於3%，荷蘭、葡萄牙、德國的成長率將低於1%（見**表11-2**）。

表11-2　二○○三年初歐盟執委會對十七國經濟成長率之估計

國　家	估計之經濟成長率
希　臘	3.6%
愛爾蘭	3.3%
芬　蘭	2.4%
美　國	2.1%
英　國	2.0%
西班牙	1.9%
丹　麥	1.5%
盧森堡	1.4%
瑞　典	1.4%
比利時	1.2%
日　本	1.2%
奧地利	1.2%
法　國	1.1%
義大利	1.0%
荷　蘭	0.5%
葡萄牙	0.5%
德　國	0.4%

資料來源：Der Spiegel. (2003a).http://www.spiegel.de/spiegel/0,1518,242649,00.html.

雖然某些開發中國家的成長速度遠高於工業國家，這並不表示開發中國家的貧窮問題已經解決。必須曉得，目前世界上有十二億人生活於貧窮線以下（聯合國希望二〇一五年時能將此一人數減半），亦即每日之生活費低於一美元（Bode, 2002）。又，自由貿易爲今日世界之主流思想，其對各國之利弊如何呢？以推動自由貿易爲主要目的的「世界貿易組織」（WTO），曾指出七種有關WTO的「誤解」，然而這七種誤解恰恰是某些人對WTO和自由貿易的主要疑慮，它們是：

> WTO指令政府政策；
> WTO不惜任何代價追求自由貿易；
> WTO只關心商業利益，商業利益凌駕於發展之上；
> 在WTO架構下，商業利益優於環境保護；
> 政府在食品安全、人身健康和安全等問題上受WTO之指令（這又是商業利益至上）；
> WTO摧毀了工作，擴大了貧富差距；
> WTO是不民主的（WTO, 2000: 236-239）。

自由貿易是經濟全球化的先決條件之一，至於誰是自由貿易的獲利者、誰是受害者，是一個很複雜的問題。如果以國家爲單位來觀察此一問題，亦即詢問哪些國家是自由貿易的獲利者、哪些國家是受害者，可能很難回答，因爲往往一國之內既有獲利者，亦有受害者。先進國家中的某些人會認爲自己是自由貿易的受害者，這些人極可能是低技術工作者，因爲來自開發中國家價格較低廉的商品，會使先進國家低技術勞力商品的價格和低技術工作者的工資下降，然而同時先進國家高技術勞力商品的比重和出口量卻增加。經驗研究顯示，總體而言，不論從進口商品的價

格還是數量來看，進口對工資和所得的影響都不是很大（Slaughter & Swagel, 2000: 179-180；參閱Burtless, Lawrence, Litan & Shapiro, 2000: 181-183）。然而高技術工作者和低技術工作者的命運有所不同，在英國和美國的情形是，高技術工作者的工資上漲，低技術工作者的工資則下降；對勞工保護較多的德國、法國、義大利，低技術工作者的工資則沒有下降多少，其代價卻是失業率的升高（Slaughter & Swagel, 2000: 178）。可想而知，失業率較高的是低技術工作者，因為當低技術工作者的工資未明顯下降時，其生產之商品因工資成本較高，已無法與來自開發中國家的低技術商品競爭，因此，這樣的已開發國家的低技術工作位置會減少。

　　已開發國家中的低技術工作者會受到貿易自由化的衝擊，開發中國家同樣可能因外來產品較具競爭力而導致部分農人、勞工的失業，然而開發中國家中亦可能有人因經濟全球化而得益，因此可以說，新一波的全球化導致了新一波的社會不平等，此即為新一波全球化浪潮中待解決之社會問題。羅德里克（Rodrik）曾歸納全球化造成的緊張為以下三點：第一、具跨國行動能力者（資本家、高技術工作者、專業人士）和不具跨國行動能力者間的不平等。第二、國與國間的競爭與衝突。第三、政府愈來愈難提供社會保障（Rodrik, 2000: 221-223）。

　　而在有關經濟全球化與社會不平等的討論中，也有人指出，先進國家設於第三世界的工廠往往忽視環境保護和勞工權益，先進國家於落後地區設廠實為對當地人的剝削行為。然而此種指責經常發自於先進國家的人民，而推究其動機，雖不排除真心的人權關懷，然而亦可能是出於對開發中國家低價競爭的憂慮。由於落後國家的工資水準、社會福利、勞工權益、環保標準均低於先

進國家，使其在低技術產品的生產上享有低成本優勢，假人權之名驟然要求其提高上述各項標準，可收降低其競爭力之效。而且，這些看似出於人權與社會關懷的要求，不一定能爲落後國家的人民謀求福祉。學者指出，如果強迫第三世界的工廠符合先進國家訂出的最低環境和勞動條件，未必能提高第三世界勞工的福利，因爲這會阻礙現代技術向第三世界的移轉，因而限制了貧窮勞工獲得改善生活條件的機會（Burtless, Lawrence, Litan & Shapiro, 2000: 186）。

　　僅僅靠經濟全球化和自由貿易，是無法解決區域發展不均衡和貧窮問題的。前面說過，自新一波全球化發生以來，已開發國家的表現雖彼此有別，但總地來講，其近幾年的成長是趨緩的。一些開發中國家如中國有較高的成長率，然而也有許多窮國愈來愈窮，至今仍看不到希望。由此可見，後進國家不可能僅靠低工資、低技術水準、低市場開發程度就能掌握全球競爭釋放出來的新機會，開發中國家要想締造高成長率和邁向富裕，必須提出正確的政策，並以高效的行政能力創造良好的投資環境。不同的成長率背後往往存在著不同的政策和行政能力，因此政治力量對經濟發展還是很重要的。那些窮者恆窮甚至愈來愈窮的國家，雖有來自已開發國家的發展援助，卻無法進步，這是因爲其國內的行政效率低落甚至政治腐敗所致。

　　全球性的協調發展當然需要國際社會的力量（特別是富國的力量），然而必須各國政府善盡本身的責任、提升本身的效能，全球性的協調發展才有可能實現。國際社會爲了提攜開發中國家，多年來由已開發國家提供所謂的「發展援助」給開發中國家。然而具高經濟成長率且能成功對抗貧窮的開發中國家如中國、泰國、印度等，沒有發展援助亦能實現高經濟成長和逐步消弭貧

困。而且，在中國、泰國、印度，發展援助占這些國家國內投資總毛額的比例，很少超過1%。然而在最窮的國家，如撒哈拉沙漠以南的非洲國家，此一比例高達20%，但是這些國家的情況卻愈來愈糟，窮人的數目不減反增。至於發展援助以外的私人資本很少流入最窮的國家，第三世界的私人投資中，只有約2%流入這些最窮的國家，而光是泰國的私人投資，就是撒哈拉沙漠以南非洲國家私人投資總額的兩倍（Bode, 2002）。由此可見，發展援助並非全球協調發展的唯一關鍵，而一個國家要吸引外來私人投資，一定必須善用政治的力量創造出良好的投資環境。

除了成長率的差異，富國和窮國間還存在著勞動條件、環保標準等巨大的差異。部分已開發國家人士主張強迫開發中國家接受一套最低的勞動、環保條件標準。這亦是利用政治手段解決新一波全球化帶來的社會不平等問題的嘗試，唯如前所述，訂定最低勞動、環保條件標準，未必有益於窮國的發展，且可能只是富國反制窮國低價競爭的一種權謀。

總地來講，弱勢地區的發展絕對需要政治手段的支持，問題只在於手段的適當與否。歐盟即將成員國間的經濟與社會諧和（即縮小成員國在經社水平上的差距）及互助合作視為其主要目標之一。歐洲聯盟條約130a規定：「為了促進其內部之均衡發展，聯盟應發展和追求強化其經濟與社會諧和之行動。聯盟特別應追求減少不同區域間發展程度之差異，以及最劣勢區域（包括農村區域）之退步。」〔Harryvan/van der Harst(ed.), 1997: 280〕除了原有之區域財政均衡基金外，歐洲聯盟條約又規定了「諧和基金」的設立，以提供最窮的成員國改善基礎結構及環保（Gasteyger, 1997: 473）。中國自一九八三年以來，西北與東南之貧富差異日鉅，而在外資吸收上，一九八二至一九九八年，東部地區利用外

資占全國利用外資總額的85.53%（趙海東，2002：44、46）。近幾年中國於政治上提出「西部大開發」計畫，亦是國家對協調區域發展的介入（參閱耿曙，2002）。

　　除了國與國之間的不平衡發展，不論是已開發國家或開發中國家，亦因新一波全球化而擴大了國內的社會不平等，這也是全球化帶來的重要問題。這些問題是否有賴政治力的解決、國家應以何種政策因應這些問題受到廣泛的討論。而伴隨新一波全球化而來的經濟和社會問題，已對政治意識型態產生了重大的影響。

　　由於新一波的全球化使資金、資訊、原料、商品、人員的流動性達到前所未有的境界，競爭亦無法再被局限於一國之內，因此特別是原先依附於民族國家架構下的各種經濟、社會制度，面臨了重大的考驗，而人的生活方式和處境亦面臨重大的轉變，從前解決問題的手段未必能保有其效果。由於人類的生存面臨新的情勢和挑戰，近年來政治意識型態亦出現重要的轉變，而此種轉變最大的特色在於：左與右的政治分野又近一步模糊化，政治基要主義愈來愈不受歡迎，以現實的態度面對和解決人類生存的問題，則獲得愈來愈多人的支持。如果說「意識型態」是指僵化、未經反省的教條，則全球化似乎起了淡化政治意識型態的作用。

　　以務實的態度面對各種新、舊問題，強調彈性和適應，是當今的主流政治思想。而新一波的全球化，似乎對左派的政治主張形成了較大的衝擊，因為無疆界之競爭，使高社會福利的成本壓力日益突出，高社會福利甚至被認為有礙競爭。因此，西方的左派為因應全球化，做出了許多政策調整。然而這不是說社會福利的理想被放棄，而是手段的改變。例如一向以高標準社會福利著稱的斯堪地那維亞國家，據斯萬克（Swank）的經驗研究顯示，資金流動基本上並未造成斯堪地那維亞國家社會福利規模的顯著

縮減，其社會福利的標準和規模在世界上仍是很突出的。因此斯萬克認爲斯堪地那維亞國家的社會福利對全球化是有抵抗力的，而這又與其政黨的政策有關（Swank, 2000）。然而，在具體的社會福利制度上，斯堪地那維亞國家確實有所改變（參閱Der Spiegel, 2003b: 38-41）。

即使主要國家的政府日益以彈性和務實的態度面對全球化的挑戰，我們仍有理由懷疑國家政治的力量是否能解決新一波全球化帶來的經濟、社會問題。自從人類進入民族國家時代以後，政治基本上只能依附於民族國家架構之下，且只能在國家疆域之內運作。然而新一波全球化強大的疆界毀壞效應，使依附於民族國家架構之下的政治愈來愈難規範各種跨國流動。至於民族國家與資本家的關係，歷來有不同的看法，有認爲國家純爲資本家服務者，有認爲國家僅視資本家爲其國內眾多利益團體之一者，也有討論資本家能在何種程度上擺脫國家控制者（Wallerstein, 1999: 20）。唯不論如何，足以限制資本主義不正常發展的民主政治、社會福利、環保規範，至今仍只能在民族國家的架構下運作。全球資本主義的強化，則可能危及國家施行這些制度的能力。

前面我們談的，還只是較傳統的資本主義形式如何在新一波全球化成形後，加劇國與國間和一國之內的不平等。在傳統的資本主義形式下，資本是直接投入生產過程中逐利，這種投資被稱爲直接投資。然而幾乎與新一波全球化同時發生的是「金融資本主義」的強化。在金融資本主義的形式下，資本不是直接投入生產過程中，而是投入證券、外匯等市場逐利。當然從前亦有資本不直接投入生產過程，而投機逐利的情形，然而今日之投機工具遠較過去多樣化，除了土地，股票、期貨、外匯等均可炒作。尤其新一波全球化的疆界毀壞效應，使金融資本主義得以異常方便

的利用國與國間匯率或利率的差異逐利，這使金融資本主義的規模和影響都大大提升。在國與國間快速移轉的資金，其所依循的逐利法則，未必有利一國之實質成長與發展。而一旦金融自由化使國家的資金門戶洞開，就可能產生難以預料的後果，規模較小的經濟體尤其可能受到較大的衝擊。這些整體經濟實力較小的國家，很容易在金融部門鬆綁或私有化和自由化之後出現金融危機。**表11-3**中列出的八個國家，就都是在金融自由化後的三年內出現金融危機。

在政治尚未能穿越國界有效作用，或者說在政治尚未全球化之前，金融自由化所形成的全球金融市場是很難受到規範的。據賀萊內（Helleiner）的意見，即使金融全球化未必大大削弱了主權國家的統治能力與制定宏觀經濟政策的自主性，金融全球化相伴隨的「領土性的瓦解」（unraveling of territoriality）確實導致主權國家的式微，因為領土性是主權國家權威的核心（Helleiner, 1999）。

經濟的全球化，特別是全球金融市場的形成和金融資本主義的逐利法則，使尚未全球化的政治日顯無力，換言之，全球化似乎削弱了政治的力量。然而與此同時，新型態的政治也在興起。新型態的政治有別於法國大革命以來的國家政治，其一是「跨國政治」，亦即使政治力量能跨國運作（如歐洲聯盟）；其二是「公民社會的政治化」，使公民社會承擔起政治任務（孫治本，2003）。在全球化的時代，經濟與社會問題之解決，不必且無法僅僅依賴國家政治，而是要能借助新型態的政治。例如義大利學者阿西布基（Archibugi）即認為，傳統上由福利國家提供的社會保護是不利於社會整合的，因為人民被二分為積極行動者和不積極行動者（受保護者）。而且從財政上而言，福利國家愈來愈難提供

社會學與現代社會

表11-3　墨西哥等八國之金融自由化和金融危機年份

國　　家	金融部門的鬆綁或私有化和自由化年份	金融危機年份	金融危機為國家財政造成的代價占國內生產毛額之%
墨　西　哥	1989-1992	1995-2000	20%
厄瓜多爾	1992-1996	1998-	25%
阿　根　廷	1990-1993	1994-1997	30%
委內瑞拉	1989-1992	1994-2000	35%
南　　韓	1992-1996	1998-2000	25%
泰　　國	1992-1996	1998-2000	22%
印　　尼	1992-1996	1998-2000	50%
俄　羅　斯	1990-1994	1994-2000	40%

資料來源：Altvater(2003).

足夠的社會保護，因此他主張使福利國家轉型為福利社會，運用第三部門（非營利組織）的力量發展「協作經濟」（Archibugi, 2000）。

第三節　以公民社會補充國家治理

　　面臨民族國家式微所產生的「政治失靈」現象，一方面有「跨國（民主）政治」的對策，一方面也有「（新）公民社會」的對策。全球地方化現象使社區、公民團體能從更大的範圍獲取資源，而國家相對實力的降低，迫使地方、社區、公民社會的各種

團體，必須承擔起解決許多問題的責任。

　　法國社會學家杜杭（Alain Touraine）即認為，民主的民族國家已經愈來愈衰弱，政黨和工會已經不再是社會權利及勞工權利的主要代表，新興的政治行動者是公民社會——各種協會、非政府組織、社會運動、意見領袖（包含媒體）的共同作用（Touraine, 1999；另可參閱英國學者Giddens, 1999: 79-110；德國學者Dettling, 1998: 237-300）。德國知識界與政界亦興起關於公民社會是否能取代國家（或公民社會與國家之互補關係）的討論。例如，一九九八年，德國黑森（Hessen）邦政府（當時該邦由社民黨——綠黨聯合執政）與「羅馬人山論壇」（Römerberg Gespräche）召集了一場名為「國家的終點——公民社會的起點：關於全球化時代社會民主的前途」研討會〔見Eichel & Hoffmann(ed.), 1999〕。與會的學界與政界人士，熱烈討論全球化與民主及社會福利的未來、公民社會與國家的關係、全球公民社會建立的可能性等議題。

　　要使公民社會承擔起愈來愈多的解決問題責任，則政治的任務甚至權力，便不能再只是國家各級政府的專利。公民社會將承擔起愈來愈多的政治任務，於是，公民社會不再是非政治的。政治，需要重新被定義。

　　貝克提出的「政治的發明」（Die Erfindung des Politischen）概念（Beck, 1993，特別是pp. 204-248），即是重新定義政治的一種嘗試。政治的發明意味具（自我）創造力的政治，指涉的是新的政治內涵、形式和新的政治聯盟（Beck, 1993: 210）。「政治的去核心化」（Beck, 1993: 210-214）、「國家的變形」（Metamorphose）（Beck, 1993: 214-219）是兩項重要的政治新內涵。所謂「政治的去核心化」是指：政治不再是政府的專利，政府的式微並不必然

意味政治的死亡，而是政治的擴散，造成貝克、哈耶（Hajer）、凱塞林（Kesselring）所說的「政治與非政治間的界線模糊」（Beck, Hajer & Kesselring, 1999: 11）。所謂「國家的變形」是指：政府政治式微後的國家，其繼續存在有賴其變形地適應新的政治內涵。

貝克此說直接挑戰了自黑格爾以來，公民社會（中文亦稱作民間社會、民間部門）被視為是非政治的觀念。當政治照貝克的方式被重新定義後，政治即不再是政府部門（傳統上被認為是「政治的」）與民間部門（傳統上被認為是「非政治的」）間的區別指標。貝克稱此種新的政治為「次政治」（subpolitik）（Beck, 1993: 149-171）。次政治與（傳統）政治的區別在於，在次政治中，（傳統）政治或法人體系外的行動者亦可參與社會的形塑，而且在社會的形塑上，個人行動者與集體行動者均有其重要性，兩者可合作或競爭（Beck, 1993: 162）。亦即，在次政治中，個人實質參與政治的可能性增加，這被貝克稱為「政治主體性的復興」（Beck, 1993: 157）。

挑戰民族國家架構的主要是全球（跨國）資本主義。一方面，全球資本主義似乎使國與國間的競爭愈來愈激烈，而國家治理自然與一國之競爭力息息相關；另一方面，全球資本主義下的競爭，其實並不能用國與國的競爭概括，因為全球資本主義所做的正是摧毀國家疆界。由是，國家政治並不足以規範跨國經濟活動，必須建立起跨國政治機制，才能解決全球資本主義及其他跨國行動、跨國現象所帶來的問題。而國家治理一方面受到全球化的挑戰，它方面也受到國家內部個人化、社群化的威脅，因為個人化、社群化使國家社會的整合出現了困難。然而，國家治理功能式微的同時，新興社會力量也正在興起，以公民社會補充國家治理可能是解決問題的一種方案。

問題討論

一、說說看有哪些跨國現象是單一國家難以應付的？

二、你覺得全球化下的貧富差異是合理的嗎？

三、什麼樣的政府才能提升國家競爭力？

四、你覺得民間團體能取代多少政府的功能？

參考文獻

Albrow, M. (1998). "Auf Reisen jenseits der Heimat. Soziale Landschaften in einer globalen Stadt", S. 288-314. in Beck, U. (ed.), *Kinder der Freiheit*. Frankfurt/M.

Altvater, E. (2003). "Wem nützt die Globalisierung?-Märkte, Institutionen, Regelungsbedarf". *Die Zeit,* 10.

Archibugi, F. (2000). *The Associative Economy-Insights beyond the Welfare State and into Post-Capitalism*. London: Macmillan.

Beck, U. (1993). *Die Erfindung des Politischen*. Frankfurt/M.: Suhrkamp.

Beck, U., Hajer, M., & Kesselring, S. (1999). "Der unscharfe Ort der Politik-eine Einleitung". in Beck, U., Hajer, M., & Sven, K. (eds.), *Der unscharfe Ort der Politik：Empirische Fallstudien zur Theorie der reflexiven Modernisierung*. Opladen: Leske + Budrich, pp. 7-20.

Bode, T. (2002). "Faire Chancen statt Almosen". *Die Zeit,* 17.

Burtless, G., Lawrence, R. Z., Litan, R. E., & Shapiro, R. J. (2000). "Globaphobia: Confronting Fears about Open Trade". in Lechner, F. J., & Boli, J. (eds.), *The Globalization Reader*. Oxford: Blackwell, pp. 181-186.

Der Spiegel. (2003b). "Erst Sparen". *dann uerteilen*, l, pp. 38-41.

Der Spiegel.(2003a). Querschläger des Kriegs, 14. http://www.spiegel. del/spiegel/0,1518,242649,00.html.

Dettling,W. (1998).*Wirtschaftskummerland-Wege aus der Globalisierungsfalle*. München: Kindler.

343

Eichel, H., & Hoffmann, H. (ed.).(1999). *Ende des Staates-Anfang der Bürgergesellschaft. Über die Zukunft der sozialen Demokratie in Zeiten der Globalisierung*(Hessen im Dialog / Römerberg Gespräche 1998). Reinbek: Rowohlt.

Gasteyger, C. (1997). *Europa von der Spaltung zur Einigung*. Bonn: Bundeszentrale für politische Bildung.

Giddens, A. (1999). *Jenseits von Links und Rechts*(aus dem Englischen von Joachim Schulte), 3. Auflage. Frankfurt/M: Suhrkamp.

Harryvan, A. G., & van der Harst, J. (ed.).(1997). *Documents on European Union*. New York: MacMillan.

Helleiner, E. (1999). "Sovereignty, territoriality, and the globalization of finance". in Smith, D. A., Solinger, D. J., & Topic, S. C. (eds.), *States and Sovereignty in the Global Economy*. London: Routledge, pp. 138-157.

Robertson, R. (1998). "Glokalisierung: Homogenität und Heterogenität in Raum und Zeit", S. 192-220. in Beck, U (ed.), *Perspektiven der Weltgesellschaft*. Frankfurt/M: Suhrkamp, pp. 192-200.

Rodrik, D. (2000). "Has Globalization Gone Too Far". in Lechner, F. J. & Boli, J. (eds.), *The Globalization Reader*. Oxford: Blackwell, pp. 221-226.

Slaughter, M. J., & Swagel, P. (2000). "Does Globalization Lower Wages and Export Jobs?". in Lechner, F. J., & Boli, J. (eds.), *The Globalization Reader*. Oxford: Blackwell, pp. 177-180.

Swank, D. (2000). "Social Democratic Welfare States in a Global Economy: Scandinavia in Comparative Perspective". in Geyer, R., Ingebritsen, C., & Moses, J. W. (eds.), *Globalization, Europeanization*

社會學與現代社會

and the End of Scandinavian Social Democracy? London: Macmillan, pp. 85-138.

Touraine, A. (1999). " Loblied auf die Zivilgesellschaft". *Die Zeit,* 49. http://www.Zeit.de/tag/aktuell/199949.touraine_（zwei）a.html.

Wallerstein, I. (1999). "States? Sovereignty? The dilemmas of capitalists in an age of transition". in Smith, D. A., Solinger, D. J., & Topik, S. C. (eds.), *States and Sovereignty in the Global Economy.* London: Routledge, pp. 20-33.

World Trade Organization (WTO).(2000). "Seven Common Misunderstandings about the WTO". in Lechner, F. J. & Boli, J. (eds.), *The Globalization Reader.* Oxford: Blackwell, pp. 236-239.

Beck, U.著，孫治本譯（1999）。《全球化危機》。台北：商務印書館。

孫治本（2001）。《全球化與民族國家——挑戰與回應》。台北：巨流圖書公司。

孫治本（2003）。〈跨國公民社會與歐洲聯盟的整合問題〉，載於黃瑞祺編，《現代性、後現代性、全球化》。台北：左岸出版社。

耿曙（2002）。〈中國大陸東西部發展不平衡的起源：國家、市場、區域開發〉。《中國大陸研究》，第45期，第3卷，頁27-56。

趙海東（2002）。〈跨國公司在西部大開發中的作用及其利用〉。《內蒙古大學學報（人文社會科學版）》，第34期，第1卷，頁44-48。

345

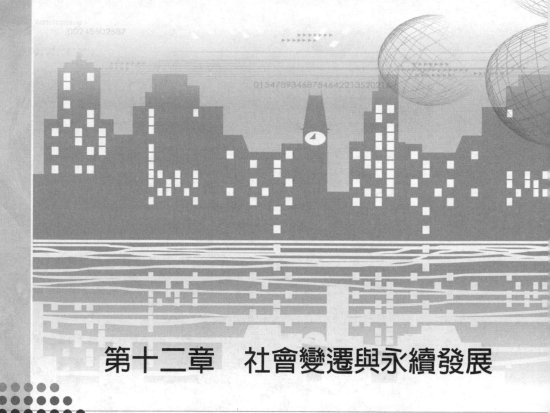

第十二章　社會變遷與永續發展

清華大學通識教育中心暨社會所教授

王俊秀

作者簡介

　　王俊秀，一九五二年出生於台南縣關廟鄉，在日本筑波大學環科完成碩士後曾於東海大學、衛生署環境保護局任職，隨後再赴美國德州理工大學攻讀博士。一九八七年到清大，以環境的人文社會面向與社區為主，重科際整合式與從事本土化之先驅性研究，並以出版《環境社會學的出發：讓故鄉的風水有面子》、《全球變遷與變遷全球：環境社會學的視野》、《環境社會學的想像》作為階段性成果，為國內唯三以環境社會學為名的學術著作。對外受聘為國際大型研究組織（IHDP, DIVERSITAS, SCOPE）的台灣委員會委員，並擔任亞太環境社會學會（APECS）會長。期間曾擔任日本交流協會（東京大學）與美國 Fulbright（哥倫比亞大學）之訪問學者，現任清華大學通識中心暨社會所教授。

教學目標

一、探討全球變遷與永續發展的背景與脈絡。
二、永續發展三塊論：環境／生態、社會／文化、經濟／科技的辯證關係。
三、思想與行動的典範轉移社會文法與文化行李。
四、永續發展的台灣現況。

摘要

　　永續發展已經成為二十一世紀的主要關鍵詞，二○○三年民間與政府共同宣布為「永續台灣元年」，主張以環境／生態為主軸的社會與經濟發展。本文先以二○○二至二○○四年間民間所舉行的三次「大審」來探討台灣的永續度，包括二○○二年台灣地球低峰會、二○○三與二○○四年台灣十不永續、二○○四年環境台灣大審與二○○五年的「台灣二十四險」。接著探討不永續的結構性因素，例如看不見的手與看不見的腳、旅館過客觀等。再以典範轉移的角度來論述永續台灣的社會願景，期許由民間來帶動思想的「永續化」，包括由人類中心主義至生態中心主義、由自然權至自然的權利等。最後舉出具「永續化」的社會運動，強調民間的引爆面（empowerment），這些運動包括黑雨傘運動、共同購買運動、國民信託（national trust）運動、外債換取自然運動與兒童公投運動。

永續發展的觀念在二十世紀末發芽，現在已經成爲二十一世紀的主要關鍵詞。而與永續發展相關的兩次世界性會議分別爲：一九九二年巴西里約熱內盧舉行的「地球高峰會」與二〇〇二年南非約翰尼斯堡舉行的「永續發展高峰會」。兩次高峰會，台灣皆未缺席，由於台灣不是聯合國的會員國，因此非政府組織（NGO）的民間角色特別值得探討，民間團體有幸「跨世紀」的參與二次高峰會，見證了歷史。二〇〇三年民間與政府共同宣布爲「永續台灣元年」，主張環境／生態、社會、經濟與制度一起考量的發展，而環境正義、社會正義與世代正義爲永續發展的精神所在。本文先以二〇〇二至二〇〇五年間五次「大審」來探討台灣的永續度，接著以典範轉移的角度來論述永續台灣的社會願景。

第一節　永續大審

　　永續發展的推動不僅要有理念，也應該要有行動。民間團體視「守望環境」與「督察政府」爲其責任，因此，自二〇〇二年至二〇〇五年間共有五次的發布行動，評估台灣的永續度。

二〇〇二年台灣地球低峰會：蝴蝶台灣，前進南非，爲何而戰？爲誰而戰？

　　台灣民間團體們爲參與南非地球高峰會（civic society forum 爲低峰會）而組成了代表團，爲瞭解爲何而戰？爲誰而戰？必須

共同完成一件事，才不會成為「南非旅遊團」，那就是具體評量一九九二年以來台灣永續發展的情況，因此在二○○二年八月初舉行了台灣地球低峰會，邀請十六個民間團體來參與永續台灣大審。以政府提出的「台灣二十一世紀議程」為對象，共有二十二章，每章各有不等的項目，每項目有五分（五分最好；零分最差）。各NGO獨立打分數，表現差的項目應加上評語，再彙整化為一百分尺度，具體給分，並提出「永續台灣判決書」與「永續台灣美敦書」，分別如下：

一、永續台灣判決書

(一)評分總結果為：四○‧八分（不及格；留島查看；准予補考）。

(二)篇目排行：永續的環境（一‧五）、永續的經濟（二）、推動的機制（二）、永續的社會（二‧二）、發展的動力（三‧一）。

351

(三)個別項目（五分制）排行前後五名：

1.入圍背離永續項目：土地資源（一）、海洋保護（一‧一）、能源策略（一‧三）、水資源（一‧三）、環境管理（一‧六）、資源再利用（一‧六）。

2.入圍趨向永續項目：資訊化社會（三‧四）、教育發展（三‧一）、科技研發（二‧八）、經濟發展（二‧六）、人口與健康（二‧五）。

(四)我們只有一個台灣是生態不正確，因為已支離破碎成許多台與灣。環境被視為sink，而非source。

(五)人口問題與問題人口同時衝擊永續社會。

(六)政府組織上一向「一部會一國」，組織永續度低，成為風
　　險擴大器。

(七)說得多，做得少，永續發展成為「永遠發展」，或重發
　　展，輕永續。

(八)台灣仍處於「富裕中的貧困」，除了社會與環境的貧困
　　外，貧富差距擴大亦為警訊。

二、永續台灣美敦書

(一)由「經濟資本」、「自然資本」與「人文資本」一起來衡
　　量台灣的永續度。

(二)展開謙虛導向的永續發展教育，體認：人不是由天降臨
　　的神，而是由地下升起的爬蟲類，致力培養「環境公
　　民」。

(三)由「一個台灣」到「一個地球」，以地球思維來治理台
　　灣，展開永續內政與外交，期待「生態內閣」與「立院
　　生態會期」的出現。

(四)台灣自許為全球最強的NGO，以民間力量之夥伴關係來
　　進行國際合作與綠色外交。

(五)例如採用「生態分區」來重整山河。期待行政院永續會
　　「大夢初醒」，成為「永續台灣」的機制，以永續發展同心
　　圓系統觀來建構橫向連結的「永續發展鏈」(**圖12-1**)。不
　　但同時兼顧環境、社會與經濟層面（過去一向先經濟再環
　　境，且各行其是，三圓分立），而且朝向以環境為主軸的
　　社會與經濟發展。其中主導經濟與環境的兩門學問

（economics及ecology）同以eco為字源，其拉丁語源
"oikos"之意為「家」，應將台灣環境與地球視為一個家
來管理。

二○○三年與二○○四台灣十大不永續

一、二○○三年十大不永續

二○○三年一月二十五日，「永續台灣元年」誓師大會上，
民間團體宣布成立「民間永續發展促進會」，代表作即以「永續
度」：環境正義、社會公義、世代福祉三項指標，經過民間團體
的討論所選出的「十大不永續政策或議題」（表12-1）。

圖12-1　永續發展同心圓

表12-1　民間團體公布二○○三年十大不永續政策

政策或議題	環境正義	社會公義	世代福祉	附註
二○○八年國發計畫	*****	****	****	60%經費為交通建設，還是「加法」與「短線操作」的考量。
經發會結論	*****	****	****	未有環保考量的不永續結論。
蘭嶼核廢場	*****	****	****	繼續作為台灣違反「環境正義」的世界個案，達悟族同胞繼續「作為環境難民」的宿命。
核四案	****	****	****	非核家園繼續推動，核四繼續興建。
工業區政策	***	***	***	科學園區方興未艾，傳統工業區一片荒蕪。
農地釋出政策	***	***	**	促成更多「建設性破壞」，未考慮生態用途。
焚化爐政策	***	**	**	繼續燒出具有台灣味道的「戴奧辛」，落入「簡單現代化」的迷思。
山林政策	****	**	**	姑息山林老鼠繼續創造「生態破壞產值」。
檳榔政策	****	***	**	故宮與檳榔西施成為台灣二大觀光景點，檳榔成為台灣不永續的關鍵指標。
旅遊休閒政策	***	**	**	生態休閒不生態，成為「羞閒」。

附註：*-*****代表負面衝擊度。

總結：綠色政府仍偏重「政治綠」，忽視「生態綠」，橫向整合「永續發展鍊」為主軸的決策機制仍需努力建構，以推動「以環保、生態為主軸的社會、文化與經濟、科技發展」。

資料來源：民間永續發展促進會（2003）；王俊秀（2004）。

表12-2 民間團體公布二○○四年十大不永續政策

排名	二○○三十大不永續	二○○四十大不永續
1	二○○八年國發計畫	核四續建
2	經發會結論	蘇花高速公路
3	蘭嶼核廢場	高山纜車規劃
4	核四案	焚化爐不當政策
5	工業區政策	湖山水庫興建
6	農地釋出政策	中橫復通工程
7	焚化爐政策	全民造林運動與山坡地造林計畫
8	山林政策	四大人工湖
9	檳榔政策	曾文水庫荖濃溪越域引水計畫
10	旅遊休閒政策	西寶水力開發案

二、二○○四年十大不永續

　　二○○四年六月五日世界環境日，民間環保團體召開記者會，公布政府的「十大不永續建設與施政政策」或「環保十惡政策」，其中十惡之首為核四續建案，其他各惡讓台灣淪為「惡夢之島」。由**表12-2**兩年來的排名；二○○三排名一與二的二○○八年國發計畫與經發會結論已化身為「新十大建設」，其中的蘇花高速公路成為二○○四年的「亞惡」；二○○三的「季惡」蘭嶼核廢場與「殿惡」核四案合起來卻成為二○○四年的首惡；二○○三年排名第七惡的焚化爐政策成為二○○四年的第四惡；二○○三年排名第八惡的山林政策成為二○○四年的第七惡。可見既存不永續政策排名往前提升之餘，新不永續政策又接踵而來。

第十二章 社會變遷與永續發展

二〇〇四年環境台灣大審

　　二〇〇四年一月大地地理雜誌邀請七位學者為十年來台灣的環境打分數，評分項目為：環境經濟、都市計畫、山林與棲地、環境工程、環境社會、國土規劃、海岸與海洋，共有三十六個指標。如果十年前的台灣環境是六十分（高估的假設分數），則十年後的環境為五十八·九分。對照「永續台灣元年」（二〇〇三年）世界環境日時政府採用四十二項指標，而首次公布台灣的「永續度」，結果顯示出：十五年來社會、經濟壓力的趨勢背離永續；環境、生態現況的趨勢仍是背離永續；制度回應趨向永續。這樣的趨勢突顯出：縱使制度回應趨向永續，也無法馬上減緩長時期累積的社會、經濟壓力（因）與環境、生態現況（果），因為環境一直是台灣經濟發展的犧牲品（sink），難怪台灣的GNP被稱為國民污染毛額（gross national pollution）。

　　　　由以上三項民間大審，雖然理念與制度的典範轉移已緩慢開始，但是「三本主義」：經濟資本、自然資本與人文資本仍未能齊頭並進，更遺憾的是在「永續台灣元年」的二〇〇三年與永續二年的二〇〇四年，拼經濟仍然是選舉與施政主軸。

二〇〇五年台灣二十四險

　　進入台灣的「永續三年」（二〇〇五年），永續發展仍停留在點的業務推動，線與面的推動遙遙無期。民間永續發展促進會發

表12-3 台灣二十四險

類別	入選「險標」	說明
險人	政府(經建會、台電)	‧不當政策與公共工程常造成環境生態的破壞
	民意代表	‧承包工程與關說造成的環境破壞
	民眾	‧無知、冷漠與短期經濟利益
	企業	‧短視經濟利益
險地	山坡地	‧超限利用造成環境破壞
	核電廠	‧潛在的不定期炸彈
	蘇花高	‧破壞東台灣的好山好水
	中橫	‧人定勝天的具體苦果
	檳榔種植區	‧健康、生態、社會風險的擴大者
	生態敏感區	‧河川地違建不當利用
險事	颱風	‧天災人禍化
	地震	‧天災人禍化
	土石流	‧超限利用的苦果
	盜採砂石	‧河川、景觀、生態與安全的破壞
	盜伐森林	‧山林景觀與生態的破壞
	環境影響評估	‧橡皮圖章化
	潛在戰爭威脅	‧戰爭對環境的威脅
	公共工程不當施工	‧人禍造災，例如抽水站
險物	外來種、入侵種	‧嚴重影響本土物種生態平衡
	汽機車	‧污染與能源的殺手
	焚化爐	‧環境毒物（環境賀爾蒙）製造者
	PVC	‧塑膠使用過量
	電子廢棄物	‧大量快速淘汰
	農藥與化學肥料	‧世界第一並非好事

資料來源：民間永續發展促進會（2004年）。

357

現：台灣仍停留在拼經濟的思維，「我們共同的未來」漸行漸遠。因此以人、地、事、物爲架構，由各民間團體選出「台灣二十四險」作爲「永續台灣」的障礙，內容詳見**表12-3**。

第二節　不永續的結構性因素

不永續的果有其不永續的因，本節特別探討前揭五項「永續大審」其結構性因素（王俊秀，2001）。

看不見的手與看不見的腳

資本主義經過亞當斯密以「看不見的手」（invisible hand）加持之後，再以工業革命作搖籃，呼風喚雨近兩世紀，成爲「愛恨交加」的兩面刀，如以「人類中心主義」而言，跨國企業爲主的經濟殖民現象仍方興未艾、貧富差距每況愈下，難怪消滅貧窮成爲二〇〇二年南非地球高峰會的重點。但如以「生態中心主義」而論，成績單更是滿江紅，因爲由資本主義操作邏輯而來的「看不見的腳」踐踏了無法用錢衡量以及沒有選票的生態環境，地球末日鐘與日益擴大的生態足跡可多少說明其嚴重程度。

在台灣，拼經濟拼出了「富裕中的貧困」現象，GNP（gross national product，國民生產毛額）也「生產」了另外三種GNP: 1. gross national pollution （國民污染毛額）。2. garbage, noise & pollution （垃圾、噪音及污染）。 3. GNP=NG+NP （許多黑槍及污染）。另外，生態足跡的計算也可說明被踐踏的土地（看不見的腳），生態足跡衡量每一個人所使用的土地面積，而非每一單位面積可支持多少人，意即推動成長的「手」也造成了「環境踐踏」的「腳」。由國內所計算的生態足跡個案中，例如一九九四年的台北都會區的生態足跡為四萬三千六百平方公里（台灣全島外另加七千六百平方公里），即「踐踏」了其自身面積二十一倍的土地。如以消費型態來估算，一九九七年台北市的生態足跡，則需要五百八十三‧八五個台北市的土地來維持目前的生活水準。可見國內的生態足跡早已超過土地的承載容量，也就更容易產生環境難民了。

再由「世界體系」的分工而言，商品鏈所伴隨而來的「污染鏈」、「風險鍊」及「疾病鏈」也是另一隻「看不見的腳」，而生態足跡所計算出「超用」的土地其實也就是「幽靈耕地」。換言之，一切向錢看的資本主義思維與行為（看不見的手）已經創造了一個「第四世界」：因環境受破壞而組成的野生動植物、人民與空間。「沒有土地，那有花」就象徵著環境與經濟的關係，無法珍惜環境，理所當然會落入「窮到只剩下有錢」的窘境。呼應西雅圖酋長的主張：對土地不應該僅用英畝與美元來衡量，要用愛與尊重來衡量。雖然它們沒有票，但它們卻很有料。

旅館過客觀

台灣由早期反共抗俄的政治掛帥時代至近期成長導向的經濟掛帥，國土被視為反共抗俄與經濟發展的基地。而生態與環境破

壞被視爲國土所應負的時代責任，以致「換人住住看」也成爲台灣國土的宿命。以海岸國土爲例，反共抗俄時期由國防部以戒嚴來主導，到了經濟發展時期則改由經濟部的海岸工業長城來主導，於是一個海島台灣卻無法孕育出海洋文化。國土「旅館化」的現象使得台灣經驗「生產」了牛仔式經濟（cowboy economy）——趕牛去甲地吃草，寸草不生後放棄甲地轉往乙地，早期風起雲湧的反污染自力救濟運動可多少說明此一現象，「賺一票就走」的心態正好是台灣經濟成長的幸與不幸。由於住旅館的過客不會起床之後折棉被及清掃，反而更會盡情使用資源。以此態度來對待土地乃是產生生態不倫與環境不義的社會文法。兩岸不穩定的關係也擴大了旅館過客之心態，估計有十分之一的國人擁有外國居留權或護照，「遲早要走」的過客情結（visitor complex）使得土地成爲絕對客體。連帶著也使得政府在從事國土規劃時以「經濟時間」取代「生態時間」爲主軸。

另外，生態足跡（ecological footprint）的計算也可說明被踐踏的土地，生態足跡衡量每一個人所使用的土地面積，而非每一單位面積可支持多少人（Wackernagel & Rees, 1996；李永展，1997）。並在理念上，由亞當斯密於一七七六年《國富論》中提出的「看不見的手」進入「看不見的腳」（England & Bluestone, 1973），意即推動成長的「手」也造成了「環境踐踏」的「腳」。由國內外所計算的生態足跡個案中，例如一九九四年的台北都會區的生態足跡爲四萬三千六百平方公里（台灣全島外另加七千六百平方公里）（鄭春發，1996），即「踐踏」了其自身面積二十一倍的土地。如以消費型態來估算一九九七年台北市的生態足跡，則需要五百八十三・八五個台北市的土地來維持目前的生活水準（李永展、陳安琪，1999）。可見某個區域（都市、國家）的生態

足跡大多超過其地理疆，亦可稱之為「花瓣型生態足跡」（王俊秀，1999）。

再由「世界體系」的分工而言，商品鏈所伴隨而來的「污染鏈」及「疾病鏈」所形成的「生態足跡」可預估早超出了「地球」範圍，雖然個體而言，也可能有幾個特色地區，其生態足跡小於其地理區域（花蕊型生態足跡），但對於減少「生態赤字」（ecological deficit）於事無補。換言之，生態足跡所計算出「超用」的土地其實也就是「幽靈耕地」（Milbrath, 1989）。

環境殖民觀

台灣對待土地的剝削與粗暴使得「自我殖民」及「內部殖民」的現象屢見不鮮，大發廢五金專業區個案更是全球分工體系中的環境殖民。聯合國一九九四年的統計，全球約有兩千五百萬環境難民散處世界各地（Brown, 1995），此乃依據「環境正義原則」來統計（Bryant, 1995），大都為弱勢族群（台灣為蘭嶼的達悟族），但如依「環境權」來統計，則台灣會有至少一半的人口屬於「環境難民」，此為「自我殖民」及「內部殖民」的具體結果，大至到處的濫墾違建，小至亂丟煙蒂及亂吐檳榔汁，台灣處於一種環保無政府狀態。土地被物化成為一個睡覺的地方（bed town）或上述之旅館，因此每年約二萬五千人的環境移民突顯出環境品質的惡化所產生的環境「推力」，人民「用腳投票」反應了此乃「國力流失型」移民，「豬舍效應」生產了低生活品質的「社區焦土」。土地如果不能融入「故鄉情懷」，則它們只是旅館，住旅館者是不會起來整理內務的，此及隱喻著破壞或忽視環境即為其結

構性因素，「換家旅館」也是環境移民產生的來源了。

天災人禍觀

「天災雖不可逃，但人禍卻可免」的檢討應該作為人與土地間典範轉移的深層結構，方可告慰那些在各種災害中「不該死而死的人」，因為他們是因人禍而犧牲的枉死者。社會建構論強調：災害是由社會所生產出來的，而許多災害是對土地粗暴所造成的大地反撲。換言之，不同社會有不同的「社會活斷層」，當其碰上地震活斷層時，就產生了災害加成效果。台灣的「社會活斷層」包括「不該賺而賺」、「不該建而建」、「不該住而住」等心態，無知且無助的人民加上無能的政府建構了最大的「社會活斷層」。「我家面前有小河，背後有山坡」已成為災害的代名詞，鐵窗與違建已成為台灣住宅的標準配備，以至於「住家監獄化，自我家畜化」也無奈的成為人與土地斷裂的註腳。

三P失靈觀

三P現象為政策失靈（policy failure）、警察失靈（police failure）以及人失靈（people failure）等環境的三種失靈（王俊秀，1999）。政府在成長機器導向下，過度強調「一切向錢看」的經濟成長，以致早期的國土規劃有「焦土規劃」的負面意象，不能用金錢衡量者（包括環境、倫理觀）成為被忽略剝削的對象，因此「每一人的更好，皆造成了環境的更壞」，導致台灣陷入「富裕中

的貧困」、「成功中的失敗」以及「文明中的野蠻」窘境中，此類失靈的政策一向有環境侵略傾向，而將成長的快樂建築在生態（土地）的痛苦上。其次，警察失靈更是台灣生態塗炭的重要原因，執行不力一方面導致公權力及公信力喪失，一方面促進「環境無政府狀態」產生更多的環境殖民現象。人的失靈包括決策者及社會失靈，決策者的生態無知（ecological illiteracy）常使得環境受到破壞，「錯誤的決策比貪污更可怕」更適用於環境決策上，而此種決策更常使國土規劃只是紙上作業，隨著決策者起舞，農地釋出政策即爲一例。社會大眾產生的無力感，更使其成爲「污染共犯結構」中的一員，社會不義也造成環境不義，而產生環境迷亂情況（ecological anomie）。因此由社區而起的各種反污染自力救濟運動，特別是與垃圾大戰有關的「攻防戰」更是三P失靈的集合體，也是生態抵抗（ecological resistance）的一環。

小眾風水觀

　　數千年的經驗累積，風水已成爲華人主要的文化行李。歷史上，許多都市的立地原則：北玄武、南朱雀、左青龍、右白虎，其實是爲了通風、採光、日照、溫度及水源等功能，即讓土地的「氣」得以順暢。但是風水的應用卻由城市規劃落入現今陰宅陽宅的層次，也就是由大眾風水轉移至小眾風水（王俊秀，1994）。用經濟學的話說，風水的應用由公共財轉向私有財，公有地的悲劇也就化爲日常生活的一部分了。由於風水好的地方往往就是生態敏感地區，因此陰宅陽宅的風水再好，卻忽略了更重要的大眾風水，以致注重小眾風水的「天人合一」常導致大眾風水的「天人

永隔」。尤其風水與土地的連結主要在適地性與適時性，但前述
「重私輕公」的心態常導致「時間與空間互相消滅」的現象，因此
土地倫理的「風水化」更助長了陽宅「陰宅化」與天災「人禍
化」。

第三節　永續台灣的社會建構：典範轉移

　　就社會學的觀念而言，典範（paradigm）是一組具有邏輯且
相關的觀念及假設，可用來提供一種世界觀或宏觀視野來檢驗人
類的社會現象。因此，典範有時也被稱作是社會學視野、觀點或
世界觀。孔恩（Kuhn）（1970）更認為典範是一種求知的規範以
用來主導科學及研究的本質及內涵。綜合而言，典範轉型可說是
人類文明社會化程度的社會指標，由此可觀察及檢驗一個社會中
的成員是否改變了原有的思考模式及生活方式。因此必須解構上
節所論述之不永續的社會結構，而建構另一組如下的新社會典
範。

由人類中心主義至生態中心主義

　　人類中心主義（anthropocentrism）強調道德始於人而終於
人，此種本位主義使得人類由homo sapiens變成homo rapiens（掠
奪者），將土地與自然界中的其他萬物視為奴隸，予取予求，剝削
眾生。因此由倫理層面上而言，人不是降臨的神，而是升起的爬

蟲類，比蛇還不如（Moore, 1906）。生命中心主義（eco-centrism）由動物權的論戰開始，反駁笛卡兒的「動物沒有感覺，是不理性的機器」及「我思故我在」，亨利摩爾（Henry More）（1614-1687）提出物活論（animism）及生靈論（organicism）強調自然中的萬物皆有生命的靈魂（anima mundi）（Worster, 1977）。史懷哲（Albert Schweitzer）進而提出生命的敬畏（reverence for life）概念，卡森（Carson）女士所著《寂靜的春天》（*Science Spring*）更以人對其它生命的傲慢，肆無忌憚地使用DDT，使得食物鏈中的生物濃縮現象產生的污染又回到人身上來，「大地反撲」的現象正是對食物鏈中其他生物生命不尊重所產生的具體結果。對生命關懷所形成的進一步概念——生命之網（the web of life）也就成爲生態中心主義的緣起了，人與自然的關係也由淺薄生態學（shallow ecology）轉型至「深層生態學」（deep ecology）的觀點，而看世界的角度也由人的角度（泰半爲西方人的觀點）進到生態的角度。全世界乃成爲一個生命共同體（life community），生態系也成爲了生命發生的母體（generating matrix）（Rolston, 1986），因此「宇宙船地球號」的共識乃逐漸形成。

由自然權至自然的權利

由於倫理的近視（Salt, 1897），各種不義的剝削乃層出不窮，沙特（Salt）在《文明的殘酷》（*Cruelties of Civilization*）一書中強調由各種殘酷及不義中解放才最文明。由人類歷史的過程中，三種解放值得深入探討：黑奴解放、殖民地解放及自然解放，此種歷程又一再呼應了由自然權到自然的權利。其中黑奴的解放代

表著社會正義再現，殖民地解放代表政治正義的抬頭，而自然解放則爲環境正義。「奴隸或奴役」即是這三種解放共同面對的關鍵詞，換言之，解放乃是解除「奴隸」的魔咒。殖民地解放說明了過去強勢國家對弱勢國家的剝削——國家奴隸化。而自然在整個解放的歷程中，皆是「土地奴隸化」的同義語（Leopold, 1949），當受到注意時是以新的弱勢老奴隸（new minority but old slavery）出現——黑奴、女性、勞工、原住民陸續被注意後才輪到大自然，可見其「新」及被長久奴役的程度。

由於「被虐待的人」等同「被虐待的自然」，因此曾以「綠的黑奴」來形容自然與土地受到奴役的情況（Shepard, 1996）。自然的解放隱含著「自然人格化」（personhood）——例如地母（gaia）及「今日鳥、明日人」等概念。一九七〇年美國紐約州及康乃迪克州交界的柏藍河因受污染而以河流之名作爲原告的案例最具代表性（Stone, 1972），特別是一九七三年通過之「瀕臨絕滅物種法案：ESA」，其中的公民訴訟條款更彰顯了自然的權利。之後陸續有以湖泊、鳥類、森林與居民一起當原告而勝訴的判例出現。無獨有偶，一九九五年日本鹿兒島奄美大島的居民及四種瀕臨絕滅的動物一齊當原告，訴請當地縣政府撤銷高爾夫球場的開發。同年被文化財保護法指定爲天然紀念物的多雁單獨控告次城縣未設保護區來防止其被獵殺。一九九六年，諫早灣及五種渡鳥控告國家，訴求停止諫早灣的海埔新生地開發案。一九九七年川崎市棲息於生田綠地的狐狸等動物控告市政府停止興建中的岡本太郎美術館（日本自然權利報告書作成委員會，1998）。

由「以自然為奴」至「以自然為師」

　　社會及知識分工愈細所產生的「拆零」現象使得人們自限於各種小框框之中，經常不能以互為主體（intersubjectivity）的角度來看問題，因此必須在思想及行動上展開「逆轉」——即環境社會學強調的顛覆性（subversive），方能再創新格局，找回失落的環境正義與土地倫理。新的社會典範必須以「無知之幕」（veil of ignorance）作為起點（Rawls, 1990）方能免除對其他種族及萬物的刻板化印象，並應去除對自然的傲慢及殘酷而學習謙虛（Carson, 1962）。換言之，大地與自然長期以來受到奴役的事實及其反撲應被視為典範轉移的契機，由此超越self及ego而體認人只是自然界的一份子而非萬物之靈，瞭解世界就是自己的身體（the world is your body）（Watts, 1996），此概念和中國的「身體即為一小宙」有異曲同工之妙。如果更能如李奧波（A. Leopold）所言之think like a mountain，則此種互為主體的超越即已契合道家所言之三種心靈：超越心靈，齊物心靈及生態心靈（傅偉勳，1995）。

由經濟學至生態學（由經濟資本至自然資本）

　　成長企圖在短時間內將利益最大化，而環保與生態希望將長時間的災害最小化，其中的交集之一為：兩門學問（economics及ecology）皆為 eco（oikos，地球之家）開頭（參見**圖12-1**），應將地球視為一個家（而非旅館）來管理；交集之二為：對環境最

小的災害才是成長的最大利益。皮爾斯（Pearce）（1994）於探討永續發展指標時，提出了人造資本、人文資本及自然資本，一九九六年世界銀行也提出了三種指標來衡量「國力」：經濟資本、人文資本及自然資本，因此自然資本（natural capital）已經成為永續發展及自然解放的代名詞。如果國土規劃不能加強人文與自然資本，則台灣只剩下一個「人造資本」形成的硬殼或水泥叢林，國土因而「去人文化」及「去自然化」。

　　另外一方面，自然資本不但能促進人與自然的互動，更進而能促進人與人的互動，因此生態已成為土地及社區的最大附加價值。德國開始展開的bio-top運動企圖將「灰色社區」化成「綠色社區」，並進而創造「生物的家」，因此社區也可以是動物園、植物園及博物館（吉村元男，1993）。特別是台灣致力於經濟發展的同時，政府將一些環境敏感區（山坡地、海岸）等作為經濟建設的地點，「以環境換取經濟」乃是發展的策略之一，以致GNP淪為國民污染毛額（gross national pollution）及垃圾、噪音及污染（garbage, noise & pollution）（王俊秀，1994）。一九九三年作為時代雜誌封面污染的中國山水畫，以及台灣被稱為「豬舍」及"diewan" 皆說明了「一切向錢看」的發展特性。而隨之而起的諸多社會成本卻嚴重影響了人民的「環境權」以及大地的「自然的權利」。

由三生至三淨

　　國土規劃所揭示的三生理念—生活、生產、生態—理應落實於土地之愛上，生活的「場」如果在「家」的層次，則家門常易

成為「天堂」與「地獄」的分界點。但如落在「都會」的層次，則都市社會學的「都市決定論」所稱之「感官超載」（overload）又使人產生「擁擠中的孤獨」現象。至於「生產」在土地的傳統脈絡中多屬於「量」或經濟資本的部分，台灣早期的「客廳即工廠」，也是經濟學者所稱之「遊擊隊經濟」。隨著全球地方化（glocalization）的浪潮，國土也開始進入「社會生產」的時代，注重「質」或人文資本的部分（Wang, 1997）。列斐伏爾（Lefebvre）（1974）強調：空間是被生產出來的。換言之，能生產良好社會關係的空間方能有社區感（sense of community），社區如果沒有由「抓地力」而來的社會正交換（positive exchange）則只是「房子」的「算術」，未能產生房子的「化學」，土地作為經濟資本與自然資本間的差別就如同「家」與「房子」的不同，這裡的「社會關係」包括人與人、人與自然的關係。

　　以三生為基點，則大小乘佛教所揭示的「三淨」思想可視為台灣國土倫理本土化的哲學理念。心淨為個體淨，眾生淨為社會淨，而國土淨則為空間（境）淨。但在實際運作過程中卻沈滯在內心世界的「唯心淨土」及死後世界的「往生淨土」中，而忽略了「人間淨土」或「莊嚴淨土」以致造成「重內心輕外境」的現象（楊惠南，1996）。由環境社會學的觀點來看，「重心輕境」的負交換現象使得生態環境被抽離而成為被剝削對象，或只重「心環保」而輕「境環保」。楊惠南（1996）的心境平等呼應了釋傳道（1996）的「境能轉心，心隨境轉」。一九九五年西德鏡報稱台灣為豬舍的報導突顯了「國土不淨則眾生不淨」的「染缸效應」，「豬舍式國土」一方面指出千萬頭豬的空間分布及其所形成的巨大社會成本，另一方面也指出「豬舍式社區」的惡劣生活品質，包括住商混合的垂直分區，公共財私有化等「與污染共存的」的環

境侵略空間。因此由環境社會學的觀點出發,「三淨」的向土地學習運動風起雲湧時,全國乃變成一個社區,社區淨土是「國家淨土」,這乃因為國土的空間被社會所「生產」出來,崇尚生態的社會(眾生淨或社會淨)當然會生產出人間淨土(國土淨)而使各種生命在清靜莊嚴的時空下生活的有尊嚴(釋傳道,1996)。反之,我們「生產」了不適當的空間(例如豬舍之批評),則自然環境也就涉入一種反我毀滅的過程,而生產出「豬舍型社會」及「豬舍型人格」。

由「國家信託」至「國民信託」

國家信託為世界各國最傳統的土地信託方式,用人民的稅金來照顧管理各種環境財,再往上則有「世界信託」的模式,一九七二年於巴黎召開的UNESCO會議訂定了「世界遺產條約」,將「世界級」的文化財及環境財列入「世界遺產名錄」內,受到聯合國的信託。台灣顯然在此「世界」舞台上缺席,唯有大肚溪口被列為入亞洲十二重要濕地之一。回到「國家信託」的層面上,台灣則依各種法令來劃定各類環境保護區,包括森林法、野生動物保育法、國家公園法及文化資產保存法等,共有二十四處森林保護區,九處野生動物保護區,十八處自然保留區及六處國家公園。雖然有為數不少的「國家信託」保護區,但仍然只是一部分的面積,更何況仍有層出不窮的盜林、盜獵、濫墾等事件發生,因此更讓「國民信託」有更寬廣的空間。

縱使「世界級」及「國家級」環境財受到良好的照顧,可是居民周遭的環境卻是一片荒蕪,形成「天堂與地獄」的困境,因

此由國家信託至國民信託亦有「競爭的合作」之社會學意義，一方面突顯出「國民級」環境財的長久疏於照顧，二方面從事互補性的環境財維護。由環境社會學的角度來看，信託空間是一種「後院（back yard）效應」的延伸，而使國土的社會控制力有所發揮，換言之，這些信託空間將成爲環境防禦空間（EDS）（王俊秀，1994）。

由「形式疆界」到「操作疆界」

行政「疆界」所引起的各種環境／生態限制因子包括中心度傾斜、差異空間、污染越界、空間摩擦、本位主義、空間「結構化」、時空壓縮、象徵暴力、空間粉碎化爲爆炸以及黑箱幻覺等（王俊秀，1994）。國土公共財淪陷的諸問題多是經由上述的限制因子累積而來，傳統的行政疆界或形式疆界有礙環境／生態保育功能，易形成「污染保護區」。正確的國土倫理有助於解構「形式疆界」，而以議題認同（issue identity）來建構「操作性疆界」。如由環境社會學之角度來看，「操作性疆界」代表著社會控制力所涵蓋的地區──或稱爲社會足跡。亦可視爲自然區域（natural area）及生物區（bio-region），例如流域、野生動物棲息地等。以生態客觀的線來取代人爲主觀的線是對國土謙卑與敬畏的第一步，也是建構國土倫理的基本要素。

371

由地上倫理至地下倫理

土地倫理隨著風險社會的到來，也應由狹義的土地倫理擴大至廣義的土地倫理，不但包括地上的倫理，也要包括地下的倫理。因此除了地理學要探討「地的道理」外，也要探討「地的倫理」。另外將倫理的範疇擴大至「地球組成要素」，故地下的倫理不能因為看不見而被忽略。台灣從事國土建設的過程，一向較注重地上看得到的，對於地下看不見者往往應付或拖延，例如對防疫及水污染防治非常重要的下水道建設至今仍不到20%。另外活斷層、地下水層、地質等的地下土地倫理的忽視也使台灣成為高風險社會，因此重視地下土地倫理即強化了人與土地的深層結構。

第四節　社會運動的引爆面

社會運動的成熟化是邁向公民社會的重要指標，從早期抗爭型社會運動到遊行「嘉年華會化」，甚至「法制化」：遊說立法與公民訴訟等。成熟化的重點之一是捍衛與引爆「公共財」，為沒有選票與市場的弱勢者發聲：引爆點線面。而 empowerment 是永續社會的關鍵詞，過去曾被譯成充權、賦權與培力，本文依其發音與內涵譯成引爆面，企圖突顯其社會意義。以下舉出五個具有「永續發展」與「公民社會」特質的社會運動，台灣已引爆前兩

者,後三者有待引爆,以進入公民台灣與永續台灣的新境界。

黑雨傘運動

　　起源於紐約中央公園,以黑雨傘來抗議企圖興建高樓而被遮蔽的「日照權」,他們成功了。在台灣,新竹市政府為駕駛人著想,企圖將護城河兩邊的石板路改回柏油路,網路社會動員兩百支黑雨傘,保留了有竹塹脈絡的石板路,他們也成功了,公民社會在新竹又邁進了一步。

共同購買運動

　　起源於日本,台灣的主婦聯盟發揚光大。社會制約下,家庭主婦們以「菜籃自覺」與「搖籃自覺」引爆,由菜籃自覺開啟了共同購買運動的一片天,由搖籃自覺開啟了環保社區、社區大學的另一片天。讓社區與農場簽定社會契約,全面採購,將社會鏈與生態鏈修補起來,是WTO以後少數存活的農業。

國民信託運動

　　國民信託運動於一八九五年發源於英國,主張:一萬人每人一元,其力量比一人一萬元大一萬倍。迄今其所信託的資產有土地二十四萬公頃、歷史建築物兩百零七棟、庭園一百三十處及海

岸線八百八十公里，另外尚藉由「保存協定」信託了一批古蹟、教會、工廠、森林、運河、沼澤、鐵路等，甚至還包括六十個小村莊及四百三十七處科學景點，已經成為英國民間最大的土地擁有者，會員二百一十九萬人，每年約有五百萬人參觀訪問各種信託處所，最多的一年（一九八○年）有六百六十萬訪客，成為高附加價值的「學習產業」。鄰國日本常以「精神地主」作號召，並以「環境法人」及「市（縣）民信託」建立其特色，有名者如宮崎峻的龍貓國民信託基金會，由兒童集資購買森林，等待龍貓回家。兒童用綠票（green vote）捍衛自己的未來，提早當公民（王俊秀，2001）。

外債換取自然運動

　　一九八七年，第一個「外債換取自然」的個案發生在玻利維亞的 Beni 保護區，美國環保團體國際保育組織（CI）居中與銀行協調，以十萬美金的代價塗消玻利維亞政府的六十五萬美金的外債。迄今，「外債換取自然」運動已包括十九個國家，超過三十個案，但也為後代保留了更多的「好風水」。十五年來的運作，「外債換取自然」也衍生出多樣的面向。政府也主動出擊，例如八大工業國（G8）要求羅馬尼亞在五年改善環境、提升生物多樣性，如果成果達到目標，外債全免。甚至學校也可以用「外債換取自然」來從事綠色外交與環境學習，挪威的一所小學幫哥斯大黎加還十萬美金外債，哥國政府劃出一塊十公頃的森林保護區，並以該小學命名，之後該小學的暑假作業就是包機出國作森林調查。

兒童公投

雖然聯合國也舉辦多次「兒童高峰會」，遺憾的是都被各國視為「小孩子扮家家酒」，結果就是「狗吠火車」。就連聯合國大力提倡多年的兒童公投，至今也只有五個國家辦過，唯一條件就是：公投結果納入施政計畫，難怪大部分國家不敢舉辦，顯示兒童對其國家沒有信心，反之亦然。非洲莫三比克率先在非洲展開兒童公投，結果兒童將「姓名權」選為最重要的童權，此結果也讓政府展開全國性的出生通報與註冊運動。厄瓜多將兒童公投與國會議員選舉同時舉行，兒童選出最重要的項目為免於被虐待的權利。墨西哥的兒童公投與聯邦選舉同時舉行，但投票地點選在學校、公園及其他「兒童友善」空間，結果將「受教權」列為第一優先。隨後，執政黨並與兒童代表簽訂「協定」以改善教育品質。智利由 UNICEF 協助舉辦兒童公投，兒童也以投票強烈表達教育改革的期望。加拿大舉辦兒童公投後，依承諾將前十項納入施政計畫。充分展現「主權在童」的格局 （王俊秀，2003a）。

第五節　結論

環境社會學主張：環境是由社會生產出來的。而社會的思維與行動則是「生產」環境的決定性元素，影響社會的思維與行動者非典範莫屬。因此永續社會典範乃成為台灣如何被對待的社會

文法。由歷史中亦可發現生態亡國論的例子，例如巴比倫帝國與馬雅帝國，可見土地兼具載舟與覆舟的功能，端視其社會化過程。一方面在個人層次上，謙卑是培養永續社會典範與土地倫理的基礎。英國詩人沃斯華（William Wordsworth）曾謂：要製造好人的祕訣，就是讓他在大自然中長大。如果把土地視為宗教，則此種對土地的尊敬與關懷可稱之為「生態靈性」（台灣生態神學中心，1996）。在社會層次上，由速食社會或巴比特式（babbittry）社會轉型至循環共生型社會，強調自願簡樸的生活方式，也是永續台灣社會化重要的一環。另一方面在國家層次上，國土是一種照管之責任（stewardship）而非擁有權（ownership）。

印度聖雄甘地曾謂：如何對待弱者，就是一個社會文明的指標。因此觀察如何對待兒童、婦女、生物、環境，就知道該國家的文明程度。帕雷多（Paredo）曾對正義下過一個有名的註解：正義就是我的更好不會造成你的更壞。顯然，這一代的更好已經造成下一代的更壞；經濟的更好已經造成環境的更壞。因此如同李奧波所主張的，要作好生態保育，就要「像山一樣的思考」；要落實永續發展，台灣就應該「像島一樣的思考」；台灣要「手腳並用」，必需回歸eco的格局，兼顧綠色經濟資本、有謙卑關懷的人文資本（人不是自天降臨的神，而是由地下升起的爬蟲類）以及好山好水的自然資本，讓「看不見的腳」成為守望台灣而非踐踏台灣的腳，真正符合「立足台灣」的社會願景。

問題討論

一、當檳榔台灣遇到永續台灣，會衝撞出何種火花？

二、七二風災如何促進典範轉移？

三、社會化如何對應永續發展？

參考文獻

England. R. & B. Bluestone(1973). "Ecology and Social Conflict". in
　　Daly, E. D. (ed.), *Toward a Steady-state Economy.* San Francisco:
　　Freeman.

Bookchin, M. (1971). *Post-Scarcity Anarchism,* Berkeley. Cal: UC-Berkeley
　　Press.

Brown, L. R. (al. eds.). (1995). *State of the World 1993.* New York: W. W
　　Norton & Company.

Bryant, B. (ed.). (1995). *Environmental Justice: Issues, Policies and
　　Solutions.* Washington. D.C.: Island Press.

Carson, R. (1962). *Silent Spring.* Boston: Houghton Mifflin.

Foucault, M. (1988). *Power and Knowledge: Selected Interviews and other
　　Writings 1972-1977.* New York: Pantheon.

Hannigan, J. A. (1995). *Environmental Sociology.* London: Routledge

Kuhn, T. (1970). *The Structure of Scientific Revolutions.* Chicago: Chicago
　　Univ. Press

Lefebrve, H. (1974). *The Production of Space.* Oxford: Blackwell.

Leopold, A. (1949). *A Sand County Almanac.* Oxford: Oxford Univ. Press.

Pearce, D. & Atkinson, G. (1993). "Measuring Sustainable
　　Development". *Eco-decision,* 2, pp. 64-66.

Milbrath, L. W. (1989). *Envisioning a Sustainable Society: Learning Our
　　Way Out.* New York: SUNY Press.

Moore, J. H. (1906). *The Universal Kinship.* London: Verso.

Nash, R. F. (1990). *The Rights of Nature: A History of Environmental Ethics, Madison*. WI: The Univ. of Wisconsin Press.

Rawls, J. (1990). *A Theory of Justice.* Stanford: Stanford Univ. Press.

Rolston, H. (1986). *Philosophy Gone Wild: Essays in Environmental Ethics.* Buffalo, New York : Harper & Row.

Salt, H. (1897). *Cruelties of Civilization: Program of Humane Reform.* London: Centaur.

Shepard, P. (1996). *The Others: How Animals Made Us Human.* Washington, D. C.: Island Press.

Stone, C. (1972). "Should Trees Have Standing? Toward Legal Rights for Natural Objects". *Southern California Law Review,* 45, pp. 450-501.

Szasz, A. (1994). *Eco-Populism: Toxic Waste and the Movement for Environmental Justice.* Minneapolis: Univ. of Minnesota Press.

Tribe, L. H. (1974). "Ways Not to Think about Plastic Trees: New Foundations for Environmental Law". *Yale Law Journal,* 83, pp. 1341-1345.

Wackernagel, M. & Rees, W. (1996). *Ecological Footprint: Reducing Human Impact on the Earth, Gabriola Island.* B. C. Canada: New Society Publishers.

Wang, J. (1997). "Environmental Glocalization: Sustainable Taiwan at the Turning Point". *APPAF 1997 Conference Proceedings,* pp. 219-225.

Watts, A. (1996). *The Book: On the Taboo against Knowing Who You Are.* New York: Free Press.

Wirth, L. (1938). "Urbanism as a Way of Life". *American Journal of Sociology,* 44, pp. 1-24.

Worster, D. (1977). *Nature's Economy: The Root of Ecology.* San Francisco:

Harper & Row.

日本自然權利報告書作成委員會（1998）。〈日本自然權利運動〉。日本自然權利報告書作成委員會。

王俊秀（1994）。《環境社會學的出發：讓故鄉的風水有面子》。台北：桂冠圖書。

王俊秀（1999）。《全球變遷與變遷全球：環境社會學的出發》。台北：巨流圖書公司。

王俊秀（1999a）。〈環境公民與社會足跡：環境社會學的永續發展觀〉。《中央大學社會文化學報》，第8期，頁31-46。

王俊秀（2001）。《環境社會學的想像》。台北：巨流圖書公司。

王俊秀（2003）。〈有機思維與永續發展〉。永續生存研討會。高雄：樹德科技大學。

王俊秀（2003a）。〈環境主權在童：世代正義與永續發展〉。人權立國研討會。台北：總統府。

王俊秀編（2004）。《蝴蝶台灣西南飛：高峰會記行》。台北：旺來。

台灣生態神學中心譯（1996）。《生態公義》。台北：台灣地球日出版社。

吉村元男（1993）。《Eco-habitat》。東京：學藝。

李永展（1997）。〈生態足跡：邁向永續發展的規劃工具〉。《台灣永續發展研討會論文集》，頁78-85。

李永展、陳安琪（1999）。〈消費型態與生態足跡之研究：以台北市為例〉。《第一屆環境與資源管理學術研討會論文集》，頁525-542。

楊惠南（1996）。〈從環境解脫到人心解脫──建立心境平等的佛教生態學〉。《佛教與社會關懷學術研討會論文集》，頁193-206。

釋傳道（1996）。〈菩薩社會關懷的二大任務──莊嚴國土、成熟眾生〉。《佛教與社會關懷學術研討會論文集》。頁193-206。

傅偉勳（1995）。〈道家智慧與當代心靈〉。《哲學雜誌》，第3期，頁

4-35。

鄭春發（1996）。〈容受力與都市永續性之研究──以台北都會作個案
　研究〉。國立中興大學都市計畫研究所碩士論文。

第十二章　社會變遷與永續發展

筆記

筆記

社會學與現代社會　　通識叢書02

主　　　編☞劉阿榮

出 版 者☞威仕曼文化事業股份有限公司

發 行 人☞葉忠賢

總 編 輯☞閻富萍

執行編輯☞姚奉綺

登 記 證☞局版北市業字第1117號

地　　　址☞台北市新生南路三段88號5樓之6

電　　　話☞(02)23660309

傳　　　眞☞(02)23660310

劃撥帳號☞19735365　戶名：葉忠賢

法律顧問☞北辰著作權事務所　蕭雄淋律師

印　　　刷☞大象彩色印刷製版股份有限公司

初版一刷☞2006年2月

ＩＳＢＮ☞986-81734-5-0

定　　　價☞新台幣450元

E-mail☞service@ycrc.com.tw

國家圖書館出版品預行編目資料

社會學與現代社會 / 劉阿榮主編. -- 初版. --
臺北市：威仕曼文化, 2006[民95]
　　面；　公分
含參考書目
ISBN 986-81734-5-0（平裝）

1.社會學

540　　　　　　　　　　　　95001125